VÉRITÉS DES MYTHES

Collection dirigée

par

Bernard Deforge

POUR UNE HISTOIRE

DE L'IMAGINAIRE

DU MÊME AUTEUR

L'Exploration imaginaire de l'espace, La Découverte, 1987.
La Fin du monde. Une histoire sans fin, La Découverte, 1989.
La Mythologie scientifique du communisme, Paradigme, 1993.
*Entre l'Ange et la Bête. Le mythe de l'Homme différent de l'Antiquité
    à nos jours*, Plon, 1995.
Pour vivre 200 ans. Essai sur le mythe de la longévité, In Press, 1998
    (en cours de publication).

LUCIAN BOIA

POUR UNE HISTOIRE

DE L'IMAGINAIRE

vérité *des* *mythes*

toExcel

San Jose New York Lincoln Shanghai

PARIS

LES BELLES LETTRES

1998

Pour une Histoire de L'Imaginaire

This edition republished by arrangement with toExcel Press,
an imprint of iUniverse.com, Inc.

For information address:
iUniverse.com, Inc.
620 North 48th Street
Suite 201
Lincoln, NE 68504-3467
www.iUniverse.com

ISBN: 1-58348-720-4

Printed in the United States of America

AVANT-PROPOS

La montée de l'imaginaire est un des traits les plus marquants de la sensibilité historique d'aujourd'hui. Comme pour l'histoire des mentalités, la France dispose d'une priorité dans ce domaine : *mentalité* et *imaginaire* sont des mots français. Mais, au moins du point de vue historiographique, la similitude s'arrête là. Le territoire des mentalités a été défriché et cultivé par les historiens ; en revanche, ce sont les philosophes et les anthropologues qui ont mis à découvert les structures de l'imaginaire. Les historiens se sont attelés eux aussi à la tâche ; leurs contributions ne se dénombrent plus. Ils n'arrivent pas toutefois à se reconnaître dans les règles de jeu établies par les autres ; ils ne semblent pas non plus tentés de construire une théorie historique spécifique.

Des itinéraires fascinants ont été jalonnés. Georges Duby a interrogé les pierres et les images des cathédrales, Jacques Le Goff a suivi la genèse du Purgatoire, Jean Delumeau a mis en évidence les peurs et les espérances mythiques de l'Occident, Georges Minois a scruté les ténèbres des enfers et l'horizon de l'avenir, Alain Corbin a remarqué une réélaboration de la mythologie maritime à l'époque moderne[1]... Chaque historien affine sa problématique particulière, ce qui est d'ailleurs bien naturel. Les ponts sont rares entre les époques et les cultures, et encore plus rares entre les axes différents de recherche. Il existe des imaginaires historiques plutôt qu'une véritable histoire de l'imaginaire.

Nous ne prétendons pas inventer tout d'un coup une telle histoire. Il nous semble toutefois légitime d'essayer d'identifier certaines structures et certains principes susceptibles d'offrir un minimum de cohérence à un domaine pour le moment éclaté. Nous ne jugeons pas opportun de prendre parti pour un camp contre l'autre. Il nous apparaît qu'il existe une complémentarité plutôt qu'une opposition entre le structuralisme des anthropologues et l'historicisme des historiens, c'est-à-dire entre les permanences de l'imaginaire et ses figures changeantes, adaptées au contexte social.

Nous ne proposons pas un manuel, ni un bilan, ni une synthèse complète. C'est pourtant la première fois qu'un historien tente de rassembler dans un panorama une diversité de manifestations de l'imaginaire en vue d'en extraire quelques principes théoriques. Il s'agit d'un essai qui, tout en tenant compte d'un large éventail de contributions, repose en grande partie sur nos propres recherches. Le lecteur pourra éventuellement reconnaître nos thèmes de prédilections : l'imaginaire scientifique, l'espace, les humanités autres, les visions apocalyptiques, les millénarismes, les mythes fondateurs, les mythologies totalitaires[2]... La familiarisation de l'auteur avec les derniers siècles a fait parfois pencher la balance du côté de l'histoire moderne et contemporaine ; son intention a été en tout cas de sonder le temps historique d'un bout à l'autre.

En fait, il n'était pas question de procéder à un inventaire complet ; c'eût été d'ailleurs impossible. Nous avons commencé, naturellement, par chercher une définition ; ceci nous a permis de délimiter le terrain, d'identifier les grandes structures et de passer en revue les sources et les méthodes essentielles. Puis, nous avons abordé l'épineux problème des rapports entre les manifestations traditionnelles de l'imaginaire et celles caractérisant les sociétés technologiques. La science nous a servi de révélateur ; le poids de l'imaginaire dans la démarche scientifique, et l'émergence de véritables mythologies sécrétées par la science, prouvent la persistance – et la métamorphose – des structures archétypales, la perpétuation du fonds global de l'imaginaire. Nous avons continué le périple en isolant quelques structures fondamentales, afin d'observer de près le fonctionnement du mécanisme. Le schéma bipolaire *Enfer-Paradis*, projetant dans l'au-delà des fantasmes bien terrestres, *le jeu des altérités*, conduisant à la déformation, voire à l'invention de l'autre, et l'*évasion*, ensemble de stratégies visant l'abandon de l'histoire réelle et la mise en place d'une destinée différente, nous semblent susceptibles de jeter une certaine lumière sur la logique de l'imaginaire. Enfin, les deux derniers chapitres proposent un autre type d'approche ; nous avons cherché à mettre en évidence, à l'intérieur de deux domaines constitués : l'*histoire* et la *politique*, les structures et les manifestations de l'imaginaire, c'est-à-dire la dimension mythologique des domaines en question.

Nous n'avons parcouru que quelques secteurs d'un espace sans bornes. Mais nous avons trouvé partout les mêmes éléments constitutifs et un comportement similaire. Dans des domaines très différents comme la politique et la science, l'imaginaire se trouve tout entier. Il se trouve tout entier, comme l'observait déjà Gilbert Durand [3], dans tous les compartiments de l'histoire, à toutes les époques et dans toutes les cultures. Tout entier, mais toujours disposé en des constellations spécifiques. La permanence des structures et leur dynamique répondent sinon à des règles précises, en tout cas à une certaine logique. Une théorie historique de l'imaginaire doit essayer de saisir cette logique particulière. C'est précisément le sens de notre ouvrage.

Tout concourt, en dernier ressort, à une meilleure compréhension de l'homme. L'histoire de l'imaginaire s'annonce comme une des plus sûres voies d'accès vers les profondeurs de l'esprit humain.

Notes

1. Georges Duby, *Le Temps des cathédrales. L'art et la société, 980-1420*, Gallimard, Paris, 1976 ; Jacques Le Goff, *La Naissance du Purgatoire*, Gallimard, Paris, 1981 ; Jean Delumeau, *La Peur en Occident (XIVe-XVIIIe siècle)*, Fayard, Paris, 1978 ; *Une histoire du paradis. Le jardin des délices*, Fayard, Paris, 1992 ; *Une histoire du paradis. Mille ans de bonheur*, Fayard, Paris, 1995 ; Georges Minois, *Histoire des enfers*, Fayard, Paris, 1991 ; *Histoire de l'avenir : des prophètes à la prospective*, Fayard, Paris, 1996 ; Alain Corbin, *Le Territoire du vide. L'Occident et le désir du rivage (1750-1840)*, Aubier, Paris, 1988.

2. Lucian Boia, *L'Exploration imaginaire de l'espace*, La Découverte, Paris, 1987 ; *La Fin du monde. Une histoire sans fin*, La Découverte, Paris, 1989 ; *La Mythologie scientifique du communisme*, Paradigme, Caen, 1993 ;

Entre l'Ange et la Bête. Le Mythe de l'Homme différent de l'Antiquité à nos jours, Plon, 1995 ; et, en roumain, *Istorie si mit în constiinta româneasca* (Histoire et mythe dans la conscience roumaine), Humanitas, Bucarest, 1997 ; *Jocul cu trecutul. Istoria între adevar si fictiune* (Le jeu avec le passé. L'histoire entre vérité et fiction), Humanitas, Bucarest, 1998.

3. Gilbert Durand, *Les structures anthropologiques de l'imaginaire*, PUF, Paris, 1960, p. 424.

CHAPITRE I

Structures et méthodes

Une condition ambiguë

Et si l'histoire de l'imaginaire n'existait pas ? Au-delà de tout paradoxe, la question mérite d'être posée. Après une évolution mouvementée et contradictoire, le domaine bute contre des difficultés théoriques et méthodologiques.

L'héritage est franchement équivoque. Chaque idéologie ou vision du monde a cherché à absolutiser sa propre part d'imaginaire, tout en dépréciant les formes alternatives. Ce fut notamment le cas de la théologie, et encore plus du rationalisme moderne, sans parler des idéologies totalitaires. Le résultat est parfois caricatural. Les mythes modernes sont de droite, proclamait Roland Barthes en 1957 (dans ses *Mythologies*), la gauche et surtout la gauche révolutionnaire se caractérisant par un franc-parler qui rendait inutile le subterfuge mythologique ![1] L'écrivain n'a pas su éviter le piège d'un type très courant de polarisation : à nous la Vérité, aux autres la bizarrerie, voire la stupidité. Cette disposition est elle-même une des figures essentielles de l'imaginaire !

Ces préjugés n'ont pas empêché la multiplication des thèmes particuliers, depuis l'époque où les historiens grecs ont commencé à inter-

Barbares, et jusqu'en cette fin du XXe siècle si tentée par le côté invisible des choses. Mais la synthèse reste toujours à faire. Elle peut bénéficier aujourd'hui de certains atouts. La marginalisation de l'imaginaire, résultant surtout des penchants scientistes, rationalistes et matérialistes des siècles derniers, appartient déjà au passé. On est en train de redécouvrir le fait que l'histoire signifie avant tout une aventure de l'esprit. L'imaginaire fait irruption dans tous les domaines : on commence à comprendre que la recherche scientifique ou les projets politiques ne sont pas moins concernés que la création artistique ou l'extase mystique. D'autre part, le reflux des idéologies et une prise de conscience valorisant la diversité et la relativité des valeurs semblent susceptibles d'atténuer certaines contradictions. Les mythologies se trouvent aussi bien à gauche qu'à droite, chez les croyants et chez les athées, chez nous et chez les autres !

Mais des prémisses à l'accomplissement il y a un long chemin. Pour le moment, les historiens travaillent sur des segments, sur des problèmes précis. On leur doit d'innombrables histoires de l'imaginaire (au pluriel), aucune histoire de l'imaginaire (au singulier). Contraste saisissant avec l'*histoire des mentalités*, perçue comme un domaine autonome, attentivement jalonné et jalousement gardé. Ce fut une des contributions les plus spécifiques de l'école des *Annales* ou de la *Nouvelle Histoire* française. Une opération similaire visant la promotion de l'imaginaire finit par faire long feu. En 1978, *La Nouvelle Histoire* présenta – sous ce titre même – son bilan, dans un ouvrage encyclopédique paru sous la direction de Jacques Le Goff (avec Roger Chartier et Jacques Revel). Le Goff, à qui l'on doit des contributions remarquables à l'étude de l'imaginaire médiéval, a réservé une place de choix à cette dimension de l'histoire. Rédigées par la byzantiniste Évelyne Patlagean, les vingt pages de l'essai traitant de l'*Histoire de l'imaginaire*[2] inscrivirent ce domaine parmi les dix concepts clés considérés comme les plus caractéristiques du courant des *Annales* (à côté de l'*anthropologie historique*, la *culture matérielle*, l'*histoire nouvelle*, l'*histoire immédiate*, la *longue durée*, l'*histoire des marginaux*, le *marxisme*, l'*histoire des mentalités*, les *structures historiques*).

La surprise intervient quelques années plus tard. Dans le *Dictionnaire des sciences historiques* (1986), édité par André Burguière (au nom du même courant historiographique, centré sur les *Annales* et l'*École des hautes études en sciences sociales*), l'imaginaire brillait par son absence : au moment même où se multipliaient les études sur ses divers compartiments[3]. Depuis, le contraste n'a fait que s'accentuer entre la multitude des recherches et des ouvrages qui se revendiquent de l'imaginaire et l'absence d'un domaine global et cohérent, disposant d'un statut historiographique reconnu. On est donc aujourd'hui en situation d'aborder l'imaginaire de manière empirique, à peu près comme le bourgeois de Molière la prose.

Échec ou hésitation imputables (à part les résistances traditionnelles) à plusieurs raisons. L'étendue et l'apparente hétérogénéité du territoire ne facilitent pas la synthèse. Par sa nature même, l'imaginaire est tiraillé entre plusieurs disciplines qui ont depuis longtemps droit de cité dans l'historiographie et dans la vie intellectuelle en général. L'histoire des religions, l'histoire des arts et des littératures, l'histoire des sciences, l'histoire des idéologies, l'histoire des mentalités ou, plus récemment, l'anthropologie historique (pour nous limiter à ces quelques exemples) se partagent le vaste domaine de l'imaginaire, décourageant toute tentative de « décolonisation ». Le succès même des *mentalités* a mis l'*imaginaire* dans une position délicate, leurs nombreuses zones de contact pouvant laisser l'impression d'une presque identité. À quoi bon redoubler un domaine déjà constitué ?

La spécialisation des études historiques est aussi en cause. Une théorie générale de l'imaginaire suppose une compréhension pardessus les époques et les cultures, ce qui dépasse de loin la formation traditionnelle de l'historien. Suivant les découpages en vigueur (qui ont évidemment leurs vertus), le médiéviste s'occupe de l'imaginaire médiéval, l'helléniste de l'imaginaire grec, le sinologue de l'imaginaire chinois, et le spécialiste de l'histoire contemporaine, éventuellement, de l'imaginaire contemporain (s'il ne juge plus opportun de renoncer en faveur du sociologue).

Mais le propre de l'imaginaire est justement son caractère universel et en quelque sorte trans-historique. Le psychologue, l'anthropologue, le philosophe y trouveront leur compte. À l'imaginaire éclaté des historiens, ils opposent un imaginaire global. Un imaginaire pétrifié aussi, très différent de l'imaginaire fluide dont les historiens sondent, çà et là, les profondeurs. En tout cas, un imaginaire qui se laisse mieux saisir et fixer dans les cases numérotées d'une structure ferme et durable.

Les anthropologues, les philosophes et les sociologues ont peut-être moins écrit sur l'imaginaire que les historiens, mais ils ont sans doute théorisé plus. À la différence de la plupart des historiens, ils ont conçu l'imaginaire comme un domaine distinct. Des dizaines de Centres de recherche sur l'imaginaire[4] se sont constitués dans la mouvance de Gilbert Durand (né en 1921), lui-même disciple du grand philosophe de l'imaginaire Gaston Bachelard (1884-1962). Colloques et publications réunissent philosophes, psychologues et psychanalystes, littéraires, sociologues, anthropologues... La présence fortuite d'un historien donne de temps en temps à ces rencontres une certaine note d'exotisme. Même sur le plan institutionnel, l'imaginaire est coupé en deux : d'une part, l'imaginaire de ceux qui croient aux structures et aux régularités, voire aux permanences, d'autre part l'imaginaire de ceux qui privilégient la diversité et le changement.

À la recherche d'une définition

La première difficulté de l'imaginaire est tout simplement celle de le définir. Comment faire valoir les droits d'une discipline qui ne dispose au moins d'une définition convaincante ?

D'après Évelyne Patlagean, « le domaine de l'imaginaire est constitué par l'ensemble des représentations qui débordent la limite posée par les constats de l'expérience et les enchaînements déductifs que ceux-ci autorisent »[5]. Appartient donc à l'imaginaire tout ce qui se situe hors de la réalité concrète, incontestable, d'une réalité perçue soit directement, soit par déduction logique ou expérimentation scientifique. L'imaginaire serait ainsi le domaine du faux et du non-vérifié (ou du non-vérifiable).

Cette définition suppose un pari rationaliste ; ce n'est pas le plus mauvais des paris envisageables (bien qu'on doive se méfier de la Raison au même titre que de son absence ; elle s'est avérée capable d'engendrer des monstres non moins inquiétants que ceux imputables à l'irrationalisme ou à... l'imaginaire). Malheureusement, la fragilité de ce raisonnement saute aux yeux. Où est la frontière entre la *réalité* et l'*imaginaire* ? D'un individu à l'autre, et d'autant plus d'une époque à l'autre ou d'une culture à l'autre, les appréciations seront toujours différentes. Chaque culture propose sa propre interprétation de l'imaginaire et des rapports entre celui-ci et la réalité tangible. Il serait arrogant et imprudent d'opposer notre *savoir* aux simples *croyances* des autres. Reconnaissons plutôt que notre connaissance du monde, notre raison et notre science se nourrissent de l'imaginaire au même titre que n'importe quelle superstition « primitive ». Une fois que l'essence ultime et la finalité de l'Univers nous restent cachées, tout projet humain et toute connaissance s'inscrivent, à la limite, dans la sphère de l'imaginaire. Ainsi celui-ci se trouve partout ou nulle part.

Quant à Jacques Le Goff, il évite toute définition dans la *Préface* de son recueil consacré à *L'Imaginaire médiéval* (1985). Le grand médiéviste semble plus préoccupé de préciser ce que n'est pas l'imaginaire plutôt que ce qu'il est. Ainsi, nonobstant les inévitables recoupages, l'imaginaire ne devrait être assimilé ni à la *représentation* de la réalité extérieure, ni au *symbolique*, ni à l'*idéologie*[6]. Une telle limitation nous paraît un peu draconienne. En premier lieu, il n'existe pas de représentation identique à l'objet représenté ; toute image, même la plus « réaliste », suppose une intervention – soit-elle minime – de l'imaginaire. D'autre part, il nous semble que l'univers des symboles appartient pleinement à l'imaginaire, constituant même son expression la plus concentrée et la plus significative. Et enfin, les idéologies peuvent être légitimement interprétées comme des mythologies sécularisées.

Le Goff propose une intéressante et subtile distinction entre les catégories médiévales de « merveilleux », « miraculeux » et « magique » (la deuxième faisant référence à Dieu, la troisième à Satan, tandis que la première serait en quelque sorte neutre) ; il traite de la transfiguration de l'espace et du temps, des rêves, de l'au-delà... Toutes ces figures appartiennent à l'imaginaire, mais encore une fois, qu'est-ce que l'imaginaire ?

Pour approcher une solution, il faudra dépasser la dichotomie *réel-imaginaire* et aussi renoncer à utiliser la Raison comme mesure de toutes choses. L'imaginaire est un produit de l'esprit. Sa concordance ou non-concordance avec ce qui se trouve *au-dehors* est chose secondaire bien que non dénuée d'importance pour l'historien. Le *sacré* appartient évidemment à l'imaginaire, mais le fait qu'on *croie* en Dieu n'est pas un argument contre l'existence de Dieu ! Ce n'est d'ailleurs pas non plus un argument en faveur de son existence. Certains croient aux extraterrestres : une des expressions les plus pittoresques de l'imaginaire contemporain. Cette croyance n'a aucun rapport avec l'existence ou l'inexistence des extraterrestres. Même la visite d'une délégation cosmique ne changerait rien à son caractère purement imaginaire. L'imaginaire se mêle à la réalité extérieure et se confronte avec elle ; il y trouve des points d'appui ou, par contre, un milieu hostile ; il peut être confirmé ou répudié. Il agit sur le monde et le monde agit sur lui. Mais, dans son essence, il constitue une réalité indépendante, disposant de ses propres structures et de sa propre dynamique.

Le rapport *image-imagination-imaginaire* pose aussi des difficultés. Selon Jean-Jacques Wunenburger, « le mot *imagination* désigne, dans la langue française, une production mentale de représentations sensibles, distincte de la perception sensorielle de réalités concrètes et de la conceptualisation d'idées abstraites »[7]. À partir de cette triade : *perception, imagination, conceptualisation*, le problème est de savoir si l'on laisse ou non l'imaginaire cantonné dans la zone exclusive de l'imagination, et l'imagination dans la zone exclusive des images.

Jean-Paul Sartre (1905-1980) a saisi justement la différence essentielle entre *perception* et *image*, le caractère intentionnel de cette dernière en tant que projection d'une conscience (*L'Imagination*, 1936 ; *L'Imaginaire*, 1940). Mais, d'autre part, le même philosophe a déprécié l'image, la considérant comme le parent pauvre de la véritable connaissance, un savoir dégradé, une sorte d'« ombre » ou de « fantôme ». Ceci menait à une impasse, évitée grâce surtout aux contributions de Gaston Bachelard et de son disciple Gilbert Durand qui ont mis en évidence la dimension *symbolique* de l'image et le *dynamisme organisateur* de l'imagination.

L'image est donc plus qu'une « ombre » et l'imagination plus qu'un dépôt d'images. En ce qui concerne l'imaginaire, ses produits s'avèrent d'une grande complexité et même d'une incontestable rigueur théorique. Quoi de plus complexe et de plus rigoureux qu'une utopie ou une religion ? Pour aboutir à l'imaginaire (au moins à ses expressions les mieux structurées), l'imagination doit être fécondée par le raisonnement. L'imaginaire déborde ainsi le champ exclusif des représentations sensibles. Il comprend à la fois des images perçues (et inévitablement « adaptées », car il n'existe pas d'image identique à l'objet), des images élaborées et des idées abstraites structurant ces images.

Pour le moment, à défaut de saisir la substance de l'imaginaire, nous saisissons déjà mieux l'équivoque de sa condition partagée entre des interprétations très (ou trop) restrictives ou, par contre, extrêmement généreuses lui permettant d'incorporer n'importe quoi (qui pourrait jurer que notre existence même ne tient pas de l'imaginaire ?).

Afin de trancher le nœud gordien, nous proposons le recours aux *archétypes*, en tant qu'éléments constitutifs de l'imaginaire. L'histoire de l'imaginaire peut être définie comme une histoire des *archétypes*. Nous savons bien que ce terme – forgé par Platon et repris par Carl G. Jung – est regardé très souvent avec méfiance et même contesté. Mais il ne s'agit pas pour nous de l'investir d'un sens transcendent, ni de l'appliquer, comme Jung, à un vague inconscient collectif à travers une justification psychanalytique. Il nous semble, tout simplement, que l'homme est « programmé » pour penser, pour sentir et pour rêver d'une manière bien définie. Ce sont ces permanences mentales qui se cristallisent dans ce qu'on peut nommer des « archétypes ».

Définissons donc l'archétype comme une *constante* ou un *penchant essentiel* de l'esprit humain. C'est un *schéma organisateur*, un *moule*, dont la matière change mais dont les contours restent.

L'historien est toujours à l'affût des différences, mais il est toutefois obligé de constater qu'à travers les époques et les cultures l'être humain et les communautés réagissent d'une manière plutôt similaire, devant la vie, devant le monde, devant l'histoire. Ce sont les différences qui attirent les regards, mais elles s'avèrent minimes par rapport à l'unité fondamentale de l'esprit, structuré par les archétypes.

L'histoire de l'imaginaire est une histoire structurelle car, finalement, même les plus sophistiquées des constructions de l'esprit peuvent être simplifiées, décomposées et réduites à l'archétype. Mais une histoire très dynamique aussi, précisément parce que les archétypes sont des structures ouvertes, qui évoluent, se combinent entre elles, et dont le contenu s'adapte sans cesse au milieu social changeant. *Histoire des archétypes, structurelle et dynamique* : nulle contradiction entre ces termes. Tout déséquilibre en faveur ou en défaveur de l'un ou de l'autre fausserait gravement la perspective.

Sur ce point les hostilités restent ouvertes entre structuralistes purs et durs et partisans de l'historicité. La bataille est symbolisée par les deux grands patrons de l'imaginaire qui sont, en France, Gilbert Durand et Jacques Le Goff. Le premier affirme sans ambages dans son livre classique, *Les structures anthropologiques de l'imaginaire* (1960), que « toute explication évolutionniste ou historique des mythes nous paraît devoir être rejetée [...]. L'histoire n'explique pas le contenu mental archétypal, l'histoire elle-même étant du domaine de l'imaginaire. Et surtout, à chaque phase historique, l'imagination se trouve présente tout entière dans une double et antagoniste motivation : pédagogie de l'imitation, de l'impérialisme des images et des archétypes tolérés par l'ambiance sociale, mais également fantaisies adverses de la révolte dues au refoulement de tel ou tel régime de l'image par le milieu et le moment historique ». En tout cas, on ne saurait pas mettre en doute « l'universalité [...] tant psychique que sociale, des grands " archétypes " ». Il ne peut pas être question d'une « conception progressiste de l'imagination humaine »[8].

Pareil réquisitoire annule tout simplement l'histoire ou lui laisse le soin de s'occuper des détails anecdotiques. C'est en tout premier lieu la perspective de l'anthropologie structurale et de la psychanalyse. Carl G. Jung, Claude Lévi-Strauss (*Anthropologie structurale*, 1958 ; *La Pensée sauvage*, 1962) ou Gilbert Durand, nonobstant les différences qui séparent leurs analyses, privilégient nettement les formes *cristallisées* de l'imaginaire, produites par les constantes de l'esprit humain. Comment demander à un historien de se fier à une méthode susceptible de dévaloriser sa vision du monde et de briser son métier ?

Entre-temps, Gilbert Durand a nuancé ses jugements « anti-historiques » de 1960. Lui et son école ont essayé de combler partiellement le fossé qui les séparait de l'histoire[9]. Il faut dire qu'en général, l'anthropologie est devenue plus sensible à la méthode historique. D'autre part, les historiens, tentés par la « longue durée », se sont penchés, avec plus d'insistance, sur les structures durables. Mais la rencontre des deux orientations n'est pas pour demain. La première n'entend pas renoncer aux tendances archétypales, que la seconde tend à annihiler en faveur des « modèles » historiquement déterminés. « La longue durée » s'inscrit toujours dans le temps, elle n'a rien à voir avec l'« atemporalité ». Le Goff dénonce, sans la moindre concession, « l'idéologie suspecte des archétypes » (avec référence à Gilbert Durand), précisant que « les modèles de l'imaginaire relèvent de la science, les archétypes de l'élucubration mystificatrice »[10].

Modèles contre *archétypes* : un tel modèle serait, selon Le Goff, le *Purgatoire*, étudié dans un de ses livres (*La Naissance du Purgatoire*, 1981). La genèse de cette antichambre du Paradis est historiquement datée (cristallisation définitive aux XIIe et XIIIe siècles) et fortement liée à un complexe d'évolutions sociales, politiques et mentales (déclin du pouvoir temporel de l'Église qui essaie de récupérer dans l'espace-temps d'après la mort ce qu'elle avait perdu de son influence, valorisation du concept de responsabilité individuelle, etc.). L'effacement, aujourd'hui, de l'Enfer, dans l'espace de la chrétienté occidentale, pourrait être abordé avec une méthodologie similaire. Les structures de l'au-delà changent, à l'instar des structures de notre monde. (Constatons toutefois qu'une interprétation de l'imaginaire centrée uniquement sur des *modèles* historiquement délimités, place celui-ci dans une dépendance significative par rapport aux structures sociales et aux conditions matérielles, ce qui est bien dans l'esprit de l'École des *Annales* et de la méthode de Jacques Le Goff en particulier.)

Encore plus marqué par le temps est le modèle proposé par Alain Corbin dans son ouvrage de 1988 consacré à « l'imaginaire maritime » (*Le Territoire du vide. L'Occident et le désir du rivage, 1750-1840*). L'auteur amorce un débat méthodologique, se prononçant catégoriquement contre la tendance à faire fi de toute insertion temporelle dans l'analyse des structures mentales. « Il ne s'agit pas d'adhérer à la croyance en des structures anthropologiques de l'imaginaire, indifférentes à la durée »[11] : l'attaque contre l'école de Gilbert Durand est explicite. Pas même le concept de « longue durée », pourtant forgé par l'*historien* Fernand Braudel, ne lui semble suffisamment fin pour serrer de près les tournants décisifs. À la recherche des « mécanismes datables » avec un maximum de précision chronologique, Alain Corbin situe vers 1660-1675 le début d'une évolution qui devait finir par dissiper l'ancienne répulsion provoquée par l'espace maritime en faveur d'un tout nouveau « désir du rivage ».

La méthode historique (en histoire comme en anthropologie) met aussi en garde contre le piège tendu par les ressemblances superficielles. Des figures apparemment invariables peuvent remplir des *fonctions* différentes. On n'a pas le droit d'estomper les diversités historiques et culturelles. C'est ce qu'on a reproché à James George Frazer (1854-1941), le grand classique du genre, auteur du fameux *Rameau d'or* (*The Golden Bough,* 1891-1918) ; ses « primitifs » sont tous pareils, aucunement marqués par le temps ou l'espace ; ils pensent et agissent d'une manière absolument identique. Mais la réaction justifiée à ce genre d'uniformisation mène parfois à un univers éclaté où l'homme devient étranger à l'homme.

Refus ou *valorisation* du temps ? Refus ou valorisation des *compartiments spatiaux* ? *Longue durée* ou *phases de rupture* inscrites dans un cadre temporel plus ou moins restreint ?

En fait, tout le monde a raison. Les thèses contradictoires peuvent être soutenues avec des arguments également convaincants. Tout le monde y trouve son compte, sauf l'interprétation de l'imaginaire qui en sort appauvrie et déformée. Car, en vérité, on ne devrait pas poser le problème en termes de choix entre l'immuabilité et le mouvement, entre uniformité et spécificité. En dépit d'une contradiction apparente, il faudra finir par accorder le même crédit aux principes opposés. Ainsi, le *modèle du purgatoire* s'accorde parfaitement avec *l'espace-temps archétypal de l'au-delà. Archétypes, modèles* et *manifestations spécifiques* ne sont que trois niveaux d'une même construction.

Deux exemples, puisés dans l'imaginaire contemporain, nous aideront à mieux saisir le problème. Pour cette brève démonstration, nous ferons appel à la *fin du monde* et au *phénomène totalitaire*.

Rien de nouveau, tout est nouveau : l'imaginaire à travers l'histoire

Notre temps bénéficie d'une large gamme de moyens susceptibles de faire éclater le monde. Ce sont des périls (réels ou présumés, peu importe) qui jouent un rôle éminent dans le psychodrame contemporain. Leur émergence est datable, parfois avec une extrême précision. La guerre nucléaire avec ses multiples scénarios imaginaires débute par un événement bien réel : le bombardement atomique américain sur Hiroshima le 6 août 1945. L'imminence d'une catastrophe écologique commence à s'imposer dans les consciences à partir des années 1960. À la même époque s'installe l'inquiétude démographique provoquée par l'accroissement accéléré de la population mondiale (plus précisément, de la population du tiers-monde, phénomène conjugué avec la stagnation ou le recul démographique de l'Occident). En 1972, le Club de Rome identifia, dans un fameux rapport, les ingrédients d'un cocktail explosif ; les cinq facteurs invoqués étaient l'alimentation, la population, la production, les ressources et la pollution. La population s'accroissait trop vite, la nourriture et les matières premières devenaient insuffisantes, la pollution – imputable à un engrenage productif mal conçu – agressait de plus en plus violemment le milieu naturel. Des périls cosmiques sont aussi mis en jeu, comme le télescopage avec une comète ou une météorite. L'affaire des dinosaures – leur disparition « soudaine » il y a 65 millions d'années – surgit vers 1980 et se maintient toujours en vedette. Les deux maîtres de la Terre, le dinosaure jadis et l'homme aujourd'hui, auront peut-être une destinée similaire, celle de dominer le monde pour périr stupidement au faîte de leur puissance.

Voilà des solutions qui semblent d'une incontestable modernité. Tous les ingrédients scientifiques, technologiques et politiques de notre époque y sont réunis. Personne n'aurait imaginé avant la fin du siècle dernier – et encore moins durant l'Antiquité ou le Moyen Âge – une guerre nucléaire ou un milieu dégradé par la pollution. Mais on avait déjà imaginé d'autres scénarios mis au service du même projet : la destruction du monde. Un des plus anciens et des plus universellement invoqués est le *Déluge*. Ce mythe, dans ses variantes diverses, raconte la destruction de l'humanité suivie par sa renaissance grâce à un groupe restreint de survivants. La guerre nucléaire est le Déluge de notre temps. À peu d'exceptions près, les scénarios qui lui sont consacrés (simulations stratégiques, études scientifiques, fictions littéraires ou cinématographiques) la situent dans la perspective d'une *fin du monde incomplète*, tout comme le Déluge. La plus grande partie de l'humanité disparaît, la civilisation s'écroule, mais l'aventure humaine continue, débouchant sur un nouveau cycle de l'histoire. De même, le désastre écologique : ce serait la fin de la civilisation (de la civilisation moderne technologique et polluante), mais non de l'homme.

Nous nous trouvons là face à un imaginaire très ancien des fins du monde qui s'inscrit dans le schéma de l'*éternel retour* (traité par Mircea Eliade, 1907-1986, dans son *Mythe de l'éternel retour*, 1949). Fins et renaissances se succèdent sur le parcours d'une histoire (cosmique et humaine) cyclique. Les éléments constitutifs de l'archétype sont empruntés à des cycles cosmiques et naturels évidents : la succession des jours et des nuits, des phases de la Lune, des saisons et des végétations... Déluge ou guerre nucléaire apparaissent comme des figures secondaires et dérivées par rapport à ce schéma originaire du monde.

Mais la figure archétypale du cercle est concurrencée par la figure non moins archétypale de la ligne droite. Cette dernière, appliquée à la marche de l'humanité, peut indiquer soit un chemin continu soit, par contre, une fin brutale et définitive. Dans ce dernier cas, l'image de la mort – une des obsessions permanentes de l'imaginaire – est projetée sur le destin de l'humanité. La mort individuelle devient mort collective, extinction de l'espèce. La guerre nucléaire peut signifier, d'après certains scénarios, la fin absolue de l'humanité. Sans aucune chance de survie. Cette possibilité ne manque pas non plus de précédents. Il suffit d'évoquer l'Apocalypse – les apocalypses – où la fin du monde – définitive – est orchestrée par une gigantesque conflagration. L'Apocalypse religieuse associait toutefois la fin de l'existence terrestre à une nouvelle réalité, située dans un univers transfiguré. C'est ce qui manque très souvent à l'Apocalypse nucléaire (ou à d'autres apocalypses contemporaines) caractérisant une civilisation (partiellement) désacralisée. La fin, si elle est vraiment

« totale », ne semble être accompagnée d'aucune solution compensatoire. C'est *la fin* tout court[12].

Voilà, sous des apparences nouvelles, des structures évidemment anciennes. Rien de plus justifié en conséquence que la réduction des scénarios actuels des fins du monde aux formules archétypales. Mais, d'autre part, l'historien est en droit de mettre l'accent sur la nouveauté des phénomènes et sur les nouveaux rapports entre l'histoire « réelle » et les structures de l'imaginaire. On ne saurait minimiser la fonction spécifique des « grandes peurs » contemporaines, leur connexion avec la politique, la science ou la religion, qui diffèrent sensiblement des temps du Déluge ou de l'Apocalypse à vocation strictement religieuse. La fin désacralisée, l'angoisse technologique, le déclin de l'Occident et la montée des « autres » représentent des figures nouvelles, bien qu'elles aussi soient susceptibles d'être décomposées en éléments archétypaux.

Tandis que la fin du monde vient de loin, le *phénomène totalitaire* semble tout à fait caractéristique du XXe siècle. Il n'est que vaguement suggéré par les tyrannies traditionnelles ; seule la terreur jacobine l'anticipe par son système de « parti unique », son œuvre d'idéologisation et de mobilisation générale, son organisation « industrielle » de la répression. Expérience incomplète et éphémère par rapport au modèle totalitaire accompli de notre époque. La quasi-perfection du totalitarisme s'explique par une capacité matérielle d'organisation, de propagande, de surveillance et de répression qui manquait aux époques précédentes, mais non moins par l'affirmation d'un « imaginaire totalitaire » extrêmement virulent. La crise du XXe siècle – un des clivages les plus profonds dans l'histoire des civilisations –, les ratés de la civilisation technologique mais aussi ses potentialités réelles ou présumées, se sont sublimés dans l'idéal d'un dépassement de l'histoire, par la création d'un monde nouveau et d'un être humain nouveau. Le fascisme, le nazisme et le communisme se sont proposé non seulement la maîtrise des hommes à l'instar de n'importe quelle tyrannie banale, mais, en tout premier lieu, le changement du cours de l'histoire et la modification de la nature humaine.

Si l'expérience totalitaire appartient essentiellement à une histoire récente, ses composantes viennent de loin. Sans avoir la prétention de procéder à une revue complète, notons rapidement quelques éléments archétypaux.

Le *refus de l'histoire* et le désir de sortir de sa propre condition semblent définir des réactions universelles de l'homme confronté précisément à l'histoire et aux limites de la condition humaine. C'est un projet visant à l'évasion d'un espace turbulent et imprévisible et au refuge dans un périmètre protégé, susceptible d'assurer l'harmonie et le bonheur. Celui-ci est symbolisé, au niveau le plus essentiel, par des images archétypales comme l'*île* ou la *caverne* (et plus essentiellement encore par le *sein maternel*). C'est le rêve récurrent d'une *société close*, de type tribal, pour faire référence à la théorie bien connue de Karl Popper (1902-1994) exprimée dans *La Société ouverte et ses ennemis* (1945). Sur le plan religieux, ce combat contre le monde réel et contre l'histoire s'est manifesté (et continue à se manifester) par les idéologies et les mouvements millénaristes (prônant l'instauration du Royaume messianique de mille ans). Les solutions totalitaires du XXe siècle – et particulièrement le nazisme et le communisme – ne sont en quelque sorte que des *millénarismes sécularisés*. Le chef charismatique (Mussolini, Hitler, Lénine, Staline, Mao...), figure indispensable du système et de l'imaginaire totalitaires, appartient lui aussi à une lignée archétypale, personnifiée dans le Messie ou le Sauveur (ou par l'Antéchrist pour ses adversaires). On approche ainsi le *sacré*, malgré les apparences laïques, matérialistes et scientifiques, un sacré déformé et corrompu, mais non moins présent dans des idéologies structurées comme de véritables religions (dichotomie du Bien et du Mal, triomphe d'une vérité absolue, épanouissement de l'esprit humain, harmonie universelle), dans le culte du chef ou dans le rituel des cérémonies. Le *rejet de l'Autre* (l'ennemi de classe en système communiste, l'être biologiquement impur suivant la doctrine nazie) et la cohésion d'une communauté libérée de ses éléments indésirables appartiennent aussi à des structures archétypales : la quête de l'Unité et la dialectique des rapports entre *Nous* et les *Autres*[13].

Construction nouvelle, matériaux archaïques. Matériaux archaïques, construction nouvelle. Les tissus évoluent sans cesse et deviennent généralement plus complexes à mesure qu'on s'avance sur le chemin de l'histoire, mais les molécules constitutives restent les mêmes. La fin du monde est aujourd'hui incomparablement plus diversifiée et plus sophistiquée que le déluge ou l'embrasement universel, pour citer les deux solutions traditionnelles les plus courantes. Les régimes totalitaires contemporains dépassent de loin par leur complexité le schéma simple des millénarismes traditionnels ou des utopies (sans parler des symboles archaïques). Mais, si l'on veut ne retenir que l'essence, la fin du monde reste toujours la même fin du monde et l'évasion de l'histoire s'inspire des mêmes fantasmes d'une époque à l'autre.

Les paroles de l'*Ecclésiaste* : « Rien de nouveau sous le soleil » et « *Panta rhei* » (Tout s'écoule), la fameuse expression attribuée à Héraclite, ne s'excluent nullement. Ce sont les deux principes fondamentaux de l'Univers qui éclairent aussi, mieux que n'importe quelle démonstration, les règles et la logique de l'imaginaire.

Imaginaire et réalité

Au début de ce siècle, l'helléniste français Victor Bérard (1864-1931) se proposa de suivre la piste d'Ulysse. Il repéra sur les rives et dans les îles de la Méditerranée tous les lieux décrits par Homère et assembla dans un bel album une riche collection de photographies attestant une correspondance frappante entre les descriptions du poème et le paysage actuel (voir à ce propos les quatre volumes des *Navigations d'Ulysse*, 1927-1933, et son supplément iconographique *Dans le sillage d'Ulysse*, 1933). Enquête séduisante, mais fondamentalement fausse, modèle parfait de ce qu'on ne doit pas faire avec l'imaginaire.

L'imaginaire possède ses propres structures et ses propres principes d'évolution. Il serait absurde, évidemment, de nier ses rapports avec la « réalité extérieure ». On n'inventera jamais des nouvelles couleurs, mais uniquement des combinaisons de couleurs existantes. Un visage inédit sera très probablement dessiné à partir des traits bien connus du visage humain. Une utopie ne fera que disposer autrement certaines composantes des rapports réels entre les hommes. Un mythe historique mettra en scène des personnages, des décors et des situa-

tions qui devront coller au monde concret. Le *matériel sensible* mani-
pulé par l'imaginaire ne diffère pas essentiellement du matériel de la
réalité tangible, mais il est refondu et coulé dans un moule spécifique.
Ce n'est pas la matière mais les *structures* qui comptent et celles-ci
présentent une autonomie incontestable. Comment confondre un arbre
sacré avec un arbre ordinaire ? Comment confondre la pieuvre terri-
fiante imaginée par les Européens ou la pieuvre érotique des Japonais
avec la très banale pieuvre « réelle » ? Roger Caillois (1913-1978) a
montré tout ce qui les sépare dans une étude exemplaire : *La Pieuvre.
Essai sur la logique de l'imaginaire* (1973).

Rien de plus caricatural en conséquence que de voir dans
l'imaginaire un simple travestissement de la réalité. Il y a plus de
deux mille ans, les historiens et les philosophes grecs se sont mis à
raisonner les mythes. Leur méthode n'était pas très sophistiquée : ils
évacuaient tout simplement le fabuleux et conservaient le reste. Pour
eux, « la guerre de Troie avait existé, parce qu'une guerre n'a rien de
merveilleux : si l'on ôte d'Homère le merveilleux, il reste cette
guerre »[14]. Les historiens de notre époque tombent parfois dans le
même piège à partir du moment où ils essaient d'identifier des faits
historiques sous le vernis de la légende, qu'il s'agisse de la guerre de
Troie ou de la fondation de Rome... Une légende peut, évidemment,
contenir des bribes d'information historique réelle. Mais elle peut
aussi se nourrir exclusivement des archétypes. C'est le sens de la
démonstration de Georges Dumézil concernant la fondation de Rome,
sujet sur lequel nous reviendrons.

Supposons que les historiens ne disposent dans quelques milliers
d'années que d'un corpus de récits « nucléaires » comme toute référence à la deuxième moitié du XXe siècle. Seraient-ils en droit
d'inférer de cette incontestable obsession un cataclysme réel ?

Pour l'imaginaire, le point de départ reste en fin de compte secondaire. Réels ou inventés, partiellement inventés ou composites, les
faits et les personnages s'inscrivent finalement dans une *typologie
idéale*. On s'enferme dans une fausse question si l'on veut interpréter
à tout prix l'imaginaire par la réalité concrète ou recomposer la réalité
concrète à partir de l'imaginaire. Entre les deux registres, les interdépendances sont nombreuses et les échanges permanents, mais il s'agit

de rapports très fins qui s'établissent à travers les « climats mentaux » et non par l'invasion brutale des *faits* dans le domaine éthéré de l'esprit.

On peut constater, d'une part, la persistance des structures, des thèmes, des modèles, et d'autre part une réélaboration permanente adaptant ces thèmes et modèles aux rythmes de la vie historique, les modifiant, les mettant en vedette ou, au contraire, les retirant du devant de la scène. Il y a en même temps résistance au « réel » et dialogue avec le « réel ».

La résistance au réel se manifeste parfois par une capacité remarquable à nier les évidences ou à renverser leurs significations, preuve de l'autonomie de l'imaginaire et de la durabilité de ses modèles. *On voit généralement ce qu'on veut voir et on apprend ce qu'on sait déjà.* L'exploration du globe au début de l'époque moderne en offre une illustration frappante. Colomb, le découvreur de l'Amérique, a ignoré superbement sa propre découverte, parce que celle-ci ne s'accordait pas à l'image acceptée du monde (où le continent américain ne figurait pas). Une certaine géographie imaginaire transmise depuis l'Antiquité s'est avérée plus forte que les faits géographiques réels. Suivant le même schéma hérité, les navigateurs cherchèrent en vain, pendant deux ou trois siècles, le grand continent austral qui devait occuper l'hémisphère Sud du globe. Les arguments contraires furent tournés systématiquement en arguments favorables (chaque îlot découvert devenant un segment du littoral recherché) pour le simple motif que le schéma idéal supposait une masse continentale australe symétrique au monde septentrional[15].

Le but de l'imaginaire n'est pas toutefois d'annihiler le réel pour se substituer à lui. Ses stratégies poursuivent le contrôle du monde concret par l'adaptation des modèles idéaux aux pesanteurs de la matière et aux circonstances changeantes de l'histoire. Dans un monde réel qui ne peut être que décevant, l'imaginaire joue un rôle compensatoire. Il agit partout et à tout moment, mais ce sont surtout les périodes de crise qui amplifient ses manifestations, appelées à compenser les désillusions, à faire écran contre les peurs et à inventer des solutions alternatives. Fins du monde, millénarismes, utopies, exacerbation des altérités, personnages providentiels, pratiques occultes et tant d'autres formules qui appartiennent à un fond quasi permanent, prennent des accents aigus aux moments où les hommes désespèrent de l'histoire « réelle ». Ainsi, l'imaginaire peut être utilisé comme un baromètre très sensible de l'évolution historique.

Globalité de l'imaginaire

L'imaginaire est omniprésent, nous l'avons déjà dit. Toute pensée, tout projet, toute action possèdent une dimension imaginaire, dans un éventail très large qui va de l'hypothèse attendant sa vérification jusqu'aux fantasmes les plus insolites. Ses thèmes sont rebelles aux découpages traditionnels : époques historiques, civilisations, domaines particuliers de l'histoire. Il ne s'agit pas de nier le bien-fondé d'une histoire des religions, d'une histoire des arts, d'une histoire des littératures, d'une histoire des sciences, d'une histoire des idées politiques... Mais dès lors que c'est l'imaginaire que l'on veut saisir, son partage selon des critères appartenant à d'autres disciplines et méthodologies se traduit par un morcellement dommageable et méthodologiquement défectueux. L'imaginaire d'une société est global et cohérent ; ses pulsions se manifestent dans tous les compartiments de la vie historique. Le même thème se retrouve un peu partout. Comment limiter, par exemple, le sacré, à la sphère exclusive des religions ? Est-ce que les millénarismes et les messianismes appartiennent plutôt au registre religieux ou politique ? La vie extraterrestre serait-elle une spéculation philosophique, une hypothèse scientifique, un motif littéraire et cinématographique, une croyance de type religieux ? Le chercheur de l'imaginaire est décidément condamné à l'encyclopédisme.

Les historiens ont l'habitude de partager l'histoire en « domaines ». Mais on devrait prendre plus attentivement en considération les perspectives de l'histoire, ses *perspectives diverses*. Il y a autant d'histoires que de perspectives. On peut traiter l'histoire sous l'angle matériel et économique, comme l'a fait Braudel. On peut la regarder du point de vue de la démographie, des mentalités, des faits et des structures politiques... Chaque perspective aspire à la globalité. Chacune est susceptible de structurer une histoire globale. L'histoire de l'imaginaire est une de ces perspectives, capable d'offrir une vision globalisante sur l'homme et son évolution.

Huit structures archétypales

Au début furent les archétypes. Nous devons commencer, évidemment, par sublimer leurs essences. Rien de plus délicat toutefois que de proposer un répertoire. Nul doute que la substance archétypale soit bien fixée dans l'esprit humain, mais la manière de la conceptualiser, de dissocier ou d'amalgamer ses éléments dépend (comme toute reconstitution historique) de la perspective de l'historien, c'est-à-dire d'une diversité de regards. On peut diviser ou combiner presque à l'infini : jeu séduisant oscillant entre des solutions synthétiques ou inventaire des détails.

Les archétypes identifiés par Carl G. Jung se sont montrés peu convaincants. On ne saurait accepter sans réserve son *anima*, principe féminin présent dans l'inconscient masculin (et, respectivement, *animus*, principe masculin de l'inconscient féminin). Gaston Bachelard prenait en compte les quatre éléments naturels comme « hormones de l'imagination » (les titres de ses ouvrages résument tout un programme : *L'Air et les songes* ; *Psychanalyse du feu* ; *L'Eau et les rêves* ; *La Terre et les rêves du repos* ; *La Terre et les rêveries de la volonté*). Le plus grand effort de systématisation appartient sans doute à Gilbert Durand, qui partage le domaine en deux registres distincts et opposés : le *régime diurne* et le *régime nocturne* de l'image, le premier exacerbant les contradictions, le second, par contre, les apaisant. On lui doit aussi une distinction nette entre trois concepts : *l'archétype* en tant que matrice universelle, le *symbole* individualisé et fluctuant, et le *schème*, généralisation dynamique et affective de l'image (ainsi, à l'archétype *ciel* correspondent le schème *ascensionnel* et une variété de symboles : *échelle, flèche volante, avion supersonique, champion de saut*).

Si l'on se propose un « recensement » complet, c'est déjà le tropplein. L'*île*, la *caverne* ou le *sein maternel* sont des images archétypales : nous les avons déjà rencontrées. L'*arbre* aussi, comme le remarquait déjà Jung. Le *lait*, pour citer Gilbert Durand, est un « aliment archétype ». Le *vin*, au moins dans certaines civilisations, pourrait aspirer au même statut. Archétypes, sans doute, le *jour* et la *nuit*, ou le *cycle lunaire*, ou le *noir* et le *blanc*, ou le « *centre* » ; schème archétypal le *mouvement circulaire*, ou l'*ascension* et la *chute*... Il ne s'agit que de quelques exemples puisés aléatoirement dans un fonds pratiquement inépuisable. L'ouvrage classique de Gilbert Durand offre la meilleure illustration de ce genre d'enquête. Il reste à voir ce que pourrait faire un historien du symbole de l'échelle, du schème de l'ascension et de l'archétype du ciel. Sa mission est de travailler sur des sociétés complexes, il travaille en conséquence sur un imaginaire composite et sophistiqué. Il doit suivre la manière dont les archétypes fusionnent en *structures dynamiques* et les connexions entre celles-ci et les autres structures et processus de l'histoire. Plutôt que d'allonger la liste des archétypes, nous préférons procéder à un découpage souple et synthétique (plus « grossier » peut-être, mais moins contestable et plus efficace). Voici donc huit *ensembles* ou *structures archétypales* susceptibles à notre avis de couvrir l'essentiel d'un imaginaire appliqué à l'évolution historique.

1. *La conscience d'une réalité transcendante* : réalité invisible, insaisissable, mais d'autant plus significative que la réalité évidente et tangible. C'est le domaine du *surnaturel* et de ses manifestations sensibles qui composent le merveilleux. Le surnaturel porte le plus souvent l'empreinte du *sacré*. Tout ce complexe définit une caractéristique mentale universellement présente, *intrinsèque à la condition humaine*. Rudolf Otto (1869-1937) rattachait le sacré à une structure émotionnelle spécifique : le *numinosum* (le « numineux »), conscience de l'homme d'être conditionné par une force distincte de sa volonté : le Tout Autre (*Das Heilige – Le Sacré –*, 1917).

Le sacré se manifeste dans une grande diversité de systèmes mythiques, des plus simples (totémisme, animisme, culte des ancêtres, fétichisme) aux plus complexes (religions polythéistes et monothéistes). Il est présent aussi dans la sacralisation d'une multitude d'objets ou de segments de l'espace (« lieux sacrés » perçus comme « centres du monde »), dans des jeux rituels, etc. La conscience humaine s'ouvre ainsi vers un monde de symboles : objets, éléments naturels, astres, formes, couleurs, nombres – investis d'une signification transcendante. Le monde concret ne serait qu'un trompe-l'œil cachant des structures incomparablement plus profondes et essentielles. L'effort pour les comprendre, et aussi pour les « capter » et les amener à agir en notre faveur, constitue une préoccupation constante de l'humanité.

Que reste-t-il de cette vision archétypale d'un univers « enchanté » dans la société technologique moderne dont une des particularités est censée être le *désenchantement* du monde ? Le sacré serait-il en train de s'effacer, d'abandonner peu à peu l'esprit des hommes ? Supposition apparemment justifiée par le reflux, d'ailleurs *relatif*, des croyances et des pratiques religieuses. En fait, la soif d'Absolu n'a pas diminué. Il n'y a aucune perte de substance, mais uniquement un « réinvestissement », une nouvelle distribution des archétypes. L'homme doit croire à quelque chose, à une « réalité » – n'importe laquelle – d'essence supérieure, seule en mesure de donner un sens au monde et à la condition humaine. Le phénomène nouveau est la fin du monopole des religions traditionnelles et la *dispersion du sacré*, voire la multiplication de ses formes « altérées ». D'une étape à l'autre ou d'une idéologie à l'autre, la science et la technologie, la nation, la race, le sexe, la « société nouvelle » et l'« avenir radieux » furent tour à tour sacralisés. La prolifération des sectes constitue un autre phénomène contemporain significatif ; certaines restent plus ou moins proches du fond religieux traditionnel, tandis que les autres se rassemblent autour des vérités nouvelles (exaltant les forces psychiques, la conscience planétaire et cosmique prônée par le « New Age », les soucoupes volantes et les extraterrestres…). Très caractéristique à cet égard est le succès de la *parapsychologie* qui cherche *dans l'être humain* des pouvoirs merveilleux réservés autrefois au surnaturel. Tant que l'homme restera l'homme, il continuera à investir dans une réalité transcendante et à imaginer des significations au-delà des apparences[16].

Le sacré est aussi à l'origine de la promotion dans l'imaginaire social (et dans la pratique sociale) d'une catégorie d'*élus* destinés à servir d'intermédiaires entre la société des hommes et le monde transcendant. Il s'agit en premier lieu des fonctions sacerdotale et royale : prêtres, rois, rois-prêtres ou, éventuellement, rois-dieux. La monarchie a joui des attributs surnaturels, dont certains se sont maintenus jusqu'à une époque assez récente (en France jusqu'au XVIIIe et même au début du XIXe siècle ; le roi était roi par la grâce de Dieu ; il était *oint* ; il possédait des pouvoirs thaumaturgiques)[17]. En fait, toute carrière exceptionnelle portait l'empreinte du sacré. Les héros grecs étaient des demi-dieux. Jeanne d'Arc entendit des voix célestes. Les responsables modernes du destin des nations préfèrent invoquer la voix de l'histoire qui n'est pas moins transcendante que la voix divine. La « désacralisation » n'a rien changé d'essentiel, la société matérialisant dans ses héros ses rêves et l'idéal toujours présent d'un dépassement de l'histoire et de la condition humaine. Aujourd'hui, un leader politique est *charismatique* et une vedette du spectacle ou du sport une *star*, le vocabulaire témoignant du prolongement d'un filon magique. De cette dialectique découle aussi l'interprétation courante de l'histoire, axée sur la personnalité et l'action des grands hommes marqués par le destin ; c'est par eux que l'histoire porte le cachet d'un sens supérieur.

2. *Le « double », la mort et l'au-delà*. Cette structure mentale reflète la conviction que le corps matériel de l'être humain est doublé par un élément indépendant et immatériel (double, esprit, âme, etc.)[18]. Selon certaines croyances, celui-ci pourrait se détacher du corps même au cours de la vie (explication des voyages extatiques, des pérégrinations des sorcières, des loups-garous, etc.) ; il continue en tout cas son existence après la mort. Indestructible et immortel, le « double » s'installe dans un au-delà qui est soit proche et ouvert au monde des vivants (le culte des ancêtres chez les primitifs), soit, par contre, lointain et fermé (l'Hadès des Grecs). Il y vit la vie diminuée d'une ombre, indépendamment de ses mérites ou de ses péchés antérieurs (l'Enfer classique) ou, par contre, il est puni ou récompensé (comme dans la religion chrétienne) ; dans ce dernier cas on lui accorde la chance de la communion avec Dieu. Il peut, enfin, rester « attaché » au monde matériel, se réincarnant successivement dans les enveloppes charnelles les plus diverses (*réincarnation* ou *métempsycose*).

La migration du « double » dans l'au-delà a stimulé toutes sortes de constructions imaginaires, aboutissant parfois à des « topographies » et des « sociologies » très sophistiquées des Enfers et des Paradis (voir, en ce sens, comme des modèles indépassables, les enfers du boud-dhisme, avec leurs nombreuses « sous-sections » et une organisation bureaucratique particulièrement complexe, ou bien, du côté chrétien, la *Divine Comédie* de Dante). Entre le monde des vivants et celui des morts, la séparation n'est jamais absolue ; il existe des portes permet-tant le passage de certains élus de l'autre côté (type de voyage initia-tique très fréquent dans la mythologie ou la fiction littéraire et carac-térisant aussi l'extase mystique). Mais les esprits peuvent se trouver aussi parmi nous, se manifester ou être contactés, croyance perpétuée des temps primitifs jusqu'au spiritisme moderne.

3. *L'altérité*. La connexion entre Moi et les Autres, entre Nous et les Autres, s'exprime par un système complexe d'altérités. Ce jeu fonctionne dans tous les registres, de la différence minime à l'*altérité radicale*, cette dernière poussant l'Autre au-delà des limites de l'humanité, dans une zone proche de l'*animalité* ou du *divin* (soit par déformation d'un prototype réel, soit par fabulation pure). Tout rap-port interhumain et tout discours sur l'homme passent inévitablement par cette grille de l'imaginaire. Dans un sens plus étendu, l'altérité se réfère à tout un ensemble de différences : espaces et paysages diffé-rents, êtres différents, sociétés différentes, associant ainsi géographie imaginaire, biologie fantastique et utopie sociale. Sa conséquence ultime est une monde *éclaté*, fascinant et inquiétant à la fois.

4. *L'Unité*. Cet archétype cherche à soumettre le monde à un prin-cipe unificateur. L'homme aspire à vivre dans un univers homogène et intelligible. Les religions, la pensée magique, les philosophies, les sciences, les interprétations de l'histoire, les idéologies s'appliquent, chacune à sa manière, à conférer un maximum de *cohérence* à la di-versité des phénomènes. Le *mythe de l'androgyne* reflète parfaitement cette manière de concevoir l'absolu, illustrant l'harmonieuse synthèse primordiale, où les principes masculin et féminin n'étaient pas encore séparés[19]. L'unité se manifeste à tous les niveaux, aussi bien au sens cosmique (lois régissant l'Univers, intégration de l'homme dans la Création, correspondances entre le microcosme et le macrocosme) qu'à l'échelle des communautés humaines dont toute une série de

mythes et de rites doivent assurer la cohérence (depuis les temps primitifs jusqu'aux idéologies nationales modernes).

5. *L'actualisation des origines*. Dans toutes les communautés, les origines sont fortement valorisées. C'est le rôle des *mythes fondateurs* (ou, sur un plan plus général, des *mythes d'origine*) de jeter un pont entre le passé et le présent, en évoquant et en réactualisant sans cesse les faits décisifs qui ont donné naissance aux réalités présentes : origines de l'Univers (cosmogonie) et de ses éléments particuliers, de l'homme, des religions, des communautés, des nations et des États. Évoquer une genèse signifie saisir l'essence et la destinée des configurations actuelles. Tout groupe humain se reconnaît dans ses mythes fondateurs qui lui assurent la spécificité par rapport aux autres et lui confèrent la garantie d'une certaine pérennité. Ainsi, paradoxalement, rien n'est plus actuel dans la conscience des hommes que les origines, domaine mythifié, idéologisé, politisé.

6. *Le déchiffrement de l'avenir*. Après l'histoire qui a été, l'histoire qui sera. L'imaginaire divinatoire comprend une grande variété de méthodes et de pratiques visant la connaissance et le contrôle des temps à venir. Le sort particulier de chaque individu est en cause mais aussi et surtout la destinée de l'homme, le sens de l'histoire et du monde. Occultisme, astrologie, prophéties, futurologie, téléologies relatives à l'univers ou à l'histoire (histoire cyclique ou linéaire, fins du monde, millénarismes, progrès ou décadence...) reflètent, en étroite correspondance avec les religions, les sciences et les idéologies, une quête obsédante et jamais assouvie.

7. *L'évasion* : conséquence du *refus de la condition humaine et de l'histoire*. L'homme aspire à échapper aux contraintes, à sortir de sa peau, à changer de condition, dans toutes les variantes imaginables : ascension (élévation spirituelle, connaissance, pouvoirs surnaturels, sainteté) ou régression (vers l'état de nature), fuite en avant ou retour aux sources... L'invention d'une condition autre signifie aussi l'abolition de l'histoire réelle, avec son cortège de misères, et la quête d'une évolution différente. Les solutions sont cherchées soit en exal-

tant les commencements (nostalgie de l'âge d'or), soit dans un avenir purifié (millénarismes religieux ou sécularisés), soit au-delà de l'espace connu (îles, contrées lointaines, planètes, galaxies), soit dans un espace conventionnel (utopies). Le refus peut se manifester d'une manière passive (fuite devant l'histoire) ou active et même agressive (tentative de forcer la destinée, d'imposer sa volonté au cours des événements). Le rêve de régression et l'action héroïque peuvent d'ailleurs se combiner (comme dans les variantes millénaristes). Ce combat désespéré contre l'histoire constitue un des ferments les plus puissants de l'histoire même.

8. *Lutte (et complémentarité) des contraires.* L'imaginaire est par excellence *polarisé.* Chacune de ses figures dispose d'un correspondant antithétique : le jour et la nuit, le blanc et le noir, le Bien et le Mal, la Terre et le Ciel, l'eau et le feu, esprit et matière, sainteté et bestialité, Christ et Antéchrist, construction et destruction, ascension et chute, progrès et décadence, masculin et féminin, yin et yang... (chaque principe suscitant à son tour des attitudes contradictoires de désir et de rejet). Cette disposition prouve une forte tendance à simplifier, à dramatiser et à investir les phénomènes d'un haut degré de signification. La dialectique des contraires est caractéristique des religions (avec un point extrême dans le manichéisme iranien) et, généralement, des interprétations courantes du monde, de l'homme et de l'histoire. Le conflit des deux cités invoqué par saint Augustin ou la dialectique de Hegel et de Marx (axée précisément sur la lutte des contraires) ne sont que des avatars d'un archétype extrêmement puissant. Les pôles opposés peuvent être soit réunis dans une interprétation d'ensemble – soumis donc au principe de l'Unité – soit dissociés dans des synthèses contradictoires (idéalisme et matérialisme, classicisme et romantisme...).

Ces grandes structures archétypales ont une portée universelle. Elles mettent en évidence une certaine fixité structurelle par-dessus les découpages culturels et chronologiques : croyance dans une réalité d'essence supérieure commandant le monde matériel ; espérance dans une vie au-delà de la mort ; émerveillement et inquiétude face à la diversité du monde et surtout de l'Autre ; tentative d'assurer au monde et aux communautés un maximum de cohérence ; essai de rendre intelligibles les origines, l'essence et le sens du monde et de l'histoire ; stratégies visant le contrôle du destin individuel, de l'histoire et de l'avenir ; ou, par contre, refus de l'histoire et tentative de s'en sortir pour se réfugier dans un temps égal et harmonieux ; et, enfin, dialectique d'affrontement et de synthèse des tendances opposées.

Précisons que notre sujet se propose de couvrir exclusivement *l'époque historique*. Nous croyons que la plupart des structures mentales mentionnées appartiennent à l'homme en général, mais il serait oiseux et hors de notre propos, de déplacer le débat vers l'homme préhistorique ou la « pensée sauvage » (ou – que sait-on ? – vers l'homme « post-historique » de demain). Des différences il y en a sans doute, ou au moins des déplacements d'accent. Ainsi, la pensée sauvage, comme l'a remarqué Claude Lévi-Strauss, est réfractaire à l'histoire ; le « refus de l'histoire », lui, s'applique parfaitement, mais évidemment moins bien les penchants mentaux visant la valorisation du temps historique (à part les *origines* qui sont universellement invoquées et actualisées). L'évolution la plus caractéristique serait précisément l'adaptation progressive de l'esprit humain au temps et au changement, à une histoire fluide et de plus en plus dynamique. Mais, encore une fois, nous avançons sur le terrain de notre choix au moment où il y a dépassement de la pensée primitive et insertion dans le véritable temps historique ; ce qui ne nous empêchera pas de faire les rapprochements nécessaires, surtout quand le fonds « sauvage » des mentalités historiques se présente de manière manifeste (ou est interprété comme tel par des auteurs dont nous recensons les opinions).

On doit, d'autre part, comprendre les archétypes comme fortement enchevêtrés. Les modèles circulent, se combinent, s'amplifient ou s'effacent. Un mythe comme celui du *Sauveur* – pour reprendre un exemple déjà invoqué – se trouve en des rapports, variables, avec plusieurs structures à la fois. Ses attaches avec le *sacré* sont évidentes ; il apparaît comme un garant de l'*unité* ou comme un nouveau *fondateur* ; il propose parfois, en tant que chef millénariste ou révolutionnaire, une solution de *sortie de l'histoire*... Ainsi, chaque manifestation de l'imaginaire présente des traits inconfondables tandis que ses composantes appartiennent à un fonds commun et invariable.

Tout acte et tout objet sont susceptibles d'être pris en charge par l'imaginaire. Même les plus élémentaires, comme la *nourriture* et le *sexe*, deviennent souvent des réceptacles privilégiés où se donnent rendez-vous les principaux archétypes, grâce à un système complexe (et variable d'une civilisation à l'autre) de tabous et de normes, de représentations et de fantasmes. On croit manger et faire l'amour le plus naturellement au monde, mais on procède en effet selon les règles que l'imaginaire a profondément marquées dans notre esprit. D'autre part, des connotations sexuelles sont identifiables dans les plus diverses figures de l'imaginaire (ce que la psychanalyse nous apprend depuis un siècle). Ainsi, les mythes d'origine ou de fondation, remémorant la naissance de l'univers ou des peuples, peuvent être aisément traduits en termes sexuels une fois qu'il s'agit précisément des « fécondations » et des « naissances ». L'imaginaire réunit les compartiments que l'approche rationaliste a eu tendance à cloisonner.

Les degrés de croyance

Il faut préciser aussi les niveaux, les degrés et les significations. L'imaginaire n'est pas homogène et égal, il est divers comme la vie. Il existe un imaginaire essentiel qui vient des profondeurs. Il existe aussi un jeu de l'imaginaire, un imaginaire conçu et ressenti comme fiction. Rien n'est toutefois gratuit. Tout acte correspond à un projet, à une aspiration. Le *jeu* n'est pas tout à fait un jeu, c'est une manière de structurer le monde, d'inventer des espaces et des règles cohérents et chargés de sens. Il entretient des rapports étroits avec le sacré (mis en évidence par Johan Huizinga, 1872-1945, dans son *Homo ludens*, 1938). La *fête* ou le *carnaval* sont des réceptacles de l'imaginaire social, dans une gamme très large, où l'utopie et le sacré se trouvent concentrés à forte dose (voir en ce sens le livre de Roger Caillois, *L'Homme et le Sacré*, 1939). L'utilisation massive de la fête par les régimes totalitaires – de la dictature jacobine au fascisme, au nazisme et au communisme – témoigne de ses potentialités. La fiction littéraire, ou artistique, ou cinématographique, véhicule des valeurs et des symboles qui viennent des profondeurs (le culte des vedettes de cinéma est pour certains une obsession, voire une religion, comme le prouve Edgar Morin : *Les Stars*, 1957).

L'homme peut faire semblant de vivre dans un monde imaginaire et de croire en ses fantasmes (au moins le temps d'une lecture ou d'un jeu), en sachant bien qu'il s'agit d'une convention et sans rompre ses attaches avec la réalité. Mais il y a d'autre part l'imaginaire au sens fort du terme, un imaginaire considéré comme aussi essentiel, voire plus essentiel que le monde concret : le modèle le plus évident est celui des religions (y compris des religions politiques visant la transfiguration de l'histoire). Même dans ce dernier cas, l'homme est généralement capable de dissocier les deux registres : le réel et le surnaturel, le profane et le sacré. Les anciens Grecs croyaient à leurs mythes (nous renvoyons à ce propos au livre déjà cité de Paul Veyne), mais ils situaient les dieux, les héros et les temps mythiques sur un plan différent par rapport à leur vie réelle et à leur histoire. Les psychologues savent que la pensée humaine n'est pas particulièrement cohérente. L'homme peut croire à des vérités contradictoires à l'instar des enfants qui croient que les jouets ont été apportés par le Père Noël, mais aussi, les mêmes jouets, par leurs parents[20]. On peut vivre parfaitement – c'est ce que l'humanité fait depuis toujours – à la fois sur les deux plans, du réel et de l'imaginaire, dans un monde également prosaïque et fabuleux. Il n'y a qu'une seule chose qu'on ne peut faire : vivre sans imaginaire, en dehors de l'imaginaire.

La diffusion de chaque croyance en particulier et la réception sociale sont toutefois très différenciées et variables. Les comportements se trouvent disposés le long d'une échelle, allant de l'acceptation sans réserves au refus catégorique, avec une multitude de positions intermédiaires. À l'une des extrémités, l'imaginaire submerge la réalité extérieure. Les « vécus mythiques » reflètent une structure schizoïde, c'est-à-dire une rupture avec le monde concret ; ce ne sont plus que les vérités de l'imaginaire qui comptent. C'est le cas des grands mystiques, des prophètes des temps nouveaux, des contactés par les extraterrestres[21]. À l'autre extrémité, on se propose de démolir l'imaginaire (évidemment, l'imaginaire des autres). Les philosophes grecs de l'Antiquité en ont donné le ton par leur tentative de démythifier les mythes. Le rationalisme des Lumières reprit l'opération à une échelle plus ample. Finalement, la bataille contre l'imaginaire s'est embrouillée dans un gâchis. Depuis deux siècles, mythes et contre-mythes s'affrontent. Mais qui saurait dire où se trouve la *Vérité* ? On a pu au moins constater que la *démythification* mène tout droit à la cristallisation des mythes nouveaux. Un contre-mythe n'est pas forcément moins mythique que le mythe contesté. Il n'est pas plus raisonnable (ni moins raisonnable) de croire au big-bang plutôt qu'à Dieu. On ne peut pas détruire l'imaginaire, on peut uniquement le disloquer et le faire resurgir sous des formes nouvelles.

Condamner l'imaginaire des autres est une manifestation d'intolérance. À chacun sa propre synthèse : il n'y a pas une seule couleur, mais une infinité de nuances.

Imaginaire et mentalités

Les rapports entre les deux concepts, *imaginaire* et *mentalités*, sont étroits et complexes. En tout cas, il ne faut pas confondre les plans, ce qui aboutirait à la dissolution de l'imaginaire dans une histoire des mentalités envahissante. L'impérialisme des mentalités se nourrit aussi d'une imprécision problématique (on cherchera en vain une définition complète et claire dans les amples articles qui leur sont consacrés par les ouvrages de référence de Jacques Le Goff et André Burguière). On peut toutefois convenir que leur domaine touche principalement aux réactions psychologiques, aux attitudes « primaires » de l'esprit. Lucien Febvre opposait justement « histoire des mentalités » et « histoire des idées », les premières se situant à un niveau plus profond de la conscience, et plus bas encore, dans l'inconscient.

L'imaginaire, même s'il tire sa sève des profondeurs des mentalités, se distingue nettement par certains traits particuliers. Face à la configuration en quelque sorte abstraite des mentalités, l'imaginaire suppose toute une collection d'*images sensibles*. Il s'affirme comme une *autre réalité*, imbriquée dans la réalité tangible, mais non moins réelle que celle-ci. De plus, l'imaginaire se présente d'une manière beaucoup plus élaborée, parfois même particulièrement sophistiquée. Mythes, religions, utopies, systèmes d'altérités, fictions littéraires, hypothèses scientifiques : nous nous trouvons à un niveau plus « élevé », plus « formalisé », plus proche des idéologies que des mentalités (les idéologies n'étant, du point de vue de l'imaginaire, que des mythologies sécularisées). C'est le degré de formalisation et de prise de conscience qui marque en fin de compte la distinction.

En fait, la vogue des mentalités appartient déjà au passé. Après avoir aidé à son expansion, le vague du concept est ressenti aujourd'hui comme un handicap. Comme instrument de travail, il semble peu opérant. Avec ses figures plus nettement dessinées, l'imaginaire est susceptible d'offrir des thèmes et des moyens d'investigation d'une plus grande précision et finesse.

Qu'est-ce qu'un mythe ?

Mythe est un concept qui revient souvent quand il s'agit de l'imaginaire. Voici un mot à la mode. Son expansion, depuis quelque temps, nourrit une ambiguïté croissante. Le langage courant et les dictionnaires véhiculent une multitude de significations. Finalement, tout ce qui s'éloigne plus ou moins de la « réalité » semble susceptible de devenir « mythe ». Fictions de toute sorte, préjugés, stéréotypes, déformations ou exagérations sont couverts, peu scrupuleusement, par ce concept à vocation impérialiste.

Mais, d'autre part, des définitions plutôt restrictives sont formulées par les spécialistes des mythologies « classiques ». Pour eux le domaine est pratiquement limité aux sociétés archaïques et traditionnelles ; c'est le mythe au sens originaire du mot : récit fabuleux, orienté essentiellement vers les origines.

Comment concilier les interprétations extrêmes ? On ne saurait rester dans le vague, ni réduire le mythe exclusivement à sa formule primaire. Les formes et les fonctions évoluent, tandis que la *sensibilité mythique* reste indissociable de la spiritualité humaine. Nous concevons le mythe comme une *construction imaginaire : récit, représentation ou idée, visant à saisir l'essence des phénomènes cosmiques et sociaux, en fonction des valeurs intrinsèques à la communauté et dans le but d'assurer la cohésion de celle-ci.*

Le récit comme structure formelle, l'empreinte du sacré et l'intervention des forces surnaturelles et des personnages fabuleux (dieux, héros) sont des traits distinctifs du mythe traditionnel. Les mythes modernes peuvent continuer dans la même veine (voir, par exemple, le mythe des extraterrestres ou les multiples versions de l'Apocalypse), mais se présentent très souvent sous la forme abstraite des idées et des symboles. Le *progrès* ou la *nation* sont incontestablement des mythes, dans la mesure où ils proposent un schéma explicatif de l'histoire et mettent en relief des valeurs fortement partagées. Le retrait (relatif) du surnaturel laisse la place, sans aucune perte de substance, à la science, à la raison, aux idéologies...

Le mythe offre une clé permettant l'accès à la fois à un *système d'interprétation* et à un *code éthique* (un modèle de comportement). Il est fortement *intégrateur* et *simplificateur*, réduisant la diversité et la complexité des phénomènes à un axe privilégié d'interprétation. Il introduit dans l'univers et dans la vie des hommes un principe d'ordre accordé aux besoins et aux idéaux d'une société donnée.

Distinguer, dans le cas des mythes, entre le « vrai » et le « non-vrai » est une mauvaise manière de poser le problème. Le mythe est *structure*, non « matière » ; il peut utiliser des matériaux vrais ou fictifs, ou vrais et fictifs à la fois ; l'important c'est qu'il les dispose selon les règles de l'imaginaire. Une frontière incertaine et perméable le sépare de l'histoire ; il procède par sélection et transfiguration, par ce que Marcel Détienne nommait un travail « d'oubli et de mémoire »[22]. Le mythe est censé reproduire une histoire vraie, mais *sa vérité se veut plus essentielle que la vérité superficielle des choses*. « Le plus secret de l'identité d'une culture est confié à sa mythologie »[23]. Il ne suffit pas de déformer la réalité ou de la reconstruire tout simplement pour inventer un mythe ; on doit bâtir dans l'essentiel et dans un sens symbolique.

Sa fonction cognitive – la quête des vérités profondes, des vérités cachées – jette des ponts entre le mythe et la science. Mais les différences entre les deux stratégies d'interroger le monde ne sont pas moins marquées. L'approche mythique est intuitive, « poétique », tandis que la science procède par induction et expérimentation. Par leur vision globalisante, les mythologies s'apparentent plutôt aux systèmes philosophiques et aux idéologies. Il y a toutefois, sans nul doute, un fondement mythique de la démarche scientifique. Même l'expérimentation la plus pragmatique est orientée par un système de valeurs et par une certaine vision du monde ; elle est donc dépendante d'un penchant mythique. Plus on recherche des réponses aux problèmes-clés de la nature et de l'existence, plus on se rapproche de la perspective propre aux mythologies.

Les sources (I) : le domaine de l'écrit

« L'histoire se fait avec des documents », ce sont les premiers mots du manuel, fameux en son temps, de Charles Langlois et Charles Seignobos (*Introduction aux études historiques*, 1898)[24]. Qui pourrait nier une telle évidence méthodologique ? Mais qu'est-ce qu'un document ? Pour la génération de Langlois et Seignobos le concept de source s'identifiait (ou presque) au document écrit et pas à n'importe quel document écrit, mais à celui qui « jaillissait » directement d'un certain fait historique. La méthodologie critique moderne s'est construite sur le *refus de l'imaginaire*, la mission des historiens étant de reconstituer les faits aussi fidèlement que possible. Cette tentative de démythification de l'histoire a eu du bon. On a séparé au moins les choses. On a marqué au moins la distinction entre les deux registres : le *concret* et l'*imaginaire*. Mais la marginalisation de ce dernier ne fut pas du tout justifiée ; son absence ne pouvait qu'appauvrir l'histoire et fausser les jugements. Que la fondation de Rome ne corresponde pas à sa légende est un point de vue partagé par la plupart des historiens. Mais il ne s'ensuit pas que la légende présenterait une moindre signification que la fondation réelle. Elle a profondément marqué la conscience historique des Romains et la culture historique de l'Occident. Est-ce que les origines *historiques* des grandes religions seraient plus significatives que leur substance mystique ? L'homme se nourrit de mythes au même titre que du pain et de l'eau. Une histoire sans mythes n'est pas envisageable puisque la seule histoire que nous connaissons, celle des hommes, est fortement marquée par les forces de l'imaginaire. Une structure imaginaire qui agit au long des siècles et des millénaires peut s'avérer beaucoup plus essentielle que n'importe quel fait historique.

Conçue pour éclairer les événements concrets, la méthodologie classique a dû être élargie et amendée afin de s'accorder aux nouvelles pistes suivies par l'historien. Au temps de Langlois et de Seignobos, le concept-clé de l'histoire était le *document* ; aujourd'hui, c'est le *problème*. Ce n'est pas le document qui canalise l'enquête, mais le problème posé. Chaque type d'enquête dispose de ses sources privilégiées et de méthodes spécifiques. L'histoire de l'imaginaire aussi. Elle peut se lancer dans une grande variété d'enquêtes sans recourir en rien aux documents traditionnels, classés dans les archives. Elle peut les ignorer délibérément ; elle peut aussi les utiliser ; elle doit parfois les utiliser. Aucun document n'est univoque ; chacun est susceptible d'une multitude de lectures. L'histoire de l'imaginaire suppose, entre autres, une nouvelle lecture des documents considérés jadis comme épuisés, car on ne leur demandait qu'un seul type d'information.

À dire vrai, le concept même de *source* prête à discussion. Le mot exprime déjà une illusion : celle d'un rapport direct et d'une correspondance parfaite entre le *fait* et sa *représentation*. Or, en tant que représentation, la condition de la source est proche de celle de l'image ; il ne s'agit pas de l'objet, mais de la conscience de l'objet. Le document ne peut pas « jaillir », telle une source, d'un certain fait historique. Il est *médiatisé*, il passe par une conscience, par une grille mentale et idéologique. Cette grille s'interpose inévitablement entre les faits et leur « matérialisation » par écrit. L'historien de l'imaginaire est donc en droit de reprendre les anciens dossiers. Même dans le plus sec des témoignages il découvrira l'empreinte laissée par une certaine vision du monde.

Il n'en est pas moins vrai que d'autres catégories de sources, plutôt négligées par les historiens (du moins jusqu'à une période récente), lui sont plus proches et généralement plus utiles. Pour rester dans le domaine de l'écrit, il s'agit en premier lieu des *textes littéraires*.

Pour une historiographie préoccupée des *faits*, voici des sources peu recommandables ; par leur haute concentration d'imaginaire, elles risquaient de brouiller la seule histoire qui comptait, celle des événements *réels*. C'est précisément ce qui fait leur intérêt pour l'historien de l'imaginaire. Celui-ci parcourt parfois le même terrain

que le spécialiste des littératures. Sa perspective est toutefois différente. Même dans ses variantes les plus sociologisées, l'histoire littéraire ne saurait faire fi d'une certaine sélection d'ordre esthétique. Du
point de vue de l'historien de l'imaginaire, l'excellence littéraire
compte peu ; elle est en tout cas moins instructive que la représenta-
tivité. Et comme la médiocrité est plus représentative que le génie, il
doit se résigner à parcourir une longue série d'ouvrages de qualité
douteuse. Ceci ne veut pas dire que les chefs-d'œuvre se trouveraient
en marge de l'imaginaire collectif ; aucun créateur ne dépasse les
bornes de son temps – la prison mentale où nous tous sommes enfer-
més ; il ne fait qu'exprimer avec plus de vigueur et de personnalité les
pensées et les rêves de ses contemporains. En tout cas, les manifestations littéraires « moyennes », puisant dans un fond commun des sentiments et du savoir et destinées à un public nombreux et divers,
constituent un territoire particulièrement favorable pour la chasse aux
fantasmes. Avec l'avantage supplémentaire que ces produits moins
« individualisés » peuvent être plus facilement intégrés dans des séries, condition nécessaire si l'on veut suivre systématiquement un
certain thème.

D'une utilité particulière s'avère la littérature dite « populaire »
(incluant parmi ses productions les romans populaires du Moyen Âge
ou de l'époque moderne et contemporaine), qui est en fait une littérature destinée à tout le monde, dépositaire des fantasmes largement
partagés. Une mention à part doit être faite pour la fameuse Bibliothèque bleue de Troyes, groupant au long des XVIIe et XVIIIe siècles
des ouvrages de fiction, des almanachs, des textes pratiques, etc.,
collection que l'historiographie française a mise à profit afin de
mieux cerner l'horizon culturel, les croyances et les mentalités de
plusieurs générations de Français[25]. Au XIXe siècle, la grande fabrique de rêves fut le roman-feuilleton (proche par sa structure et sa
fonction du feuilleton télévisé d'aujourd'hui). Au XXe siècle, ce sont
la littérature policière et de science-fiction, deux genres très marginalisés par les historiens littéraires, mais qui présentent le même avantage : celui d'offrir une dose concentrée d'imaginaire. Non moins
significative pour le projet global d'une société est la littérature destinée aux enfants, source jusqu'ici ignorée. La mission de l'historien

n'est pas de s'attarder sur le phénomène littéraire en soi ; il enquête sur un thème précis et doit le faire à travers une gamme aussi large que possible de productions littéraires.

Parmi les genres particulièrement représentatifs, il faut citer encore l'*utopie*, réceptacle privilégié des projets alternatifs, source indispensable de l'imaginaire politique et social. Les *relations de voyage* s'avèrent à leur tour d'une grande utilité, surtout au chapitre des altérités. La dissociation entre voyages *réels* et *fictifs* est moins essentielle pour l'historien de l'imaginaire ; les mêmes structures mentales et la même logique de l'altérité se manifestent dans les deux cas.

Les sources (II) : l'univers des images

Étymologiquement, *imaginaire* dérive d'*image*, et même si le domaine ne se réduit pas au seul registre des représentations sensibles, celles-ci constituent une armature indispensable. Voici une autre catégorie de sources qui intéressait peu l'historien des *faits*. Celui-ci essayait tout au plus d'isoler le côté positif de l'imagerie, le reflet dans l'image de certains segments de la « réalité ». En fait, même en assimilant des éléments « réels », le monde des images appartient justement à l'imaginaire.

Comment interpréter, par exemple, la fameuse céramique grecque ornée de figures ? Serait-elle le reflet de la vie « réelle » ou d'un discours mythologique ? Certaines scènes peuvent servir à une histoire « positive », mais la structure globale est évidemment celle de l'imaginaire. Les gestes quotidiens des hommes sont « contrebalancés » par la présence des héros et des dieux. Le paysage citadin, les activités politiques, la guerre – éléments essentiels de la civilisation grecque – manquent absolument[26]. Cette disposition éclaire la logique même de l'imaginaire : éléments réels et fictifs mélangés et coulés dans un moule spécifique.

L'historien d'aujourd'hui est beaucoup plus sensible à l'image que son confrère de 1900. Même s'il travaille sur le passé, il vit dans le présent, un présent qui signifie de plus en plus un univers d'images. Le cinéma, la télévision, la publicité, la bande dessinée s'épanouissent aux dépens de l'*écrit*. La domination, d'ailleurs relative, de ce dernier, conséquence de l'imprimerie et de l'alphabétisation, serait-elle une simple parenthèse entre la civilisation traditionnelle et une civilisation « post-moderne », tentée par l'image plutôt que par l'écriture ? Devenue source courante de l'histoire en général, l'image est d'autant plus parlante pour l'historien de l'imaginaire.

Son domaine – plus ample et plus diversifié que l'écrit – rassemble des représentations allant des peintures rupestres à la photographie ou au cinéma, de la céramique antique ou des enluminures des manuscrits médiévaux à la bande dessinée, de la grande peinture à l'illustration des livres et des journaux, des statuettes de Tanagra aux grands ensembles monumentaux... À l'instar des textes littéraires, les produits ordinaires, susceptibles de s'aligner dans une série, peuvent s'avérer plus intéressants que les créations artistiques hors du commun.

Se pose aussi une question de méthode. Interprétation « libre » ou *sémiologie de l'image* ? Cette dernière se propose de décoder les messages d'une manière systématique et rigoureuse (ce qui est également valable pour les textes littéraires). Certaines représentations types invitent particulièrement à une telle démarche. Une scène si souvent figurée comme la *crucifixion* offre une structure fixe et changeante à la fois, qu'on peut décomposer et analyser en fonction de ses éléments et de leur dynamique. Des enquêtes de même genre ont été consacrées aux retables ou aux monuments funéraires ou, dans le registre laïc, aux représentations de Marianne, symbole de la République[27].

D'autre part – et sur ce point nous anticipons certaines considérations des chapitres suivants sur l'imaginaire scientifique en général et l'imaginaire historique en particulier –, on ne doit pas absolutiser la méthode, aucune méthode. Il serait illusoire de croire qu'une « bonne méthode » mène automatiquement à un « bon résultat ». L'historien se trouve tout seul devant ses sources. C'est lui qui compte, c'est lui qui établit les règles du jeu. L'aboutissement de l'enquête dépend moins de la méthode invoquée que de son habileté, de son horizon culturel, de ses attaches idéologiques. La même méthode peut cautionner une diversité de solutions, y compris des conclusions contradictoires.

Une autre illusion concerne le réalisme présumé de certaines catégories d'images. Il n'existe pas d'image réaliste, comme il n'existe pas en général un art réaliste ou une littérature réaliste (même si on a pris l'habitude d'utiliser ce concept). Il existe uniquement des images et des textes littéraires qui font semblant d'être réalistes, ce qui est tout autre chose. La grille de l'imaginaire s'interpose entre le monde concret et le monde somme toute fictif de l'image ou du discours[28].

Est-ce que en ce cas la « réalité » serait toujours submergée par l'imaginaire ? Les images témoins ne seraient-elles qu'un trompe-l'œil ? Comment interpréter en ce cas le *film documentaire* ? Voici une question d'actualité et d'une incontestable signification théorique par surcroît : le rapport entre le cinéma et l'imaginaire[29]. L'art cinématographique est destiné à incarner les fantasmes et à leur prêter l'apparence de la vie réelle ; personne ne nie cette fonction de la plus grande usine de rêves du monde contemporain. Mais le même art est conçu en même temps en vue de *copier* la réalité, d'enregistrer les images et les événements de l'histoire. Sa première mission qualifie le cinéma comme l'une des sources privilégiées de l'imaginaire du XXe siècle, la deuxième, par contre, en fait un témoin incorruptible de la vérité. À un extrême, les dinosaures, les extraterrestres et les vampires, à l'autre, les hommes réels et leur vie authentique (avec, évidemment, des nuances intermédiaires).

Dès sa naissance, le cinéma documentaire fut considéré comme l'instrument idéal susceptible de « capter » l'histoire. Un de ses premiers théoriciens, Boleslaw Matuszewski, parlait déjà, en 1898, d'*une nouvelle source de l'histoire*, et pas de n'importe quelle, mais d'un « témoin oculaire véridique et infaillible »[30]. Quoi de plus véridique, en effet, et de plus infaillible qu'un fait *réel filmé* ? Il fallut un certain temps pour se rendre compte que le document cinématographique ou télévisé se soumet lui aussi aux règles générales de l'imaginaire, dans ce cas précis d'un imaginaire fortement idéologisé et politisé. Avec une circonstance aggravante : celle de présenter un haut degré de crédibilité, en tant que reflet irréfutable de la « réalité ». Disposant de cette précieuse qualité, le documentaire est devenu le meilleur allié des idéologies, et tout particulièrement de la propagande totalitaire, nazie ou communiste. Quoi de plus astucieux que d'illustrer les mythes avec un matériel incontestablement vrai ? La même règle agit d'ailleurs – d'une manière moins brutale et plus diffuse – dans les régimes démocratiques. Le fin du fin fut la transmission, en direct, de la Révolution roumaine de décembre 1989 : toute la planète fut dupe de la manipulation, car ce qu'on voyait était, évidemment, vrai. Le film documentaire donne un relief saisissant aux règles et aux possibilités de l'imaginaire, à la manière dont on peut construire, même avec du vrai, une réalité différente. Il constitue – comme le film de fiction, bien sûr – une des sources les plus précieuses dont dispose l'historien afin de saisir les mythes les plus agissants de notre époque.

Toute structure plastique est porteuse de messages. La place des Vosges, aménagée vers 1610, annonce déjà – par son ordonnance sans faille – Descartes et Newton. Rien de plus cartésien qu'un jardin français du XVIIe siècle. La concurrence entre le jardin « à la française » et le jardin anglais, entre une nature géométrisée, presque abstraite, et un paysage qui se veut reflet de la nature, résume les deux grands axes de la philosophie et de l'imaginaire des Lumières. Juste avant la Révolution de 1789 une bataille s'engage un peu partout en France en vue de domestiquer la nature et de réinventer le paysage[31]. Signes avant-coureurs de la grande volonté transformatrice incorporée dans l'épopée révolutionnaire.

Paysage, architecture, urbanisme représentent des sources historiques au même titre que les documents des archives. Déchiffrer les messages inscrits dans la pierre d'une cathédrale peut s'avérer plus fructueux pour l'imaginaire médiéval que n'importe quelle autre démarche. Un rapport subtil mais bien réel relie l'architecture aux idéologies, à l'imaginaire social et politique, à une certaine vision du monde. Le nazisme et le communisme ont alimenté tout un débat sur l'architecture totalitaire ; un problème similaire se pose dans tous les cas, qu'il s'agisse de l'architecture grecque, de la ville médiévale, du baroque[32]... Rien de plus stimulant, en effet, pour la recherche sur l'imaginaire, qu'une simple promenade dans les rues. Les sources « de pierre » peuvent offrir à elles seules une perspective de l'histoire, où rien d'essentiel ne serait perdu, même en l'absence complète d'autres documents. La statuaire complète l'information par une touche plus concrète : les personnages et les symboles figurés, la manière de les représenter, les absences aussi, constituent une remarquable introduction à la mythologie politique, historique et culturelle.

On peut évidemment traiter de l'imaginaire à partir des images exclusivement, et même d'une seule catégorie d'images. Le cinéma ou la bande dessinée[33] suffiraient largement pour brosser le tableau idéologique et mental de cette fin du XXe siècle.

L'image a aussi le mérite de mettre à nu ce que la société cache ou ce dont elle n'a pas encore complètement conscience. Elle rend plus sensibles certains symptômes qui peuvent servir à formuler un diagnostic social. Quoi de plus stable apparemment que la société européenne de 1900 ? Mais dans ce climat plutôt optimiste de la Belle Époque, plusieurs années avant la Grande Guerre et la série des révolutions qui devaient bouleverser le siècle, l'art commence à se décomposer, à s'autodétruire, pour se reconstituer sur d'autres bases. Fauvisme, cubisme, expressionnisme, futurisme, art abstrait se succèdent à un rythme vertigineux (au long d'une dizaine d'années, de 1905 à 1914). Jamais l'histoire de l'art n'avait connu une coupure si radicale, une telle volonté de mettre tout en question, une diversité si déroutante, une telle dynamique de changement. Qui aurait pensé à l'époque que cette fin du monde symbolique imaginée par les artistes allait se matérialiser par une fin du monde beaucoup plus concrète ? Révolutionnaire avant les révolutions, le mouvement artistique ne faisait que préfigurer les séismes historiques à venir[34].

Paradoxalement, ce sont les révolutions qui produisent des formes d'art très conformistes ! La Révolution française s'est extériorisée par un courant artistique d'un classicisme frappant. Dans ses grandes toiles historiques et symboliques, David alignait son temps sur l'Antiquité romaine. De même, la Révolution russe, après quelques années d'effervescence, a fini par imposer, dans l'art comme dans la littérature, un « réalisme » (dit « réalisme socialiste ») d'une platitude parfaite, adopté ensuite par tous les autres régimes communistes. Le fascisme et le nazisme ont aspiré eux aussi à changer le monde, mais leurs accomplissements artistiques furent non moins conformistes que ceux de leurs rivaux bolcheviques. La quête d'un certain classicisme est saisissante dans toutes leurs productions, y compris dans l'architecture totalitaire, les formes révolutionnaires restant l'apanage de l'Occident bourgeois[35] !

La facture nettement antirévolutionnaire de l'art révolutionnaire mérite réflexion. C'est un paradoxe qui prouve encore une fois l'intérêt de l'imaginaire pour la compréhension de l'histoire en général. Vu de cet angle, le phénomène révolutionnaire apparaît plutôt comme un retour vers les sources (vers un âge encore non corrompu) que comme un saut vers l'avenir. Le refus de l'histoire, le refus de la modernité – jamais proclamés, bien au contraire ! – sont dévoilés par l'intermédiaire de l'art. Aux modèles historiques invoqués (Rome républicaine et Sparte chez les Français de 1789 et 1793) s'ajoute le côté utopique du projet révolutionnaire. *Utopie* signifie une *structure figée*, imposée une fois pour toutes, sa rigidité contrastant nettement avec la fluidité réelle des phases révolutionnaires. Le projet idéal, conservateur par excellence, s'exprime dans un langage d'une grande netteté : figuratif, anecdotique, symbolique. Une fois le renversement opéré, il ne s'agit plus de destructurer le monde, mais de lui prêter, par contre, des structures fermes, simples et efficaces.

Les sources (III) : l'histoire orale

Un troisième groupe important de témoignages est constitué par la tradition orale. Mythes, légendes, souvenirs historiques, croyances, superstitions, transmis à travers les siècles, rejoignent tout un « folklore » contemporain où pullulent fantasmes et rumeurs. Ce folklore a entre autres le mérite de prouver que la part de l'imaginaire n'est pas moindre dans les sociétés technologiques que dans les sociétés traditionnelles.

À l'instar des images, l'information orale, longtemps considérée comme indispensable – l'histoire commence précisément par l'« enquête » d'Hérodote puisée en premier lieu dans la mémoire de ses contemporains –, connut un reflux à mesure que s'accentuait l'emprise de l'écrit. L'historiographie critique de la fin du XIXe siècle finit par la discréditer complètement. Elle restait réservée aux sociétés sans écriture (donc sans histoire) étudiées par les ethnologues. Par contre, les exigences actuelles de l'histoire globale, associées aux vertus nouvelles de la communication orale (du discours télévisé à la très banale mais indispensable conversation téléphonique), ont réhabilité cette source traditionnelle.

L'*histoire orale*, partie des États-Unis et en forte expansion depuis quelques dizaines d'années, s'intéresse à un passé proche, reconstitué grâce aux souvenirs des témoins. D'autre part, une *tradition orale*, venant de loin, étalée sur plusieurs siècles, est utilisée afin de déchiffrer l'histoire des peuples (comme ceux de l'Afrique noire) considérés jadis comme « sans histoire » car dépourvus d'archives écrites. Dans un cas comme dans l'autre, la plupart des historiens cherchent des voies d'accès vers une histoire « vraie ». La difficulté – d'autant plus ardue quand il s'agit d'une « chaîne » d'informations disposée sur plusieurs générations – tient dans le fait que l'histoire « véritable » est plus ou moins mais inévitablement brouillée par l'imaginaire ; elle peut être même complètement évacuée au bénéfice d'un imaginaire envahissant. Constatation qui n'affecte en rien l'utilité de la méthode mais doit mettre en garde contre une interprétation trop positive de cette catégorie de documents. Une analyse fine est nécessaire afin d'identifier l'origine et la fonctionnalité des éléments constitutifs d'une tradition.

Ainsi, on ne saurait mettre en doute la valeur des poèmes homériques en tant que sources de l'histoire. Mais sources par rapport à quoi ? Il serait illusoire de chercher une « vérité historique » (à part quelques vagues souvenirs) dans la description de la légendaire « guerre de Troie » (qui, en fait, pour paraphraser Giraudoux, n'a jamais eu lieu). Comme sources, ces poèmes appartiennent à l'époque où ils furent composés, c'est-à-dire plusieurs siècles après les événements qu'ils sont censés reconstituer ; ils « refléteraient » soit le monde grec du VIIIe siècle, soit, selon l'interprétation de Moses I. Finlay, celui des Xe et IXe siècles[36]. Mais, même pour ces époques, c'est plutôt l'imaginaire que l'histoire concrète qui peut en tirer le plus grand bénéfice ; l'histoire « réelle » est, en tout cas, filtrée et transfigurée par l'imaginaire. Tout ce qu'on peut apprendre sur la société, sur l'économie, sur les mœurs, doit être décanté d'un conglomérat d'éléments réels et fictifs, d'histoire et de contemporanéité, d'archétypes et d'innovations. Cet ensemble ne représente pas *le monde* mais une *image du monde*.

Pour pénétrer au cœur de l'imaginaire, l'interrogation des mythes est indispensable. À travers ceux-ci s'exprime l'essentiel d'une histoire, d'une civilisation, d'un système de pensée. La difficulté tient à l'ambiguïté de la mythologie, domaine présentant, au moins dans les cultures traditionnelles, des structures ouvertes, fluides, chargées d'une multitude de significations. Ce qui explique la gamme inépuisable d'interprétations[37]. Qui veut poser des questions simples en vue d'obtenir des réponses univoques ferait mieux d'éviter le terrain mythologique !

Sur ce point, la référence presque obligatoire reste l'enquête exemplaire de Georges Dumézil au sujet de « l'idéologie tripartite des Indo-Européens » ; elle a ressuscité, à partir de l'aube des civilisations, une structure extrêmement durable de l'imaginaire, fondée sur la présence distincte et complémentaire de trois fonctions : Souveraineté, Force guerrière et Fécondité. Ces principes ont été développés et réinterprétés par les divers membres du groupe indo-européen. Les Indiens les ont placés dans une perspective cosmique, tandis que les Romains ont « historisé » les données mythiques. Voici la clé de l'énigme des temps légendaires de Rome, projetés par le récit de Tite-Live dans la conscience universelle. Là où on a cru à une simple déformation de l'histoire authentique il n'y a que les avatars d'une structure mythique originaire (qui a pu englober, sans doute, certains éléments réels).[38]

Thèse séduisante, mais, comme toute interprétation historique, acceptée par les uns et rejetée par les autres. Des historiens se sont prononcés et se prononcent toujours en faveur de l'historicité essentielle de la tradition (confirmée, d'après eux, par les plus récentes découvertes archéologiques). Romulus serait un personnage en quelque sorte « réel », et un tournant décisif dans l'évolution de la ville, sinon une fondation proprement dite, se serait produit au milieu du VIIIᵉ siècle av. J.-C.[39] Même dans ce cas, l'imaginaire reste entier. Ce ne sont pas les faits, réels ou fictifs, qui comptent, mais le sens qui leur est prêté. Et ce sens, symbolique et transcendant, les inscrit dans un schéma mythique.

L'*image*, la *tradition orale* et le *texte littéraire* s'imposent comme les trois axes privilégiés de l'enquête. Mais, s'agissant d'une histoire à vocation globale, toute source peut devenir intéressante. La *mythologie politique* demande, évidemment, une analyse du *discours politique*. L'*imaginaire scientifique* suppose une nouvelle lecture des *ouvrages scientifiques* et de *vulgarisation*, et même des recherches sur la biographie des savants afin de définir les rapports entre l'œuvre et la formation intellectuelle, les attaches idéologiques, les convictions religieuses et politiques... L'*historiographie* même, n'en déplaise aux historiens – particulièrement sensibles aux chants de l'imaginaire, en dépit de leurs protestations d'objectivité –, présente tous les arguments d'une *mythologie historiographique* ou, sur le plan plus large de la conscience sociale, d'un *imaginaire historique* qui tient une place très importante dans la vie de toute communauté, nation ou État.

Mais, par-dessus tout, il est indispensable de procéder à une interrogation combinée d'une multitude de sources appartenant à toutes les catégories susceptibles d'aider le déroulement de l'enquête. Il n'existe pas, à proprement parler, un imaginaire purement artistique, littéraire, mythologique, religieux, scientifique, politique ou historique, mais des pulsions de l'imaginaire collectif qui sont à chercher dans tous les compartiments de la vie et de la pensée.

Notes

1. Roland Barthes, *Mythologies*, Seuil, Paris, 1957, p. 255-257 (« Le langage proprement révolutionnaire ne peut être un langage mythique » ; « La bourgeoisie se masque comme bourgeoisie et par là même produit le mythe ; la révolution s'affiche comme révolution et par là même abolit le mythe »).

2. Évelyne Patlagean, « L'histoire de l'imaginaire », dans *La Nouvelle Histoire*, sous la direction de Jacques Le Goff, Roger Chartier et Jacques Revel, Éditions Retz, Paris, 1978, p. 249-269.

3. *Dictionnaire des sciences historiques*, publié sous la direction d'André Burguière, PUF, Paris, 1986. On y trouve un long article sur les *Mentalités* (p. 450-456), signé par Jacques Revel, et un autre article, de Roger Chartier, relatif aux *Images* (p. 345-347)... mais le pas n'est pas franchi des images à l'imaginaire !

4. Les activités de ces Centres sont détaillées dans un *Bulletin de liaison des Centres de Recherches sur l'Imaginaire*, édité à partir de 1993 par l'Association pour la recherche sur l'image de l'université de Dijon (responsable Jean-Jacques Wunenburger).

5. Évelyne Patlagean, *op. cit.*, p. 249.

6. Jacques Le Goff, *L'Imaginaire médiéval*, Gallimard, Paris, 1985, p. I-II.

7. Jean-Jacques Wunenburger, *L'Imagination*, PUF, « Que sais-je ? », Paris, 1991, p. 3.

8. Gilbert Durand, *op. cit.*, p. 421 et 424.

9. Voir en ce sens, un des derniers ouvrages de Gilbert Durand : *L'Imaginaire. Essai sur les sciences et la philosophie de l'image*, Hatier, Paris, 1994. Cette fois-ci l'effort d'adapter les structures archétypales au contexte historique est indéniable, mais le type de discours reste trop rigide pour qu'un « vrai » historien s'y reconnaisse !

10. Jacques Le Goff, *op. cit.*, p. VI.

11. Alain Corbin, *op. cit.*, p. 321.

12. Sur la gamme des solutions apocalyptiques, nous avons suivi à grands traits l'argumentation de notre propre ouvrage : *La Fin du monde. Une histoire sans fin*.

13. Pour l'approche que nous proposons du phénomène totalitaire, voir principalement Karl Popper, *La Société ouverte et ses ennemis*, Seuil, Paris, 1979, et nos considérations développées dans *La Mythologie scientifique du communisme*.

14. Paul Veyne, *Les Grecs ont-ils cru à leurs mythes ?*, Seuil, Paris, 1983, p. 70.

15. Sur les schémas imaginaires du monde et leur impact à l'époque des Grandes Découvertes, voir W.G.L. Randles, *De la Terre plate au globe terrestre*, Cahiers des Annales, 38, Paris, 1980.

16. Une bonne synthèse sur ce sujet, chez Jean-Jacques Wunenburger, *Le Sacré*, PUF, « Que sais-je ? », Paris, 1981.

17. Ce dernier problème magistralement traité par Marc Bloch, dans un livre classique, *Les Rois thaumaturges*, A. Colin, Paris, 1924.

18. Une interprétation originale et stimulante du double, chez Claude Lecouteux : *Fées, sorcières et loups-garous au Moyen Âge. Histoire du double*, Imago, Paris, 1992.

19. Voir à ce propos Mircea Eliade, *Méphistophélès et l'Androgyne*, Gallimard, Paris, 1962.

20. Paul Veyne, *op. cit.*, p. 28-38, et la note 33, p. 144-145.

21. Une interprétation des mythologies contemporaines est tentée par Bertrand Méheust : « Les Occidentaux du XXe siècle ont-ils cru à leurs my-

thes ? », dans *Communications*, 52, 1990 (volume dirigé par Véronique Campion-Vincent et Jean-Bruno Renard), p. 337-356. Méheust va plus loin que Paul Veyne, en insistant particulièrement sur les « vécus mythiques », c'est-à-dire sur un imaginaire pleinement assumé.

22. Marcel Détienne, *L'Invention de la mythologie*, Gallimard, Paris, 1981, p. 48-49. Sur le mythe en général, voir aussi Mircea Eliade, *Aspects du mythe*, Gallimard, Paris, 1963.

23. Marcel Détienne, « Mythologies », dans *Dictionnaire des sciences historiques*, éd. André Burguière, p. 486.

24. Charles Langlois et Charles Seignobos, *Introduction aux études historiques*, Hachette, Paris, 1898, p. 1.

25. Voir sur ce sujet l'ouvrage de Robert Mandrou, *De la culture populaire aux XVIIe et XVIIIe siècles. La Bibliothèque bleue de Troyes*, Stock, Paris, 1964, et aussi Geneviève Bollème, *La Bibliothèque bleue. La littérature populaire en France du XVIe au XIXe siècle*, Julliard, Paris, 1971. On peut consulter aussi un *Catalogue descriptif de la Bibliothèque Bleue de Troyes*, rédigé par Alfred Morin, Droz, Genève, 1974.

26. François Lissarrague et Alain Schnapp, « Imagerie des Grecs ou Grèce des imagiers ? », dans *Le Temps de la réflexion*, II, Gallimard, 1981, p. 282-284.

27. Pour la méthodologie de l'image et l'approche sémiologique en particulier, nous renvoyons aux recueils *Iconographie et histoire des mentalités* et *Les Historiens et les sources iconographiques*, CNRS, Paris, 1979 et 1981. Sur le sujet spécifique que nous avons évoqué, l'article de G. Mounin, « Les représentations de la crucifixion », dans le premier de ces recueils, p. 33-37.

28. Sur les déformations inhérentes à l'image, voir les considérations d'Umberto Eco, *Trattato di semiotica generale*, Bompiani, Milan, 1975 (en particulier le chapitre « Critica dell'Iconismo », p. 256-284).

29. Marc Ferro, *Cinéma et histoire*, Denoël, Paris, 1977.

30. Karsten Fledelius, « Film and History – An Introduction to the Theme », dans les *Rapports* du XVIe Congrès international des Sciences historiques, vol. I, Stuttgart, 1985, section « Film et Histoire », p. 180.

31. Pour le rapport paysage-imaginaire-histoire, on peut consulter le recueil *Composer le paysage. Constructions et crises de l'espace (1789-1992)*, sous la direction d'Odile Marcel, Éditions Champ Vallon, Seyssel, 1989.

32. Sur les connexions architecture/urbanisme-idéologies-mentalités, trois livres essentiels : Lewis Mumford, *The City in History*, 1961, traduction française *La Cité à travers l'histoire*, Seuil, Paris, 1964 ; Karl Gruber, *Die Gestalt der deutschen Stadt*, Callwey, Munich, 1952, traduction française par Jacques Dewitte, *Forme et caractère de la ville allemande*, Éditions des Archives d'Architecture Moderne, Bruxelles, 1985 ; Wolfgang Braunfels,

Abendländische Stadtbaukunst. Herrschaftsform und Baugestalt, Verlag Dumont, Cologne, 1976. Le danger méthodologique serait de raccorder *trop directement* la forme architecturale à un certain contenu idéologique et politique. On ne doit pas rechercher « une corrélation absolue et garantie entre forme et contenu, architecture et régime politique » (Jacques Dewitte, « Architecture monumentale et régime démocratique », dans *Les Temps modernes*, 557, décembre 1992, p. 136). Il s'agit plutôt des interdépendances à travers le climat mental et l'imaginaire social d'une époque.

33. En ce qui concerne la bande dessinée en général et son intérêt pour l'imaginaire en particulier, nous renvoyons aux ouvrages de Jean-Bruno Renard, *La Bande dessinée*, Seghers, Paris, 1978 (2ᵉ édition, 1985) et *Bandes dessinées et croyances du siècle*, PUF, Paris, 1986.

34. Ce rapprochement entre la « fin du monde » et les courants artistiques révolutionnaires est suggéré par Mircea Eliade dans *Aspects du mythe*, p. 92-94.

35. Lionel Richard réunit l'essentiel du dossier culturel nazi, dans *Le Nazisme et la culture*, Éditions Complexe, Bruxelles, 1988. Pour l'art soviétique, on dispose d'un album exceptionnel : *Russie-URSS, 1914-1991. Changements de regards*, sous la direction de Wladimir Berelowitch et Laurent Gervereau, Paris, 1991.

36. Sur les poèmes homériques et leur rapport avec l'histoire, voir principalement Moses I. Finlay, *Le Monde d'Ulysse*, Maspero, Paris, 1969 (édition originale : *The World of Odysseus*, New York, 1954) et, du même auteur, *On a perdu la guerre de Troie*, Les Belles Lettres, Paris, 1993, p. 31-44 ; Marcel Détienne, dans *L'Invention de la mythologie*, p. 53-61, offre un aperçu de la question.

37. À propos de cette richesse déroutante des récits mythologiques, nous renvoyons toujours aux considérations de Marcel Détienne, *op. cit.,* p. 236-239.

38. Georges Dumézil, *L'Idéologie tripartie des Indo-Européens*, Latomus, Bruxelles, 1958 ; *Mythe et Épopée*, vol. I-III, Gallimard, Paris, 1981-1986 ; Jacques Poucet, *Les Origines de Rome. Tradition et Histoire*, Publications des Facultés universitaires Saint-Louis, Bruxelles, 1985.

39. Alexandre Grandazzi, *La Fondation de Rome. Réflexion sur l'histoire*, Les Belles Lettres, Paris, 1991.

CHAPITRE II

Deux régimes de l'imaginaire ?

L'Occident et les autres

Le plus grand tournant de l'histoire universelle (après la genèse des civilisations) a été la séparation de l'Occident du reste du monde... et de son propre passé. Phénomène complexe, préparé par une longue évolution, mais dont l'essentiel s'est joué au cours du XVIIIe siècle, période où débute la croissance accélérée et où la Science et la Raison s'installent en position de commande. C'est l'aube de notre monde technologique, création exclusive – pour le meilleur et pour le pire – de la civilisation occidentale.

Cette rupture s'est manifestée aussi par une restructuration massive de l'imaginaire. Entre les structures et les forces matérielles du « monde ancien » et du « monde nouveau », il y a évidemment un abîme. Le problème est de savoir si l'imaginaire a connu à son tour une métamorphose de même ampleur. Ou, en d'autres termes, si on peut identifier deux régimes distincts de l'imaginaire : un régime caractérisant les sociétés traditionnelles et un régime adapté au monde contemporain dominé sur le plan matériel par la technologie et sur le plan mental par la Raison et la Science.

L'enjeu de ce débat pour l'histoire de l'imaginaire est évident. S'il y a changement de direction, toute la théorie des archétypes risque de voler en éclats ! Rien de plus essentiel pour la connaissance de l'homme que de savoir si l'esprit humain passe ou non par des phases successives à travers les siècles et les cultures.

La première réaction de l'Occident, du « nouvel Occident », fut, naturellement, de couper les ponts. Les philosophes des Lumières condamnèrent sans appel, au nom de la Raison, les anciennes croyances et superstitions. La conscience d'une supériorité incontestable s'est traduit par un regard de plus en plus hautain adressé aux *autres*. Au début du XXe siècle, la cause paraissait jugée. Il y avait d'une part une mentalité prélogique, une *conscience mythique* des sociétés primitives, et d'autre part une mentalité logique, une *conscience positive* des sociétés civilisées.

À la fin de son monumental *Rameau d'or*, J. G. Frazer dépréciait en quelque sorte sa propre enquête, la considérant comme une « désolante histoire de la sottise et de l'erreur humaines ».[1] Pour Frazer, l'évolution de la pensée avait connu trois stades successifs : magique, religieux et, enfin, scientifique. Le même type d'évolutionnisme fut soutenu par Lucien Lévy-Bruhl (1857-1939), dont le livre consacré à *La Mentalité primitive* (1922) exerça une grande influence sur notre débat. Dans *La religion de Rabelais* (1942), Lucien Febvre (1878-1956) appliqua les conclusions de Lévy-Bruhl à l'époque de la Renaissance, identifiant un riche fond de traits primitifs chez les contemporains de Michel-Ange. Les deux âges de l'humanité ressemblaient en quelque sorte aux âges de l'homme. Le primitif était un enfant, l'homme raisonnable un adulte. Le comportement du premier dépendait de l'imaginaire tandis que le second agissait d'une manière réfléchie. Dans ses *Préliminaires à la mythologie* (1943), Alain (1868-1951) définissait les mythes comme caractéristiques de la mentalité infantile.[2] Nous autres, adultes, sommes guéris de la mythologie !

Cette vision triomphaliste n'avait aucune chance de durer. Les faits la contredisaient d'une manière flagrante. Febvre avait sans doute raison de trouver des comportements archaïques en pleine Renaissance ; il aurait pu les trouver aussi bien au XXe siècle ! Le mur érigé entre les deux régimes de l'imaginaire devint de plus en plus « perméable ». Le « père » de la théorie, Lévy-Bruhl finit lui aussi par reconnaître la persistance de la pensée mythique au beau milieu de l'ère rationaliste. La *coexistence* remplaçait ainsi la *succession*. Cet assouplissement est perceptible dans le livre de Georges Gusdorf, *Mythe et métaphysique*, paru en 1953. La différence restait toujours fortement marquée entre le mythe et la raison, entre la conscience mythique traditionnelle et la raison triomphante de l'Occident moderne. On accordait toutefois à la première le droit de continuer sa carrière en compagnon de route plus ou moins encombrant de la Raison. Il y aurait donc à notre époque (nous citons Georges Gusdorf) « une conscience mythique seconde », plus secrète, « comme à l'arrière-plan de la pensée personnelle », que la Raison devrait contrôler strictement[3]. À ce prix, l'existence de deux régimes distincts de l'imaginaire était sauvée.

Pour Karl Popper, le double registre se manifeste par l'opposition entre la « société close », de type tribal, dominée par le mythe, et la « société ouverte », caractérisée par la pensée rationnelle et le libre débat intellectuel (*La Société ouverte et ses ennemis*).

Moins nuancé, Ioan P. Couliano identifie toujours une coupure chronologique entre les deux registres, considérant que la science et la technique modernes se sont construites sur le refus de l'imaginaire, attitude imprimée par la rigueur doctrinale de la Réforme et de la Contre-Réforme (*Éros et magie à la Renaissance*, 1984). Il y aurait selon lui une nette ligne de démarcation séparant l'imaginaire magique traditionnel épanoui à l'époque de la Renaissance, du monde « désenchanté » fabriqué aux siècles suivants.

En dépit de ces résistances, les anthropologues continuèrent à multiplier les ponts entre les deux territoires de l'imaginaire. Ainsi, Claude Lévi-Strauss essaya, dans *La Pensée sauvage*, un intéressant parallèle entre la *pensée magique* et la *pensée scientifique*, leur attribuant, au-delà de certaines spécificités, la même vision globalisante de l'univers.

Enfin, le concept d'une division, chronologique ou culturelle, de l'imaginaire fut catégoriquement contesté par Gilbert Durand, défenseur de l'universalité des archétypes dans l'espace comme dans le temps. Il remarquait à son tour deux régimes de l'imaginaire, mais qui n'avaient rien de spécifiquement historique ; aucune coupure, aucun dépassement, mais une confrontation permanente et une alternance entre deux penchants contradictoires, illustrés, par exemple, par la dialectique classique-romantique, rationaliste-empirique, etc. À toute époque, deux mécanismes s'opposent, « l'un oppressif, l'autre esquissant une révolte ». Quant à la raison et à l'intelligence, elles ne jurent en rien avec l'imaginaire, n'étant « que des points de vue plus abstraits [...] du grand courant de pensée fantastique qui véhicule les archétypes »[4]. C'est l'imaginaire qui conduit le jeu, et sans relâche.

La dispute tourne autour de la Raison. Serait-elle un adversaire (soit implacable, soit plus ou moins accommodant) de l'imaginaire ou, par contre, et étonnamment, une simple transfiguration déroutante de celui-ci ? Il y a aussi un malentendu au sujet du fonctionnement des archétypes. On peut insister sur leur essence irréductible, on peut aussi déplacer l'accent sur leurs matérialisations différentes. Contradiction apparente qui laisse entrevoir une différence de perspective entre le regard de l'anthropologue et celui de l'historien.

Une seule chose est certaine : en dépit des illusions rationalistes et scientistes, le fond mythologique de notre époque n'est pas moins bien fourni que celui des primitifs. C'est plutôt une question de vocabulaire qui fait la différence. On appelle habituellement mythes les croyances des *autres*. *Nos croyances*, elles, sont des vérités. La Raison a érodé l'ancien fonds mythologique. Elle a toutefois construit sa propre mythologie. Une mythologie autre mais toujours réductible aux archétypes. Il est tout aussi légitime de remarquer la spécificité de ces nouvelles représentations que de constater leur ancrage dans une couche ancestrale.

Une mythologie mécanique

La nouvelle image de l'Univers forgée aux XVIIe et XVIIIe siècles, à l'époque du rationalisme triomphant, nous aidera à mieux saisir les mécanismes de la Raison et ses rapports ambigus avec les structures de l'imaginaire. Ce projet concerne évidemment une élite intellectuelle qui, malgré son prestige et l'influence des idées véhiculées, ne fut jamais en mesure d'annihiler les formes traditionnelles de l'imaginaire. Quand on parle donc d'un siècle rationaliste, il faut savoir qu'il est question uniquement de la partie la plus élevée, la partie visible de l'« iceberg » de l'imaginaire, dont la totalité s'avère beaucoup plus complexe (au XVIIIᵉ siècle comme aujourd'hui).

Le nouveau système philosophique et scientifique se présentait comme un renversement complet de l'imaginaire traditionnel. Les forces matérielles remplacèrent les forces de l'esprit. Les lois de l'Univers prirent la place de Dieu. L'homme fut réduit lui aussi à une sorte de machine ou à un rouage de la grande machine universelle. Le mystère, le surnaturel, le sacré furent évacués de la nature. Tout devait s'expliquer par la physique ou la mécanique, le mouvement des corps célestes comme le comportement humain. D'Holbach résuma cette idée par une phrase mémorable dans son *Système de la nature* (1770) : « La nature agit par des lois simples, uniformes, invariables. Toutes les erreurs de l'homme sont des erreurs de physique. »[5]

Une véritable révolution dans la pensée. L'historien est bien en droit (sans ignorer toutefois les précédents antiques et modernes du matérialisme et du rationalisme des Lumières) de constater une rupture entre l'image mythique du monde et l'image rationaliste et scientifique. Le théologien aussi ; on ne saurait lui demander de faire des concessions à une philosophie qui se proposait de remplacer Dieu par la physique.

Mais voici, le mot est dit, et il appartient à l'histoire de l'imaginaire de réunir ce que tout semble séparer. *Remplacer Dieu par la physique* : cette proposition traduit un bouleversement idéologique, mais elle traduit aussi une certaine continuité des anciennes structures et de leur fonction. La fonction de Dieu, celle d'assurer le fonctionnement sans faille de la machine universelle, n'est pas abolie, il n'y a que changement de facteur responsable. L'homme ne pèche plus devant Dieu, mais, pour reprendre le propos d'Holbach, devant la physique. Il risque d'être puni non par la divinité mais par les lois scientifiques qui se tourneraient contre lui.

Ce projet global fut défini par Ernst Mach (1838-1916) dans l'expression très suggestive de « mythologie mécanique ». Son but était « l'explication physico-mécanique de la nature entière ». Une fois décrétées toutes les lois qui agissaient dans l'Univers, l'évolution future devenait à son tour connaissable. Laplace imaginait déjà « un génie qui pourrait donner l'état de l'univers à un instant quelconque de l'avenir »[6]. Rien ne se passait au hasard ; l'homme pouvait accéder à la connaissance absolue.

Ceci concernait aussi l'histoire. Les *lois de l'histoire* prenaient la place du destin, mais leur rigueur ne cédait en rien à la force aveugle de ce dernier. Les deux concepts étaient interchangeables. Voltaire utilisait le mot *destin* dans une acception qui se voulait scientifique : « Il serait plaisant qu'une partie de ce monde fût arrangée, et que l'autre ne le fût point, qu'une partie de ce qui arrive dût arriver, et qu'une autre partie de ce qui arrive ne dût pas arriver. Quand on y regarde de près, on voit que la doctrine contraire à celle du destin est absurde. »[7]

Si tout était « arrangé », l'avenir de l'homme devenait non moins transparent que celui de l'Univers. Condorcet s'en chargea dans son *Esquisse d'un tableau historique des progrès de l'esprit humain*, écrite en 1793 et publiée en 1795. Pour la première fois, un ouvrage d'histoire évoquait non seulement le passé mais aussi l'avenir de l'espèce humaine, situé sous le signe du perfectionnement biologique et spirituel. Tout sera parfait (ou presque) dans un monde épanoui.

Le principe des *contraires* agissant, nous nous trouvons en face d'une religion renversée. Sous des images nouvelles, les vieux archétypes subsistaient. À l'instar des religions, le nouveau système se proposait d'assurer l'*unité* et la *cohérence* du monde, l'intégration de l'homme dans l'Univers, son salut par l'élévation spirituelle et la connaissance, et aussi le *déchiffrement de l'avenir*, l'oracle et la prophétie devenant scientifiques, adaptés aux exigences d'une élite sceptique et rationaliste.

Le sacré s'était « reconverti », prouvant que l'homme peut transfigurer n'importe quoi en religion. Le temps des *relations scientifiques* approchait. La Révolution française inventa le *culte de la Raison*. Le père fondateur de la mécanique universelle, Isaac Newton, fut « sanctifié » par Saint-Simon en 1803. Dans ses *Lettres d'un habitant de Genève à ses contemporains*, celui-ci prêchait en effet une nouvelle religion qui était la *religion de Newton*. Si quelqu'un pouvait concurrencer Dieu, c'était précisément le savant qui avait trouvé la formule mathématique de l'harmonie cosmique. La *providence* se manifestait par la fameuse *loi de l'attraction universelle*.

Suivant la même méthode, nous trouverons aisément les racines archétypales de toutes les innovations des Lumières qui n'ont fait finalement que *matérialiser* et *laïciser* les vieilles figures de l'imaginaire. À la place de l'Apocalypse religieuse furent envisagés des bouleversements cosmiques et géologiques. L'âge d'or de la mythologie et l'Éden biblique connurent un avatar qui bénéficia de la faveur des philosophes et de l'opinion : le Paradis sécularisé du bon sauvage. Le *bon sauvage* s'installa aussi bien dans les îles lointaines de la Polynésie qu'aux premiers temps de l'histoire humaine, illustrant une société égalitaire et heureuse, malheureusement corrompue par la marche de l'histoire. Dans la version sécularisée, le *péché originel* signifiait l'abandon de l'état de nature et l'invention de la *propriété*. C'est l'essence du fameux *Discours sur l'origine et les fondements de l'inégalité parmi les hommes*, publié par Jean-Jacques Rousseau en 1755. Le *Paradis perdu* bénéficiait ainsi d'une réélaboration philosophique.

Le millénarisme religieux, d'autre part, commençait à se convertir en idéologie scientifique de « l'avenir radieux » (comme chez Condorcet), synthèse entre l'excellence sociale et morale des temps primitifs et les nouveaux acquis scientifiques et technologiques. On y entrevoit déjà les signes avant-coureurs du communisme moderne.

Mentionnons aussi pour le pittoresque (un pittoresque en fait très suggestif) la récupération par les Lumières des fantasmes biologiques, appartenant au vieux jeu des altérités, par ailleurs farouchement combattu. Des Patagons géants et des hommes sauvages, aux Séléniens et Solariens imaginés par le grand William Herschel, le plus illustre astronome du siècle, la collection n'était pas moins bien fournie que la galerie traditionnelle des peuples fabuleux ; cette fois-ci, elle bénéficiait en plus de l'avis favorable de la Science et de la Raison[8].

L'âge de la Raison est aussi l'âge de l'Utopie, son véritable âge d'or. Plus de fantaisies utopiques furent rédigées dans un intervalle de quelques dizaines d'années que dans toute l'histoire précédente du genre[9]. Ce rapprochement Raison-Utopie n'a rien de fortuit, il est hautement significatif... et assez inquiétant. La Raison se délecta à imaginer des sociétés idéales, où tous les ingrédients du refus de l'histoire se donnaient rendez-vous. Elle réussit même à transfigurer une Chine bien réelle, lui prêtant des structures et des vertus utopiques propres à constituer un modèle pour les réformateurs européens.

Nous pouvons donc conclure : La Raison a mené une bataille sans merci contre les anciennes configurations de l'imaginaire : croyances religieuses, traditions folkloriques, mythes et superstitions. Mais à la place restée libre, de nouvelles constructions mythiques se sont élevées, très différentes mais aussi très proches des constructions traditionnelles. La Raison n'a fait finalement (elle n'avait pas d'autre choix) que récupérer et disposer selon ses propres règles – géométriques, mécaniques, cartésiennes, matérialistes – tous les fantasmes essentiels de l'humanité. (Une tendance similaire à « raisonner » et à « géométriser » les archétypes s'était manifestée dans la Grèce antique. Plus limitée et plus fragile que l'expérience moderne, elle finit par être submergée par les pulsions traditionnelles de l'imaginaire ; voir à ce propos l'excellent livre de E. R. Dodds, *Les Grecs et l'Irrationnel*, 1951).

Entre le « vrai » et le « faux » : la quête scientifique et ses équivoques

C'était surtout grâce aux lumières de la Science que la Raison se proposait de dissiper les ténèbres. Construction méthodique et rationnelle, la Science devait représenter, pour plusieurs générations, l'antithèse même de l'imaginaire : la vérité du monde réel opposée aux errements de l'esprit préscientifique.

Conçue de cette manière, l'histoire de la science moderne allait ressembler à une longue suite de bulletins de victoire. Elle suivait la voie royale ; les détours, les faux pas, les impasses n'étaient que des accidents sans aucune signification. En fait, ce sont précisément ces écarts par rapport à la norme qui constituent le niveau le plus évident – bien que, souvent, le plus superficiel – de l'imaginaire scientifique. Toute histoire des sciences qui en fait abstraction pèche par simplification et actualisation forcées.

Edmond Halley (1656-1742) est devenu célèbre pour sa théorie de la périodicité des comètes. Il annonça le retour , en 1758, de la fameuse comète qui porte son nom. La comète revint en effet, prouvant ainsi le bien-fondé de la théorie de Newton, brillamment appliquée par son disciple. Mais Halley s'illustra aussi par une autre hypothèse, non moins argumentée scientifiquement : celle de la *Terre creuse*. Étudiant les déplacements des pôles magnétiques et autres phénomènes de physique terrestre, il conçut le globe comme une structure de plusieurs sphères imbriquées (à la manière des poupées russes) et séparées par des espaces vides[10]. À la différence de la comète, cette théorie ne fut pas validée (et pour cause). Elle appartient toutefois à Halley au même titre que la première. En la passant sous silence, on fausse délibérément l'évolution réelle des idées scientifiques.

Le cas du maître de Halley, le grand Isaac Newton (1642-1727), est encore plus complexe. Il sacrifia plus d'une fois à l'imaginaire traditionnel, de l'Apocalypse à l'alchimie (par laquelle il aspirait à pénétrer la structure du microcosme afin de parachever sa théorie de l'Univers). Pour Newton, la religion, la mécanique et l'alchimie participaient ensemble à la compréhension du monde[11]. La postérité scientiste lui pardonna ces « errements », retenant uniquement les glorieuses lois de l'attraction universelle.

Plus proches de nous, la *mémoire de l'eau* (1988, Jacques Benveniste) et la *fusion froide* (1989, Martin Fleischmann et Stanley Pons) – affirmées par des chercheurs hautement qualifiés mais répudiées par l'ensemble de la communauté scientifique – ont défrayé la chronique, prouvant que la fantaisie des savants n'est pas sur le point de s'émousser.

Il ne s'agit là que de la part la plus visible, la plus facilement détectable et parfois la plus spectaculaire, de l'imaginaire scientifique. Les théories « erronées » justifient une assertion plus générale : n'importe quelle théorie pourrait être « erronée », c'est-à-dire *non validée*. L'imaginaire met son sceau sur l'ensemble de la démarche scientifique. Toute théorie peut être rapportée à une tendance archétypale. Toute théorie est aussi *datée*, témoignant d'une certaine mentalité, d'une idéologie, d'une vision du monde, qui appartiennent à une époque, à un complexe culturel, à un milieu. Le but suprême de Newton et de Halley fut de démontrer l'unité et le fonctionnement cohérent de l'Univers. Ils ont *reconstruit* l'archétype avec les moyens dont ils disposaient, dont certains furent retenus par la postérité comme scientifiques et les autres rejetés comme purement imaginaires : distinction qui n'a aucune valeur de principe, ne représentant qu'un choix ultérieur.

Depuis quelque temps, une certaine dose de relativisme s'est insinuée dans le discours épistémologique[12]. La science n'est plus considérée comme un dépôt de vérités absolues, ni comme une antithèse non moins absolue de l'imaginaire.

Pour Karl Popper (dans la *Logique de la découverte scientifique*, première édition : 1934), une théorie n'est qu'une hypothèse ; elle ne peut jamais être vérifiée, mais uniquement « corroborée », c'est-à-dire soumise à des tests susceptibles de lui donner gain de cause envers les théories rivales. Toute victoire est provisoire car « les théories les plus performantes ne sont jamais des théories vraies mais seulement des théories qui ne sont pas encore fausses »[13]. Demain une nouvelle théorie prendra la relève.

L'argumentation de Thomas Kuhn (*The Structure of Scientific Revolutions* – La Structure des révolutions scientifiques – 1962) est encore plus fortement marquée par un esprit historique et relativiste. Selon sa *théorie des révolutions scientifiques*, à chaque époque correspondent des *paradigmes*, modèles destinés à expliquer un ensemble de phénomènes de manière cohérente. Une fois formulé et accepté, le paradigme finit par marginaliser les théories concurrentes ; il dirige autoritairement la recherche jusqu'au moment où il sera à son tour remplacé par un nouveau paradigme. Pour qu'une théorie soit acceptée, sa part de vérité présente moins d'importance que la conformité avec le paradigme dominant. Ainsi, aux XVIIIe et XIXe siècles, des hypothèses intéressantes et prometteuses ont dû être abandonnées parce qu'elles ne s'accordaient pas avec le paradigme newtonien. Loin de commander la recherche, l'expérimentation est subordonnée et canalisée par la théorie. On arrive à découvrir *ce qu'il faut découvrir*.

Le point extrême de l'épistémologie relativiste est atteint par Paul Feyerabend. Son ouvrage-manifeste s'intitule *Against Method* (Contre la méthode, 1975), avec pour sous-titre « Esquisse d'une théorie anarchiste de la connaissance ». L'auteur se prononce pour la pluralité des méthodes, mêmes contradictoires ; selon lui, « le seul principe qui n'entrave pas le progrès est : *Tout est bon* ». Il dénonce la science officialisée des derniers siècles, dans laquelle il ne voit qu'une mythologie et, pire encore, une véritable Église : « la plus récente, la plus agressive et la plus dogmatique des institutions religieuses »[14].

De Popper (qui se défend d'être relativiste) à Feyerabend, il y a, sans doute, toute une échelle d'interprétations. Mais, dans tous les cas mentionnés, l'imaginaire marque des points. On peut d'ailleurs renverser la démonstration et constater la présence de l'imaginaire non seulement dans la science mais aussi dans le *discours contemporain sur la science* ! Toute analyse historique étant conditionnée par la position de l'observateur, il s'ensuit que la vision relativiste du monde envahit aussi le jugement porté sur les sciences (à l'inverse du scientisme dogmatique du XIXe siècle qui avait sacralisé la connaissance scientifique). Si tout est relatif, le discours relativiste sur la science est aussi relatif !

Il faut, d'autre part, être conscient que les beaux principes de la méthode ne se retrouvent qu'approximativement dans le travail réel des chercheurs. Les savants invoquent la méthode mais préfèrent assez souvent se fier à leur intuition (voire leur fantaisie). Les préjugés scientifiques et les critères idéologiques ne font que creuser l'écart entre la recherche idéale et la recherche effective.

« Une *vérité profonde* suppose que son contraire soit aussi une *vérité profonde* »[15] ; cette boutade attribuée au grand physicien Niels Bohr (1885-1962) en dit plus long que tout un débat sur le problème de la vérité et de l'objectivité dans les sciences.

La science comme miroir de l'imaginaire social

Une théorie scientifique reflète *éventuellement* une vérité objective. Mais elle reflète *sûrement* un contexte socioculturel. L'historien des sciences doit prendre en considération le *projet global* d'une certaine société ainsi que le profil individuel des personnes impliquées dans la découverte scientifique (formation intellectuelle, attaches idéologiques, etc.). Il ne faut jamais oublier qu'avant de définir des *vérités*, les théories mûrissent dans la conscience des hommes.

Se proposant d'analyser *La formation de l'esprit scientifique*, Gaston Bachelard insistait justement sur les composantes « extra-scientifiques » de la recherche : les grands principes archétypaux comme l'*unité* et l'*harmonie*, la volonté de puissance, les considérations utilitaires, sans oublier les pulsions sexuelles... À ce dernier chapitre, les chimistes étaient bien placés : « une réaction chimique où entrent en jeu deux corps différents est immédiatement sexualisée, d'une manière à peine atténuée parfois, par la détermination d'un des corps comme actif et de l'autre comme passif ». La base est féminine, l'acide masculin, et le sel résulté neutre, voire hermaphrodite. « Une psychanalyse complète de l'inconscient scientifique – conclut Bachelard – devrait entreprendre une étude de sentiments plus ou moins directement inspirés par la libido. »[16]

Même sans partager l'enthousiasme psychanalytique de Bachelard, les épistémologues et les historiens des sciences ne peuvent plus faire abstraction de la projection de l'imaginaire social sur la pensée et la recherche scientifiques. Ainsi, Pierre Thuillier proposa dans son *Petit Savant illustré* (1980) une évaluation globale de la science occidentale – devenue aujourd'hui la *science* tout court – axée sur les valeurs et les désirs de la société européenne. Depuis le Moyen Âge, la science n'a fait que suivre « la transition d'une société centrée sur Dieu à une société centrée sur le commerce, l'industrie et la recherche du profit ». À chaque société correspond un certain projet scientifique fondamental. « Ce qui caractérise notre science, c'est le désir de dominer, d'exploiter, de manipuler » ; de là découle l'importance accordée à la quantification, aux lois (en vue d'une « action efficace »), aux principes mécaniques (une science tournée vers l'action, vers l'« ingénierie »). C'est la fusion du *Savoir* et du *Pouvoir* que le programme occidental cherche à assurer[17].

À part le « projet global », tout cas particulier invite à une recherche de ses fondements mythiques. Ces déterminations sont parfois très subtiles, mais il existe des situations où la transparence du projet mythologique est totale. Ainsi, par exemple, la *biologie raciste et élitiste* qui a si fortement marquée l'histoire des derniers siècles.

Le *jeu des altérités*, archétype caractéristique de la mentalité commune, a été particulièrement dramatisé par les antagonismes raciaux et sociaux du XVIIIe et surtout du XIXe siècle. Les tensions raciales et sociales se sont sublimées en théories biologiques. La correspondance entre l'altérité physique et l'altérité morale des individus et des communautés est une très ancienne vue de l'esprit ; elle tient évidemment au fonds archétypal. On n'a eu qu'à l'adapter aux exigences d'une interprétation rationnelle et scientifique. Une première synthèse s'opéra vers la fin du XVIIIe siècle, quand Johann Kaspar Lavater (1741-1801) établit les bases de la *physiognomonie*, science prétendant « lire » le caractère et l'intelligence à partir de l'apparence physique. L'*angle facial*, imaginé par Petrus Camper en tant que mesure infaillible de la capacité intellectuelle (permettant de placer l'Européen en haut de l'échelle et le Noir à mi-chemin entre l'Européen et le singe), devint le plus fort argument de la *craniologie*, fer de lance scientifique du racisme occidental[18]. L'inquiétude des élites confrontées aux Autres (races différentes ou catégories sociales différentes) trouva une expression scientifique frappante dans la théorie de « l'homme criminel » (*L'Homme criminel*, 1876) formulée par Cesare Lombroso (1835-1909). L'anthropologue italien coupait pratiquement en deux la société occidentale, opposant un bas-fond dégénéré à une élite biologique et sociale (les marques d'infériorité apparentant les tarés de la race blanche aux membres des races non européennes)[19].

La quête de la vie sur les planètes offre un exemple non moins instructif. Les moyens scientifiques et techniques du XIXe siècle auraient permis d'affirmer plutôt le contraire. Même une méthode considérée comme sûre – l'analyse spectrale (mise au point vers 1860) – contribua à affermir la position des défenseurs d'une vie extraterrestre ; elle « prouva » la présence, sur certaines planètes, d'une atmosphère de type « terrestre » et de vapeurs d'eau. Les télescopes, de plus en plus puissants, captaient des images interprétées parfois comme preuves d'un milieu permettant l'épanouissement de la vie, et même d'une vie supérieurement organisée. Le *nec plus ultra* de cette méthodologie fut la découverte, par Schiaparelli, en 1877, des *canaux martiens*, intégrés par Percival Lowell (1855-1916) dans sa théorie d'un Mars extrêmement évolué peuplé de Martiens constructeurs des canaux. Les astronomes partisans de cette configuration martienne identifièrent au télescope pas moins de 700 canaux ; leurs adversaires n'en virent aucun. Les premiers arrivèrent même à photographier les canaux ; les autres n'observèrent pas la moindre trace de canal sur les photographies[20] !

La recherche ne faisait que suivre la théorie, tandis que la théorie s'accordait avec une certaine idéologie et vision du monde. On constatait ce qu'on voulait constater, ce qu'il fallait constater. L'archétype fonctionnait, s'adaptant aux conditions nouvelles. Les anciens *peuples fabuleux* pour qui la Terre était devenue un peu étroite, *devaient* trouver refuge sur les planètes. La conception d'un Univers *unitaire*, répondant aussi à un archétype, transfigurait les planètes en d'innombrables « terres du ciel ». L'expansionnisme occidental, la soif de conquête et de domination, trouvaient dans l'espace un prolongement naturel de la découverte et de la colonisation terrestres. L'*Évolutionnisme* et le *Progrès*, les deux clés de l'idéologie du XIXe siècle, considéraient l'espace comme un laboratoire où on pouvait observer et expérimenter toutes les phases de l'évolution biologique, toutes les potentialités de la matière, de l'esprit, de la science et de la technologie. Les adversaires de l'habitabilité des planètes étaient à leur tour motivés idéologiquement. Ainsi, la religion faisait souvent obstacle aux humanités autres, les croyants manifestant moins d'enthousiasme pour les « terres du ciel » que les sceptiques ou les non-croyants (malgré la tentation de bon nombre de théoriciens pour essayer de mettre d'accord la pluralité des mondes avec la Bible). Somme toute, l'idéologie conduisait le jeu : même dans un domaine apparemment aussi éthéré que l'astronomie !

La synthèse scientifique la plus caractéristique et la plus influente du XIXe siècle fut sans doute la théorie évolutionniste formulée par Lamarck (1744-1829) puis par Charles Darwin (1809-1882) dans son *Origine des espèces* (1859). Une théorie à l'image de l'époque, d'une époque pour laquelle la valorisation du temps (du passé reculé à l'avenir lointain) et la marche progressive de la vie, de l'homme, de la société, de la connaissance, de la technologie, représentaient déjà une sorte de religion. Qu'on accepte ou non la théorie évolutionniste est un choix sans rapport avec sa cristallisation à un moment précis de l'histoire. L'époque, *évolutionniste dans tous ses ressorts*, devait produire une théorie biologique de l'évolution et elle la produisit.

La science comme religion

Raison-science-technologie-progrès-avenir : voici la formule magique du XIXe siècle. Elle se présente, en tous points, comme l'antithèse
de l'imaginaire traditionnel et, plus précisément, de l'image théologique
du monde qui avait dominé au Moyen Âge et au début de l'époque
moderne. On peut considérer ces valeurs comme caractérisant un régime nouveau de l'imaginaire. Il s'agit évidemment d'une synthèse
nouvelle. Mais, d'autre part, il n'est pas moins vrai que cette synthèse
ne fait que disposer autrement les mêmes archétypes, les mêmes penchants de l'imaginaire. Rien ne manque, pas même le *sacré*, le plus
susceptible d'être pulvérisé par le triomphe d'une science positive.

La Raison et la Science poursuivirent un but similaire à celui en-
visagé par la Religion et la Théologie. Dans un cas comme dans
l'autre, l'Univers est soumis à un principe unificateur ; il est *chargé
de sens*. Dans un cas comme dans l'autre, le destin de l'homme est
en cause, son aspiration vers la connaissance, vers l'harmonie, vers
l'Absolu.

Ce dernier mot rappelle un célèbre roman de Balzac : *La Recherche de l'Absolu*, publié en 1834. C'est l'histoire d'un savant chimiste
obsédé par l'hypothèse d'« une substance commune à toutes les créations, modifiée par une force unique... ». Rien d'insolite dans le
choix de ce thème ; l'écrivain n'a fait que donner plus de relief à des
spéculations courantes dans les milieux scientifiques de l'époque.
L'Absolu exprimait le principe universel et originel, la seule source
de tout ce qui existe : l'équivalent, en termes scientifiques et matérialistes, de l'Absolu religieux[21].

L'Absolu traque aussi *Le Docteur Pascal*, le héros de Zola, dans un
roman « scientifique » publié en 1893. À la fin du XIXe siècle, l'heure
était à la biologie ; le principe suprême devait se trouver dans les sciences
de la vie. Voici, très explicitement, la connaissance scientifique conçue
comme religion : « En somme, le docteur Pascal n'avait qu'une croyance,
la croyance à la vie. La vie était l'unique manifestation divine. La vie,
c'était Dieu, le grand moteur, l'âme de l'univers. Et la vie n'avait d'autre
instrument que l'hérédité, l'hérédité faisait le monde ; de sorte que, si l'on
avait pu la connaître, la capter pour disposer d'elle, on aurait fait le monde

à son gré. »[22] Dieu c'est la vie ; Dieu sera peut-être, demain, l'homme même, rendu tout-puissant par le savoir scientifique.

Ces deux romans disent l'essentiel sur une science imprégnée de religiosité et qui imprégnait à son tour la littérature et les mentalités.

À première vue, rien ne serait plus loin de l'imaginaire religieux que la science. Mais on doit chercher au-delà des apparences. Quel rapport, par exemple, entre l'Apocalypse religieuse (la fin du monde, le Jugement dernier) et l'idéologie du Progrès ? Tout semble les séparer : d'une part, dévalorisation de ce monde et quête d'une réalité transcendante, d'autre part, forte valorisation du monde matériel et de ses potentialités. Tout les sépare, mais tout les réunit : pôles opposés d'une même idéologie du salut, d'un refus similaire adressé à une histoire contraignante et à une condition humaine insatisfaisante, d'une irréductible aspiration vers une réalité d'essence supérieure.

S'installant à la place de la fin du monde et du Jugement dernier, le Progrès et l'Avenir assumèrent aussi leur héritage. La nouvelle voie conduisait, elle aussi, à l'épanouissement de l'homme et à l'apaisement des contradictions. On peut constater, en particulier, la récupération de l'idéologie millénariste. Le Royaume de mille ans, placé par l'Apocalypse après l'histoire et avant le Jugement dernier, ressemble étrangement à l'Avenir promis par la Science. Cette nouvelle vision d'un monde *transfiguré* par le Progrès ne représente pas autre chose qu'un *millénarisme sécularisé*. La solution providentielle du dépassement de l'histoire est remplacée par la solution scientifique. Le sacré est réinvesti dans la science. La Science devient Religion, responsable du bon fonctionnement de l'Univers et du salut de l'humanité.

Le scientisme du XIXe siècle conduisit, inévitablement, à une *religiosité scientifique* très caractéristique de l'atmosphère de l'époque. La fréquence des synthèses imaginées est impressionnante. Elles retiennent parfois certains éléments traditionnels des croyances religieuses comme, par exemple, la distinction entre le corps et l'esprit et l'immortalité de l'âme. Le système de Charles Fourier (1772-1837) construit un monde extrêmement cohérent et harmonieux (tant au niveau cosmique qu'au niveau social, par l'organisation des phalanstères), fondé sur des principes mathématiques, lesquels régissent également la migration des esprits et leurs incarnations successives sur la Terre et les planètes[23]. À partir du milieu du siècle, le *spiritisme* connut une vogue considérable. Son côté « scientifique » séduisit nombre de savants, parmi les plus réputés de l'époque – comme le grand physicien et chimiste William Crookes (1832-1919) ou Alfred Russel Wallace (1823-1913), cofondateur, avec Darwin, de la théorie évolutionniste. Il est fascinant de suivre l'arsenal scientifique mis en œuvre afin de déterminer, très rigoureusement, la présence des esprits et d'identifier des moyens pour communiquer avec eux. Le spiritisme fut également associé à la théorie de la pluralité des mondes ; après Fourier, Allan Kardec (1804-1869), un des fondateurs de la doctrine spirite, et Camille Flammarion (1842-1925), le plus médiatique des astronomes de l'époque, soutinrent la migration interplanétaire des esprits. Cette fusion entre spiritisme et pluralité des mondes offrait des arguments scientifiques et religieux à la fois, en faveur d'une finalité universelle et d'une destinée de l'homme plus haute que sa condition strictement matérielle[24].

D'autres *religions scientifiques* prirent un sens plutôt terrestre et matérialiste, abandonnant le double spirituel pour valoriser l'homme social. En tant que prophète, Saint-Simon réussit la prouesse d'inventer deux religions différentes ! Vingt ans après la *religion de Newton*, il récidiva avec le *Nouveau Christianisme* (1825) qui, no-nobstant sa dénomination, ne retenait du christianisme que certains principes moraux. La mission assignée à la religion était de « diriger la société vers le grand but de l'amélioration la plus rapide possible du sort de la classe la plus pauvre »[25]. Ce qui devenait possible grâce à l'action de l'*industrie*, comme le montrait le *Catéchisme des industriels* (1823-1824) publié par le même Saint-Simon. Remarquons la terminologie religieuse véhiculée pour définir un projet technologique et social, ce qui en dit long sur la persistance du sacré sous l'écorce matérialiste.

Quelques dizaines d'années plus tard, Auguste Comte (1798-1857), fondateur de la philosophie positiviste, c'est-à-dire d'une philosophie fondée exclusivement sur les acquis des sciences, décidait à son tour de franchir la distance (pas si considérable d'ailleurs) séparant (et reliant) la science « positive » de la religion. Il publia en 1852 un

Catéchisme positiviste et, de 1851 à 1854, son *Système de politique positive, ou traité de sociologie, instituant la Religion de l'humanité.* Une religion sans Dieu, dont les piliers étaient l'amour, l'ordre et le progrès, ou le sentiment, la raison et l'activité (et dont les saints devinrent les « grands hommes » de l'histoire).

Une fois que la science se substituait à la religion, rien de plus logique que de remplacer Dieu par l'humanité même. Une humanité parvenue à la maturité, capable, par ses propres forces, grâce à la Raison, à la Science, à la Technologie, d'assurer son avenir, son emprise sur l'Univers et un perfectionnement spirituel et social sans limites...

Il fallait – selon le mot d'Ernest Renan (1823-1892) – « organiser scientifiquement l'humanité »[26]. Il fallait transformer la nature, la société et l'être humain même par le pouvoir de la science. L'enjeu était un monde nouveau et un homme nouveau : voici la Raison et la Science parvenues au même but que le millénarisme religieux !

L'invention de l'avenir passait par la mainmise sur l'histoire qui, pour citer Auguste Comte, allait « *devenir bientôt la science sacrée* »[27] (remarquons encore une fois la persistance du vocabulaire religieux et du sacré). L'histoire pouvait être forcée, on devait aussi se soumettre à ses lois. Alternative qui ne supposait aucune contradiction, car il revenait aux théoriciens de l'avenir la mission d'inventer des lois accordées à leur propre projet ! Ils s'employèrent donc à démonter le mécanisme de l'histoire. Certains trouvèrent la clé, en fait plusieurs clés différentes. Les théories édifiées, bien que contradictoires, se remarquent par un certain air de famille, grâce à la logique simplificatrice et déterministe qui les anime. Le milieu naturel, la race ou les forces économiques devinrent les principaux facteurs déterminants. Il serait oiseux d'en établir un inventaire. Citons seulement quelques lignes extraites de la *Philosophie de l'art* d'Hippolyte Taine (1828-1893), superbe illustration des prétentions scientistes et d'un déterminisme outrancier. Voici expliquée la civilisation flamande, voici l'histoire devenue science, science exacte, science parfaite : « On pourrait dire – écrit Taine – qu'en ce pays, l'eau fait l'herbe, qui fait le bétail, qui fait le fromage, le beurre et la viande, qui, tous ensemble avec la bière, font l'habitant. En effet, de cette grasse vie et de l'organisation physique imbibée d'air humide, vous voyez naître le tempérament flamand. »[28]

Une manière similaire de traiter le processus historique se trouve à l'origine du « communisme scientifique » de Karl Marx (1818-1883). À l'herbe et à l'eau invoquées par Taine, Marx préférait les manufactures et le commerce. Le marxisme est l'expression ultime et la plus élaborée du grand renversement opéré aux XVIIIe et XIXe siècles. Par rapport aux synthèses religieuses traditionnelles, il se trouve précisément aux antipodes. Même détachées de la religion, les autres grandes synthèses restaient « idéalistes » ; à la place de Dieu, elles invoquaient une idée universelle ou tout simplement l'esprit humain. Pour Comte c'était la science qui menait le jeu, c'est-à-dire une élaboration de l'esprit. Du point de vue de Marx, ce sont les conditions matérielles qui commandent. Une *contre-religion*, en effet. Mais si un contre-mythe n'est qu'un mythe, une contre-religion est, tout simplement, une religion. Comme toute religion, le marxisme cherche le salut de l'humanité et la libération de l'homme (de l'homme « aliéné » dans une société injuste).

La dialectique scientifique de Marx, qui n'est d'ailleurs que la dialectique (idéaliste) de Hegel renversée, ressemble assez bien, d'autre part, à la dialectique de saint Augustin. La lutte des contraires, que ce dernier illustrait par la confrontation entre la Cité de Dieu et la Cité des hommes, devient chez Marx *lutte des classes* à l'intérieur des sociétés fortement polarisées. Dans les deux cas, il s'agit de la mise en œuvre d'un archétype. Le triomphe de la Cité de Dieu correspond chez Marx au triomphe du prolétariat. Dans un cas comme dans l'autre, l'histoire touche à sa fin par le rétablissement de l'unité et de l'harmonie primordiales. L'avenir radieux promis par le communisme représente, mieux que n'importe quelle autre solution du futur, une réplique sécularisée du millénarisme. La marche de l'humanité ne dépend plus de la Providence, mais des lois scientifiques de l'histoire, des lois purement matérialistes de surcroît. Mais ces lois ne sont qu'un faux-semblant (chez Marx comme chez tout philosophe faiseur de lois) ; elles tiennent évidemment de l'imaginaire, et ce n'est pas leur réalité illusoire mais leur finalité *voulue* qui importe[29].

Justifié par la Providence ou par les lois de l'histoire, le millénarisme reste le millénarisme. Purifier le monde, apaiser les contradictions, transfigurer l'homme : ce sont des valeurs religieuses que la « science marxiste » infusa à ses adeptes. L'influence des idées communistes et leur vitalité – malgré l'échec matériel du système – s'explique aisément par leur conformité aux grands archétypes, aux grandes espérances que l'humanité portait de longue date en elle.

Ainsi, à son point extrême, la science rejoint la religion. Le cercle est fermé.

La crise de 1900 et les nouveaux paradigmes

L'édifice scientifique du XIXe siècle, apparemment si stable et tout à fait conforme à la structure « réelle » du monde, vola en éclats vers 1900. Des nouveaux paradigmes furent énoncés dans l'intervalle de quelques années. En 1895, Wilhelm Conrad Röntgen (1845-1923) découvrit les rayons X. Max Planck (1857-1947) créa en 1900 la théorie des quanta. Albert Einstein (1879-1955) énonça en 1905 les principes de la relativité. À la même époque, Sigmund Freud (1856-1939) posait les bases de la psychanalyse. Découvertes et théories animées par un esprit différent. Le matérialisme et le déterminisme du XIXe siècle furent éclipsés par une image plus subtile et plus nuancée du monde et de l'homme. L'univers devenait plus compliqué et plus flou. L'espace, le temps, la matière cessaient d'être des catégories rigides. La théorie quantique comme la psychanalyse mettaient en jeu des forces non matérielles ; la relativité einsteinienne brisait toutes les cloisons.

Il est très significatif que cette destruction-reconstruction du monde opérée par les savants corresponde, chronologiquement, à l'opération similaire menée par les artistes et les écrivains contre les formes artistiques et littéraires traditionnelles. La quête n'était ni indépendante ni gratuite. La crise de 1900, le grand tournant pris à l'époque par la civilisation occidentale, se sont manifestés avec la même intensité dans les sciences, les lettres et les arts. Les certitudes d'une Belle Époque si satisfaite d'elle-même ne s'accordaient plus avec l'esprit du temps. La bourgeoisie occidentale avait aspiré à unifier le monde autour d'un seul modèle, le sien. Mais ce modèle était en train de s'effondrer, et avec lui, à la fois, l'art réaliste du XIXe siècle et les paradigmes scientifiques d'un monde ferme et rassurant[30]. Les nouveaux paradigmes correspondaient à une sensibilité « relativiste » (la théorie d'Einstein étant en quelque sorte l'expression scientifique d'un état d'esprit), à une société plus ouverte et plus diversifiée. Comme la révolution artistique, la révolution scientifique préfigurait le grand chambardement du XXe siècle, la quête, en fait, d'un nouveau système de civilisation.

La pression totalitaire

Dans ce contexte, les régimes totalitaires et leurs rapports avec la science posent un problème particulier. La mise en question des fondements scientifiques du XIXe siècle correspond à l'affirmation d'un esprit plus ouvert à la relativité des valeurs et à la liberté du débat intellectuel. Sans idéaliser les vertus des nouveaux paradigmes (car chaque paradigme une fois installé commence à se manifester tyranniquement), on peut lier les nouvelles tendances scientifiques aux progrès du libéralisme et de la démocratie. Le contraire est encore plus évident : les idéologies totalitaires, principalement le *nazisme* et le *communisme*, n'ont manifesté aucune sympathie pour le renouveau scientifique du début du siècle. Les paradigmes du XIXe siècle leur paraissaient beaucoup plus convenables : plus fermes, plus simples, plus rassurants, plus proches d'une certaine typologie religieuse et d'autant plus appropriés à soutenir l'édifice totalitaire. Dans les deux cas mentionnés, il s'agissait en fait d'un héritage : d'une part, l'interprétation raciste de l'histoire formulée par Joseph-Arthur de Gobineau (1816-1882) et « affinée » par ses disciples, d'autre part l'interprétation matérialiste due à Marx. Dans le paysage intellectuel du XXe siècle, les totalitarismes représentent des matérialisations d'une étape scientifique révolue. Ce n'est pas tant la pression idéologique sur la science qui marque la distinction (cette pression se manifeste aussi dans les sociétés ouvertes, bien que moins brutalement), mais la volonté d'ignorer les tendances scientifiques de son propre temps. Un refus massif de l'histoire, affectant non seulement la science, mais l'ensemble des domaines touchés par les idéologies totalitaires.

En ce qui concerne la *science nazie*[31], l'aspect le plus caractéristique fut l'obsession des études « raciologiques », en rapport étroit avec l'idéologie officielle. Des courants anthropologiques, d'ailleurs assez divers, se proposaient de définir les traits biologiques et culturels des races ou des populations humaines. Les méthodes eugéniques furent aussi invoquées en vue de perfectionner (ou de purifier) la race.

Le principe racial trouva une application indirecte – mais « logique » – dans toutes les autres sciences, par le refus d'accepter les contributions des savants juifs, représentants d'une race considérée comme altérée, antithèse de la race germanique et de ses vertus. Or, les contributions « juives » étaient particulièrement nombreuses et importantes, surtout dans la formulation des nouveaux paradigmes de 1900. Argument supplémentaire pour refuser ces acquis de la science. L'offensive menée contre la physique moderne – et en premier lieu contre la mécanique quantique et la relativité – par deux prix Nobel allemands : Philipp Lenard (1862-1947) et Johannes Stark (1874-1957), adeptes de la première heure de Hitler, fournit l'exemple le plus significatif d'un combat où le refus de la modernité s'associait aux préjugés raciaux (et aussi à des frustrations personnelles). Mais il est non moins significatif que, finalement, Lenard et Stark aient perdu ce combat. L'appareil nazi a fini par accepter la physique moderne, cédant devant l'opinion quasi générale des scientifiques mais surtout devant les exigences économiques et militaires (l'arme atomique passait aussi par la physique moderne). On donna ainsi le feu vert à la relativité, en gommant tout simplement la référence à la contribution d'Einstein.

La doctrine communiste eut sur les sciences une influence encore plus considérable que la pression nazie. Certains facteurs freinèrent la mainmise du nazisme sur la science allemande, en premier lieu une forte tradition scientifique, et le prestige social de la communauté universitaire (ce qui était à peine le cas de la Russie et des autres pays communistes). Le temps aussi a manqué aux nazis pour accomplir

leur œuvre. Ceci explique la persistance d'un débat scientifique réel –
bien que marqué visiblement par l'idéologie – même dans les domaines les plus brûlants comme la « raciologie » et la physique. Mais le
motif le plus essentiel dérive de la structure profonde des deux idéologies totalitaires. Hitler méprisait la science et les savants. Sa doctrine n'avait aucune ambition d'ordre scientifique, elle était une doctrine d'action. Par contre, les tendances irrationalistes se manifestè-
rent puissamment dans les cercles nazis, formant un conglomérat qui
réunissait racisme primaire, mythologie nordique, ésotérisme, ou
théories pseudo-scientifiques (comme la doctrine de l'Univers de
glace ou de la Terre creuse)[32]. La science a pu ainsi « bénéficier » du
peu d'estime qui lui était accordé par les nazis purs et durs.

Par contre, le communisme a été une théorie scientifique, un système philosophique complet fondé sur la science. Une philosophie
proposant à la fois une interprétation globale du monde et une méthodologie destinée à le transformer.

Le noyau de la *science communiste* fut sa conception de
l'histoire[33]. L'histoire menait, grâce à un mécanisme simple et efficace (rôle déterminant des facteurs économiques et lutte des classes),
d'une formation sociale à l'autre, avec comme station terminus la
société communiste. Le passé fut complètement réaménagé afin de se
soumettre à une seule ligne d'évolution, jalonnée par des conflits
sociaux et révolutions. Mais cette vision, universaliste et internationaliste, fut doublée par un schéma divergent dû à la montée du
« national-communisme ». Les deux perspectives, théoriquement
inconciliables, furent conciliées par la *dialectique* – science et méthode des contradictions – qui permit finalement à la science et à
l'idéologie communistes de soutenir pratiquement n'importe quoi.
Ainsi, aux déformations résultant du discours marxiste originel
s'ajoutèrent des déformations exaltant les valeurs nationales. Au
temps de Staline, l'histoire des sciences et techniques devint pratiquement une histoire russe, bien qu'on eût eu du mal à expliquer, en
pure doctrine marxiste, la naissance de la technique moderne au sein
d'une société précapitaliste. Ainsi, la « science de l'histoire » fut appelée à justifier à la fois le triomphe mondial du communisme et la
suprématie russe (et puis d'autres visées nationalistes).

Idéologie prolétaire ou se voulant telle, le communisme se remarqua par la subordination du travail intellectuel au travail physique et, conséquemment, de la théorie à la pratique et de la recherche fondamentale aux sciences appliquées. Le *travail* (dans son sens élémentaire) fut une présence obsédante dans les interprétations « scientifiques » marxistes et post-marxistes. Marx expliquait le mécanisme de l'exploitation capitaliste et la chute inévitable de ce système par la fameuse *théorie de la valeur* et de la *plus-value* qui réduisait toute valeur au travail matérialisé du prolétaire. Engels fit référence au travail pour résoudre un problème encore plus délicat : l'origine de l'homme ; c'est en travaillant que le singe s'était transformé peu à peu en être humain ! L'obsession du travail physique marqua le communisme jusqu'à ses derniers jours et contribua grandement au blocage de la recherche et à l'absence d'une véritable émulation intellectuelle.

Dans le meilleur (ou le pire) esprit du XIXe siècle, la science communiste fut à la fois *déterministe* et *volontariste* (contradiction apaisée grâce à la dialectique), son but suprême étant la transformation du monde. Toutes les sciences devaient concourir à l'instauration de la société nouvelle et à la création de l'homme nouveau (forgé en premier lieu par le travail, à l'instar de son ancêtre qui, toujours par le travail, s'était détaché du singe). Le transformisme s'est manifesté avec une intensité égale dans les sciences économiques et sociales et dans les sciences de la nature. L'*économie politique* communiste se proposait de démontrer à la fois la faillite du système capitaliste et les vertus d'un système économique sans précédent dans l'histoire : une économie complètement étatisée ignorant la concurrence et les lois du marché. D'autre part, la *biologie* stalinienne, représentée officiellement par le jardinier Mitchourine (1855-1935) et par l'agronome amateur Lyssenko (1898-1976) s'opposa farouchement aux nouveaux paradigmes énoncés par Gregor Mendel (1822-1884) et Thomas Morgan (1866-1945), pour revenir au transformisme simpliste de Lamarck. Prenant un retard délibéré d'une centaine d'années, les biologistes soviétiques misèrent, comme Lamarck, sur la *transmissibilité des caractères acquis*, afin de forcer l'évolution des espèces végétales dans un premier temps, puis des espèces animales et, sans doute, en perspective, de l'espèce humaine. Installé au début des années 1930, le lyssenkisme se maintint en Union Soviétique et dans les pays satellites jusqu'au milieu des années 1960. Le résultat fut un désastre scientifique et économique ; le retard accumulé dans la recherche fondamentale et dans l'agriculture accompagna le système jusqu'à la fin[34].

Aux fictions économiques, sociales et biologiques s'ajoutèrent, comme chez les nazis, des balbutiements dans des domaines apparemment plus détachés de la politique courante. La théorie de la relativité fut regardée longtemps avec une certaine méfiance. Ce n'était pas le *juif* Einstein qui dérangeait, mais l'homme d'une mentalité différente qui jurait avec la mentalité sommaire et rassurante du XIXe siècle perpétuée par la science communiste au XXe. La cybernétique – autre création occidentale, bourgeoise, et américaine par surcroît, due à Norbert Wiener (1894-1964) – fut aussi soumise à l'exécration ; on lui reprocha de marginaliser l'homme par la machine et de chercher, toujours par la machine, des lois et des solutions économiques et sociales autres que celles énoncées une fois pour toutes par Marx et Lénine.

Après la mort de Staline et surtout à partir des années 1960, le dégel se fit sentir dans la science communiste. On répudia Lyssenko et on accepta sans réserves Einstein et même la cybernétique. Les sciences économiques et sociales résistèrent mieux, sous réserve de quelques retouches. Comment renoncer à l'histoire qui annonçait l'ère nouvelle, ou à la pédagogie et à la psychologie qui préparaient l'homme nouveau, ou à l'économie politique qui assurait l'efficacité de l'économie nouvelle ? Mais après tant de renonciations et de compromis, le projet d'une science communiste globale – opposée en tous points à la science bourgeoise – volait en éclats. L'invention d'une science nouvelle, annonciatrice d'un monde meilleur, avait propulsé le communisme sur la scène de l'histoire. La désagrégation de cette science préfigurait déjà – en dépit de la solidité apparente du système – sa chute inévitable.

Vulgarisation et fiction scientifique

Très perméable aux idéologies, en dépit de ses protestations d'objectivité, la science contemporaine agit à son tour sur les idées et les rêves des hommes. Son expansion bien au-delà de son territoire ferme a marqué profondément l'imaginaire de notre temps.

La diffusion tous azimuts de la science fut assurée en premier lieu par la *vulgarisation scientifique*, amorcée au temps des Lumières – l'archétype du genre étant le livre de Fontenelle (1657-1757) : *Entretiens sur la pluralité des mondes*, publié en 1686 et réimprimé en d'innombrables éditions – mais fermement installé dans le paysage intellectuel à partir de 1850. La deuxième moitié du XIXe siècle devint l'âge d'or de la vulgarisation[35], qui bénéficia à la fois de l'impétueux développement des sciences, des techniques et des industries, du mythe du progrès en plein essor, et d'un plus large accès à l'enseignement et au savoir... Livres, revues spécialisées, conférences, expositions, tout concourait déjà à une ouverture scientifique sans précédent. L'enthousiasme se tassa quelque peu après 1900, avec le déclin de la « religiosité » scientifique propre au siècle passé et un certain recul de l'idée du progrès. Mais ce fut plutôt une crise de croissance, la vulgarisation continuant une carrière indispensable destinée à faire le pont entre une recherche de plus en plus diversifiée et sophistiquée et le grand public.

Il y a bien sûr vulgarisation et vulgarisation. Certains ouvrages ou documentaires ne font que résumer, dans un langage accessible mais sans renoncer à l'essentiel, les résultats de la recherche. En fait, même avec les meilleures intentions, toute simplification porte en elle les germes de la déformation. La recherche d'un effet littéraire ou dramatique, la métaphore et l'anecdote, ne font que creuser l'intervalle entre la science « pure » et l'image qu'on en donne. Il est difficile au vulgarisateur, soucieux de séduire son public, de ne pas céder parfois au sensationnel ou à des conjectures qu'un savant responsable n'oserait pas formuler. Sans nous attarder sur le sujet, concluons que la vulgarisation ajoute un degré de plus d'imaginaire dans le débat scientifique.

Pour concrétiser cette idée, reprenons un sujet que nous avons déjà effleuré : les *extraterrestres*. Des philosophes et des savants – depuis l'Antiquité mais surtout à partir des XVIIe et XVIIIe siècles – ont affirmé la possibilité théorique de leur existence. La science pure ne pouvait pas aller plus loin (au moins en principe). Ce fut la vulgarisation scientifique qui s'empara du thème pour véhiculer la quasi-certitude des autres mondes habités. L'héritage de Fontenelle fut amplement augmenté durant la deuxième moitié du XIXe siècle, à l'époque où Camille Flammarion publia ses *Terres du ciel* (1877) et son *Astronomie populaire* (1881) et où Percival Lowell enchanta le grand public (et indigna la plupart de ses confrères) avec ses histoires de Martiens. Sans la vulgarisation, les extraterrestres n'auraient jamais pris un tel essor ; les astronomes « non vulgarisateurs » ont, en effet, très rarement abordé le sujet.

L'émergence de la vulgarisation fut accompagnée par une forte demande de *fiction scientifique* ; un nouveau genre littéraire : le *roman scientifique* (ancêtre de la *science-fiction* du XXe siècle) commença sa carrière. La vulgarisation et la fiction ont grandi sur le même sol et leurs rapports sont très étroits. Jules Verne (1828-1905), le père de la nouvelle formule littéraire, se proposa justement de vulgariser, et de « dramatiser », toute une série d'hypothèses scientifiques et techniques. Il mit à profit la géologie et la paléontologie (*Voyage au centre de la Terre*, 1864), l'astronomie et le voyage spatial (*De la Terre à la Lune*, 1865 ; *Autour de la Lune*, 1869 ; *Hector Servadac*, 1877), l'électricité, la biologie marine et le voyage sous-marin (*Vingt mille lieues sous les mers*, 1869), etc. Le deuxième père fondateur, Herbert George Wells (1866-1944), s'assura l'alibi des arguments scientifiques pour dépasser les bornes admises du possible (comme dans *La Machine à explorer le temps*, 1895, ou *L'Homme invisible*, 1897).

Revenons à la pluralité des mondes. À partir des conditions physiques des « terres du ciel », Flammarion et Lowell « prouvèrent » l'existence de leurs habitants. Les écrivains allèrent plus loin. Sauf Jules Verne, qui représente, sur ce point, un cas atypique : il ne voulut rien savoir des habitants des planètes. Mais ses émules (comme Georges Le Faure et Henry de Graffigny, avec leur saga astronomique : *Les Aventures extraordinaires d'un savant russe*, 1889-1896) ne s'en privèrent guère, imaginant des humanités planétaires d'une « densité » et d'une variété éblouissantes. D'autre part, avec son « obus », Jules Verne inventa le *voyage cosmique moderne*, un moyen pour toucher les planètes et entrer en contact, éventuellement, avec leurs habitants. Quant à Wells, il décrivit minutieusement les Martiens et les Séléniens (*La Guerre des mondes*, 1897-1898 ; *Les Pre-*

miers Hommes dans la Lune, 1901) et mit en scène le premier grand affrontement cosmique entre humains et Martiens.

Si la vulgarisation a franchi un pas décisif par rapport à la science pure en tenant comme acquise l'existence des « terres du ciel » et de leurs habitants, la fiction scientifique (et en l'occurrence, « le roman astronomique ») fit un deuxième pas, non moins décisif ; elle « matérialisa » les humanités planétaires, leur prêta des visages et des comportements, et les mit en contact avec l'humanité terrestre.

Les parasciences

Un autre domaine d'affirmation de l'imaginaire scientifique de notre temps est constitué par les *parasciences*. Celles-ci se sont multipliées et consolidées sur le parcours des dernières dizaines d'années, doublant parfois (et concurrençant aux yeux de l'opinion) les sciences « acceptées ». Ainsi, l'*archéologie*, et surtout l'*archéologie préhistorique* sont concurrencées par une *para-archéologie* ou, plus précisément, par la *paléoastronautique*, qui ambitionne de découvrir des mondes oubliés (Atlantide, Mu, et autres civilisations) et insiste sur le rôle des extraterrestres dans la genèse de l'homme et son évolution[36]. La *zoologie* est concurrencée par la *cryptozoologie* (promue en premier lieu par le zoologue belge Bernard Heuvelmans) qui se propose l'identification des espèces animales inconnues sur les cinq continents et dans les profondeurs des océans[37]. L'éventail est très large : du monstre du Loch Ness et du serpent de mer jusqu'à une remarquable variété d'hominiens assurant la transition entre le singe et l'homme actuel (comme le *yéti* tibétain et le *Bigfoot* californien), sans oublier des dinosaures toujours vivants et recherchés quelque part dans les marais de l'Afrique. Mentionnons aussi le retour en force de l'*astrologie*, discipline qui, après son époque de gloire du temps de Nostradamus, avait connu une éclipse déterminée par le rationalisme triomphant des XVIIIᵉ et XIXᵉ siècles ; aujourd'hui l'astrologie se met à l'heure de la science... ou des parasciences.

Mais le cas à la fois le plus typique et le plus compliqué est représenté par la *parapsychologie*[38]. Celle-ci cherche à identifier et à expliquer, par une méthodologie qui se veut scientifique, des phénomènes paranormaux traditionnellement considérés comme appartenant au surnaturel. Il s'agit, d'une part, de la perception extrasensorielle, manifestée soit dans l'espace (télépathie), soit dans le temps (vision des événements passés ou futurs) et, d'autre part, d'une action « télékinétique » sur les objets (déplacement ou déformation sans contact physique). Dans les deux cas, on présume l'intervention d'une forme inconnue d'« énergie » spécifique au psychisme humain, appelée *fonction Psi*.

En dépit de l'opposition de bon nombre de représentants de la science, la parapsychologie a réussi à s'imposer dans le paysage culturel contemporain. Elle a récupéré et reformulé – en tenant compte des nouvelles exigences scientifiques – certaines tendances archétypales bien ancrées dans les esprits (abolition des contraintes temporelles et spatiales, libération des pesanteurs de la matière, présence du merveilleux, mais d'un merveilleux centré sur l'homme et scientifiquement plausible...).

Une évolution non moins caractéristique est l'éclatement de la médecine. Une coupure de plus en plus nette se dessine entre la médecine officielle et les théories et pratiques parallèles, connues généralement sous l'appellation de *médecines douces* (homéopathie, acupuncture, phytothérapie, bioénergie, yoga...). L'attrait croissant exercé par celles-ci constitue un phénomène de civilisation très caractéristique de notre époque.

Le problème est que l'épistémologie contemporaine semble mal armée pour contrecarrer les parasciences. Dès lors qu'il n'y a plus de vérités scientifiques indiscutables mais uniquement une diversité de paradigmes, on voit mal comment on pourrait tracer d'une manière convaincante la frontière entre sciences et parasciences. Toutes les méthodes envisagées présentent des fissures. Ainsi la « réfutabilité » (ou la falsifiabilité) chère à Karl Popper, suivant laquelle une hypothèse ne saurait être prouvée, mais uniquement soumise à une procédure de réfutation, bute contre le fait, accepté par le même auteur, qu'« on ne peut jamais réfuter une théorie de manière concluante » ! La « vérifiabilité » ne peut non plus offrir de certitudes : comment vérifier sur tous les points les assertions des atomistes ou des astrophysiciens, sans parler des reconstitutions proposées par les historiens ou les psychanalystes ! La psychanalyse, par exemple, est une science généralement admise, ce qui ne l'empêche pas de résister médiocrement tant aux exigences de la vérifiabilité qu'à celles de la réfutabilité. Certains épistémologues lui accordent un crédit encore moindre que celui concédé à la parapsychologie[39].

Bénéficiant d'un relativisme que la philosophie des sciences ne peut plus renier après l'avoir promu, les parasciences profitent aussi d'une image plutôt favorable dans l'opinion. Selon le grand sondage effectué par *Le Monde* (numéro du 12 mai 1994) au sujet des croyances des Français, 71 % de ceux-ci croient à la transmission de pensée (plus nombreux, en tout cas, que ceux qui croient en Dieu), 60 % à l'astrologie, 46 % à la voyance, 41 % aux envoûtements, 39 % aux extraterrestres, 31 % aux tables tournantes (croyances, évidemment, plus ou moins intenses ; nous avons additionné les « oui, tout à fait » et les « oui, un peu »)[40].

Un mouvement qui gagne du terrain depuis le début des années 1980 est le *New Age*, faisceau de théories et de pratiques diverses, mais réunies par le même désir d'évasion du cercle étroit des conceptions matérialistes et rationalistes. Le New Age prône un changement radical de paradigme incorporant tout ce que la science officielle refuse ou marginalise : facteur Psi, communication avec les entités autres (esprits ou extraterrestres), thérapies non conventionnelles... Il proclame, dans un sens purement millénariste, l'entrée de l'humanité dans une ère qui marquera le triomphe de l'esprit sur la matière, la transfiguration de l'homme et l'émergence d'une conscience planétaire[41].

Une possibilité d'évasion hors du monde concret est aussi promise par les techniques de la *réalité virtuelle*. La simulation d'un environnement autre progresse à un rythme tel que demain on aura de la peine à distinguer l'univers réel et les fantasmes « matérialisés ».

L'apparence scientifique de toutes ces tendances ne peut cacher leur insertion dans la très longue durée. Les parasciences, le New Age et la réalité virtuelle ne font que « réélaborer » *l'univers enchanté* de jadis. Elles sont l'expression actuelle d'une résistance durable aux idéologies dominantes – la théologie au Moyen Âge, le rationalisme et le scientisme à l'époque moderne – qui ont toujours essayé de « discipliner » à la fois l'organisme social et le corpus du savoir. Elles participent de la même dialectique qui oppose et réunit depuis longtemps *culture savante* et *culture populaire* (aucune cloison étanche ne séparant d'ailleurs les deux territoires). Aujourd'hui les fées folkloriques, transfigurées, rejoignent les sciences parallèles, tandis que la science officielle joue le rôle conservateur et rassurant d'une véritable théologie. Le décor n'est plus médiéval, mais les archétypes ignorent les décors.

Mythes modernes

La science est devenue, depuis le siècle dernier, la plus grande génératrice de mythes. La mythologie de l'homme contemporain est essentiellement une mythologie à base scientifique. Il s'agit en fait d'une mythologie beaucoup plus ancienne, récupérée, transfigurée et remise en circulation par la science. Sous le vernis scientifique, on reconnaît toujours l'archétype. La facture à la fois scientifique et archétypale de ce *mythe moderne* (appellation due à Carl G. Jung : *Un mythe moderne*, 1959) qu'est celui des *soucoupes volantes* et, sur un plan plus général, des extraterrestres, n'est plus à démontrer. À ce sujet, nous nous trouvons au point le plus avancé d'une très significative évolution : fond archétypal (unité et altérité ; peuples fabuleux) – science et philosophie (hypothèse) – vulgarisation (quasi-certitude) – fiction littéraire et cinématographique (visualisation) – et, enfin, un dernier stade, où le mythe est projeté dans la réalité immédiate. Les extraterrestres et leurs soucoupes volantes (observées à partir de 1947) sont devenus une *présence* ; ils font partie de notre monde et participent, plus ou moins discrètement, à notre histoire et à nos projets d'avenir[42].

Ce type de glissement : hypothèse scientifique – fiction littéraire – insertion dans la réalité, est somme toute assez courant. Bernard Heuvelmans, le grand spécialiste de la cryptozoologie, a invoqué comme textes fondateurs de cette nouvelle science *Vingt mille lieues sous les mers* de Jules Verne et *Le Monde perdu* d'Arthur Conan Doyle[43].

Les *scénarios catastrophiques*, plus qu'abondants depuis deux siècles et particulièrement ces dernières dizaines d'années, s'inspirent à leur tour, pour la plupart, des arguments scientifiques (enracinés eux aussi dans des archétypes comme « la fin du monde » ou « l'éternel retour »). Glaciation universelle ou effet de serre (dus aux poussières ou au gaz carbonique rejetés par les industries), accidents cosmiques, guerre nucléaire suivie éventuellement de l'« hiver nucléaire », brèches dans la couche d'ozone..., tout s'adapte promptement aux nouvelles découvertes et conjectures scientifiques et techniques.

La *mythologie de l'avenir* dépend elle aussi, très largement, de la science ou d'une certaine idée de la science. En dehors de la solution finale d'un cataclysme, le choix est grand entre les variantes optimistes et pessimistes, entre une technologie mise au profit de l'homme ou, au contraire, le réduisant en esclavage. Grâce au jeu scientifique et technologique, la *lecture de l'avenir* (domaine où l'imaginaire règne sans partage) est devenue une préoccupation constante de l'homme contemporain.

Le pouvoir réel ou présumé de la science se trouve à l'origine d'une riche mythologie où la figure centrale est celle du *savant*. Le savant qui peut se manifester comme un dieu, mettant sa science au service de l'humanité, mais aussi le savant fou, capable des pires méfaits, capable même, par la force de la technologie, de faire éclater le monde et de détruire l'humanité. À partir de *Frankenstein* (1818) de Mary Shelley et jusqu'à nos jours, le mythe du *savant fou* connaît une vogue qui ne s'est jamais démentie.[44]

L'adaptation des archétypes aux formes modernes de sensibilité et de culture est mise en relief d'une manière très suggestive par un riche éventail de *rumeurs*, structurées en de véritables *légendes urbaines* (terme déjà consacré, bien qu'un peu restrictif). Quelques exemples suffiront pour illustrer l'enchevêtrement tradition-modernité[45].

Ainsi, les rumeurs concernant les animaux insolites (des pieuvres géantes aux félins mystérieux) ne font que prolonger dans le présent un très traditionnel bestiaire fantastique ; mais celui-ci est agrémenté des contributions de la science-fiction ou de la cryptozoologie et lié à certaines évolutions et obsessions contemporaines (marginalisation du monde rural, dichotomie industrie-nature, peur de la vie sauvage ou, par contre, forte valorisation de celle-ci, préoccupations écologistes…).

On peut constater aussi, avec une certaine surprise, que le *cannibalisme*, figure archétypale de l'altérité, se porte assez bien dans le décor urbain d'aujourd'hui. Son ancienne disposition spatiale et raciale (aux XVIIIe et XIXe siècles c'étaient les Noirs de l'Afrique et autres sauvages qui s'adonnaient à ce vice alimentaire) s'est en quelque sorte modifiée au bénéfice d'une implantation dans la cité. Les sauvages et les négociants de chair humaine se trouvent le plus souvent parmi nous. Aux peurs et aux fantasmes de jadis, s'ajoute la méfiance à l'égard des technologies envahissantes et incontrôlables (chair humaine en conserve ; cendres des cadavres incinérés confondues avec de la soupe déshydratée…).

Ce comportement révèle aussi une inquiétude, sans doute ancienne mais exacerbée depuis quelque temps, visant la perte de l'intégrité corporelle. Le reflux de la religion ne peut que valoriser encore plus les seules valeurs sûres que restent le corps et la santé. Sur ce fond s'est développée une persistante rumeur de *trafic d'organes* (enlèvements, opérations clandestines, bébés en pièces…). Elle s'accorde avec les possibilités nouvelles offertes par la science (la greffe) et semble confirmée par les fréquentes disparitions de personnes.

Une rumeur qui revient périodiquement est celle de *l'auto-stoppeur fantôme* : une personne, montée dans une voiture, disparaît brusquement et spectaculairement. Dans ce cas, l'environnement technologique (autoroute, voiture) masque à peine des motifs fort anciens (fantômes, revenants, fées, le va-et-vient entre l'univers visible et invisible).

Trois grandes séries de rumeurs, axées sur les *extraterrestres*, le *yéti* et ses semblables, et les disparitions du *triangle des Bermudes*, témoignent de la récupération scientifique et du déguisement technologique (*ovnis* venant des *galaxies*, *avions* et *navires* absorbés) de certaines pulsions permanentes de l'imaginaire. En dépit d'une exploration systématique et apparemment presque achevée, la Terre garde toujours un air de mystère et cache soigneusement des voies secrètes conduisant à d'autres plans de la réalité. La science et la technologie ne font que prêter un décor moderne aux anciens fantasmes ; en fait, où serait la différence par rapport aux *cargo cults* mélanésiens ?

Permanences et changement

Revenons à la question initiale : un seul imaginaire ou deux régimes distincts coupés par la ligne d'ailleurs imprécise qui sépare les sociétés traditionnelles de la société technologique ? La réponse est déjà préfigurée dans notre périple ; elle reste, en fait, essentiellement *équivoque*. On peut au moins tenir comme acquis qu'aucune distinction entre les deux structures historiques ne saurait s'exprimer par l'antithèse entre une *vision fausse* (ou fortement déformée) et une *vision réelle* et objective du monde. La Science et la Raison sont canalisées par les mêmes règles de l'imaginaire que celles qui ont présidé aux synthèses précédentes (le fait qu'elles ont abouti ou non à certaines Vérités essentielles, n'est plus du ressort de l'historien de l'imaginaire).

L'identification d'un comportement mythique du complexe Raison-Science-Technologie contredit la caractérisation un peu hâtive du monde contemporain comme un univers « désenchanté » et « désacralisé », en fait comme un monde où le poids de l'imaginaire serait amoindri. À une interprétation moins rationaliste de la raison et moins scientiste de la science, il faut ajouter la survivance et même la vitalité des figures de l'imaginaire traditionnel. Celles-ci ont cédé aux mythologies nouvelles une partie du territoire, mais ont gardé le reste. D'un espace culturel à l'autre et d'un milieu social à l'autre, le partage est différent, et, en plus, l'amalgame, les solutions combinées ne font pas défaut.

Nous devons constater, par exemple, non seulement le reflux si souvent invoqué, mais aussi la vigueur des croyances religieuses (et même de certaines pratiques magiques) dont la fin paraissait inéluctable aux rationalistes des Lumières ou aux disciples de Marx, dans un monde arrivé, enfin, à sa maturité. En fait, même dans l'espace le plus affecté par des facteurs « désacralisants » – celui de l'Occident (et de la France en particulier) – les croyances religieuses continuent à conserver des positions significatives. Selon le sondage de mai 1994 mentionné plus haut, 24 % des Français se sont déclarés comme des croyants convaincus, 24 % comme des croyants par tradition et 17 % comme des croyants incertains. Même si le poids des croyants convaincus est en baisse (comparé aux 30 % de 1986), une majorité de croyants ou de « presque-croyants » semble toutefois se dégager. Notons aussi que 57 % des personnes interrogées croient – plus ou moins – aux miracles, 51 % à la résurrection du Christ ; moins nombreux sont ceux qui admettent la résurrection des morts (38 %) ou l'enfer (33 %). La pratique religieuse est sans doute en baisse, mais l'athéisme militant aussi ; il n'y a que 19 % des personnes interrogées pour se déclarer franchement incroyantes.

Si l'on combine les deux figures, c'est-à-dire la croyance religieuse et la croyance à des mythes modernes (facteur Psi, extraterrestres…), croyances non incompatibles mais souvent distinctes, il en ressort que le pourcentage total pourrait bien approcher de 100 %. Ajoutons à cela la nouvelle vague millénariste : prolifération des sectes, attente de la fin du monde ou d'un renouvellement absolu. L'imaginaire imprègne la conscience humaine aussi bien aujourd'hui qu'au début des temps. Ni son fond global ni sa puissance n'ont diminué.

La persistance des archétypes ne devrait pas rendre le chercheur insensible aux formes nouvelles créées par le temps. La science et la technologie ont changé la vie des hommes et leurs repères. Elles ont façonné d'une manière nouvelle nos peurs et nos espérances. Les mythes de facture scientifique, malgré leurs attaches archétypales, remplissent des fonctions qui correspondent à un contexte social et culturel déterminé.

Le compromis s'impose. Dans une perspective purement historique, on peut insister légitimement sur les formes et les fonctions spécifiques de l'imaginaire accordées à la sensibilité contemporaine. À un niveau plus élevé, on est non moins obligé de constater que toute création nouvelle trouve sa source dans les structures permanentes de l'esprit. Certes, une révolution a eu lieu dans l'Occident rationaliste et technologique, ce qui a signifié la *reformulation radicale* d'un *fonds archétypal* constant. Deux régimes de l'imaginaire ou un seul ? Il ne s'agit que d'une querelle de mots. Le vrai problème est de saisir aussi correctement que possible les connexions entre les permanences et le changement.

Notes

1. James George Frazer, *Le Rameau d'or*, Librairie Paul Geuthner, Paris, 1923, p. 661.

2. Alain, *Préliminaires à la mythologie*, Paul Hartmann, Paris, 1943. Quelques phrases caractéristiques : « Toute l'affaire du chercheur est d'éliminer l'imagination » (p. 11) ; « toute la sagesse est à refuser les visions » (p. 13) ; « l'idéalisme est un état d'enfance » (p. 51) ; « notre mythologie est exactement copiée sur ces idées d'enfance » (p. 89-90) ; « ce qui manque d'abord à l'enfant, c'est le type même de cette connaissance positive, que chacun conquiert par le travail de ses mains, et non autrement » (p. 32).

3. Georges Gusdord, *Mythe et métaphysique*, Flammarion, Paris, 1953, p. 244.

4. Gilbert Durand, *op. cit.,* p. 421.

5. D'Holbach, *Système de la nature*, Première partie, Londres, édition 1781, p. 4-5 (chapitre I : « De la nature »).

6. Ernst Mach, *La Mécanique exposée. Histoire et critique de son développement*, Paris, 1904, p. 433.

7. Voltaire, « Destin », dans le *Dictionnaire philosophique* (publié de 1764 à 1772).

8. Lucian Boia, *Entre l'Ange et la Bête*, p. 109-124.

9. Un recensement détaillé des productions utopiques, dans le livre de Raymond Trousson, *Voyages aux pays de nulle part. Histoire littéraire de la pensée utopique*, Éditions de l'Université de Bruxelles, 1975 (« Le Siècle des Lumières », p. 119-181).

10. Edmond Halley, « An Account of the Cause of the Change of the Variation of the Magnetical Needle ; with an Hypothesis of the Structure of the Internal Parts of the Earth », dans *Philosophical Transactions of the Royal Society*, vol. 16 (1692), p. 563-578 ; « An Account of the Late Surprizing Appearance of the Lights Seen in the Air... », *ibidem*, vol. 29 (1716), p. 406-428.

11. Sur les préoccupations alchimiques de Newton, on peut consulter Bernadette Bensaude-Vincent et Isabelle Stengers, *Histoire de la chimie*, La Découverte, Paris, 1993, p. 69-71 (« C'est Richard Westfall qui, le premier,

osa poser la question : et si les *Principia* n'avaient pas été pour Newton lui-même l'apothéose, mais une péripétie de sa véritable recherche ? Et s'il s'était agi pour lui d'étudier, sur un cas simple de mouvements célestes, ces forces dont il traquait le secret dans son laboratoire de Cambridge ? »).

12. Une synthèse utile du débat épistémologique contemporain, dans l'article de Pierre Lagrange, « Les Parasciences selon l'épistémologie : des savoirs sans méthode », dans *Analele Universitatii Bucuresti*, istorie, 1991, p. 101-110.

13. Jean Baudouin, *Karl Popper*, PUF, « Que sais-je ? », Paris, 2ᵉ édition, 1991, p. 37.

14. Paul Feyerabend, *Contre la méthode*, Seuil, Paris, 1979, p. 20 et 332.

15. Gerald Holton, *L'Imagination scientifique*, Gallimard, Paris, 1981, p. 120.

16. Gaston Bachelard, *La Formation de l'esprit scientifique. Contribution à une psychanalyse de la connaissance*, Librairie philosophique J. Vrin, Paris, 1938 et 1993, p. 195 et 207.

17. Pierre Thuillier, *Le Petit Savant illustré*, Seuil, Paris, 1980, p. 96-97.

18. Lucian Boia, *Entre l'Ange et la Bête*, p. 128-129. Au sujet des classifications raciales, il est très instructif de consulter Linné, *Système de la nature*, vol. I, Bruxelles, 1793, p. 32-33, et, pour les excès ultérieurs, le *Nouveau Dictionnaire d'histoire naturelle*, tome 15, Paris, 1817, article « Homme » (par le docteur Julien-Joseph Virey), p. 1-255, et le *Dictionnaire classique d'histoire naturelle*, dirigé par Bory de Saint-Vincent, vol. VIII, Paris, 1825, article « Homme », p. 269-328.

19. Pierre Darmon, *Médecins et assassins à la Belle Époque. La Médicalisation du crime*, Seuil, Paris, 1989.

20. Lucian Boia, *L'Exploration imaginaire de l'espace*, p. 46-47.

21. Balzac, *La Recherche de l'Absolu*, Flammarion, Paris, 1993, avec une *Introduction* de Nadine Satiat, où sont très clairement mises en évidence les connexions scientifiques de ce roman. Pour la quête obsessive de l'élément chimique originel, voir aussi Bernadette Bensaude-Vincent et Isabelle Stengers, *op. cit.*, p. 162-163.

22. Émile Zola, *Le Docteur Pascal*, chapitre II.

23. Une bonne analyse des fantaisies sociales et scientifiques fouriéristes, dans l'ouvrage de Simone Debout : *L'Utopie de Charles Fourier. L'illusion réelle*, Payot, Paris, 1978. Voir aussi Michel Nathan, *Le Ciel des fouriéristes. Habitants des étoiles et réincarnations de l'âme*, Presses Universitaires de Lyon, 1981.

24. Une présentation synthétique de la doctrine spirite et de son histoire, chez Yvonne Castellan, *Le Spiritisme*, PUF, « Que sais-je ? », Paris, 1954 (7ᵉ

édition, 1987). L'ouvrage fondateur appartient à Allan Kardec : *Le Livre des esprits*, 1857. Pour les idées de Flammarion en la matière et le rapport entre pluralité des mondes et spiritisme, voir Lucian Boia, *L'Exploration imaginaire de l'espace*, p. 26-28.

25. Saint-Simon, *Œuvres*, Librairie de Capelle, Paris, 1841, « Nouveau christianisme » (chapitre « Des religions »), p. 104.

26. Ernest Renan, *L'Avenir de la science. Pensées de 1848*, Calmann-Lévy, Paris, 1890, p. 37.

27. Auguste Comte, *Système de politique positive ou traité de sociologie instituant la religion de l'humanité*, vol. III, Paris, 1853, p. 2 . Le but poursuivi par Comte dans cet ouvrage était « la détermination de l'avenir d'après le passé » (vol. IV, 1854, p. 18-19). Quant au côté plus spécifiquement religieux de la doctrine, on peut toujours admirer le temple positiviste inauguré par le philosophe dans le quartier du Marais à Paris et dont les « saints laïques », dénommant chacun un mois du nouveau calendrier, s'appellent : Moïse, Homère, Aristote, Archimède, César, saint Paul, Charlemagne, Dante, Gutenberg, Shakespeare, Descartes, Frédéric le Grand et le physiologiste Bichat.

28. Hippolyte Taine, *Philosophie de l'art*, 3ᵉ édition, Paris, 1879, p. 55.

29. Dans l'analyse de l'imaginaire marxiste et communiste, nous suivons à grands traits les arguments de notre ouvrage *La Mythologie scientifique du communisme*. La lutte des classes « découverte » par Marx est une projection historique de la polarisation, partiellement réelle, caractérisant la société industrielle (anglaise, en particulier) de son temps.

30. Lucian Boia, *La Fin du monde. Une histoire sans fin,* « La crise de 1900 », p. 159-194.

31. Pour ce sujet, nous renvoyons au recueil *La Science sous le Troisième Reich*, sous la direction de Josiane Olff-Nathan, Seuil, Paris, 1993, et particulièrement aux contributions de Mark Walker : « Une physique nazie ? » (p. 103-132), et de Benoît Massin : « Anthropologie raciale et national-socialisme : heurs et malheurs du paradigme de la race » (p. 197-262).

32. Certains penchants irrationnels identifiables dans la mentalité nazie sont mis en évidence par Nicolas Goodrick Clarke : *Les Racines occultistes du nazisme*, Éditions Pardès, Puiseaux, 1989.

33. Lucian Boia, *La Mythologie scientifique du communisme*, « La réinvention de l'histoire », p. 77-100.

34. Cette « aventure » biologique est résumée dans les ouvrages de Joël et Dan Kotek, *L'Affaire Lyssenko*, Éditions Complexe, Bruxelles, 1986, et de Denis Buican, *Lyssenko et le lyssenkisme*, PUF, « Que sais-je ? », Paris, 1988.

35. Sur ce sujet, un livre essentiel : *La Science pour tous. Sur la vulgarisation scientifique en France de 1850 à 1914*, volume dirigé par Bruno Bé-

guet, Bibliothèque du Conservatoire National des Arts et Métiers, Paris, 1990.

36. Jean-Bruno Renard, « La para-archéologie et sa diffusion dans le grand public », dans *L'Archéologie et son image*, Éditions APDCA, Juan-les-Pins, 1988, p. 275-290.

37. Bernard Heuvelmans, *Sur la piste des bêtes ignorées*, Plon, Paris, 1955 ; *Histoire des bêtes ignorées de la mer*, Plon, Paris, 1965 et 1975 ; *L'Homme de Neandertal est toujours vivant* (avec Boris Porchnev), Plon, Paris, 1974 ; *Les Derniers Dragons d'Afrique*, Plon, Paris, 1978 ; *Les Bêtes humaines d'Afrique*, Plon, Paris, 1980.

38. Yvonne Castellan, *La Parapsychologie*, PUF, « Que sais-je ? », 6e édition, Paris, 1985.

39. Pierre Lagrange, *op. cit.*, p. 105.

40. *Le Monde*, 12 mai 1994, « Un sondage sur les croyances des Français », p. 12-13.

41. Jean Vernette, *Le New Age*, PUF, « Que sais-je ? », Paris, 1992 et 1993.

42. Quelques titres extraits d'une bibliographie énorme : Michel Dorier et Jean-Pierre Troadec, *Les OVNI*, PUF, « Que sais-je ? », Paris, 1985 ; Bertrand Méheust, *Soucoupes volantes et folklore*, Mercure de France, Paris, 1985 ; Jean-Bruno Renard, *Les Extraterrestres. Une nouvelle croyance religieuse ?*, Éditions du Cerf, Paris, 1988 ; Pierre Lagrange, « Enquête sur les soucoupes volantes », dans *L'Incroyable et ses preuves*, (Terrain, 14), Paris, 1990. Ne pas oublier, bien sûr, l'ouvrage classique de Carl G. Jung, *Un mythe moderne*, Gallimard, Paris, 1961.

43. Bernard Heuvelmans, *L'Homme de Neandertal est toujours vivant*, p. 15.

44. Voir à ce propos les contributions de Gwenhaël Ponnau : *La Folie dans la littérature fantastique*, Éditions du CNRS, Paris, 1987 (2e édition en 1990) et l'anthologie publiée sous sa direction, *Les Savants fous*, Omnibus, Presses de la Cité, 1994.

45. Sur ce sujet, il est indispensable de consulter le recueil de Véronique Campion-Vincent et Jean-Bruno Renard : *Légendes urbaines. Rumeurs d'aujourd'hui*, Éditions Payot, Paris, 1992. Notre texte fait référence principalement aux essais concernant « Les auto-stoppeurs fantômes » (Jean-Bruno Renard, p. 45-58), « Le cannibalisme involontaire » (Jean-Bruno Renard, p. 70-106), « Les félins-mystères » (Véronique Campion-Vincent, p. 154-160), et « Le rein volé » (Véronique Campion-Vincent, p. 272-279). Voir aussi le livre récent de Véronique Campion-Vincent, *La Légende des vols d'organes*, Les Belles Lettres, Paris, 1997.

CHAPITRE III

Un schéma bipolaire : l'Enfer et le Paradis

De l'imaginaire à l'état pur

Parmi les « sous-systèmes » de l'imaginaire, l'au-delà occupe une position particulière. C'est de l'imaginaire à l'état pur, qui se nourrit de ses propres ressources. On peut toujours réduire, si on le veut, les mythes historiques à l'histoire vécue ou les figures insolites de l'Autre à la diversité effective des races et des cultures. Mais dans le cas de l'au-delà il n'y a aucun modèle tangible à transfigurer. Les seules attaches « terrestres » qu'on saurait invoquer sont strictement de nature psychologique. Preuve supplémentaire, s'il en fallait, qu'on peut construire sur une fondation qui ne doit rien qu'aux penchants de l'esprit.

Cette condition « idéale » de l'au-delà concerne justement l'archétype dans sa signification générale et abstraite. En revanche, ses multiples concrétisations font inévitablement appel aux figures inspirées de l'ordre concret du monde. On prolonge dans l'au-delà nos joies et nos peines, diminuées ou amplifiées, on projette souvent des paysages, des objets et des habitudes qui appartiennent à l'environnement terrestre. La justice divine ne fait que prolonger la justice des hommes dont elle amplifie les exigences et complète les lacunes. Somme toute, l'au-delà participe à la dynamique de l'histoire. À chaque culture et à chaque époque correspond un discours spécifique sur une réalité transcendante supposée immuable mais actualisée et idéologisée sans cesse.

Il n'y a aucune contradiction dans nos remarques ou, s'il y en a, la responsabilité revient entièrement à la logique de l'imaginaire. La croyance dans l'au-delà semble caractériser l'esprit humain dès sa naissance, en tout cas dès sa cristallisation définitive ; c'est ce que démontrent les rites funéraires identifiables chez l'*Homo sapiens*, il y a des dizaines de milliers d'années. Ensuite, toutes les cultures et les civilisations, sans exception aucune, ont partagé la même conviction. Il s'agit incontestablement d'une structure archétypale universelle et d'une rare puissance. Son essence tient à la nature humaine ; à ce niveau, toute interprétation de facture historique serait insatisfaisante. Mais, d'autre part, ses manifestations sont diverses comme la vie et s'inscrivent dans le mouvement des civilisations.

Il serait présomptueux de proposer, dans les limites d'un bref chapitre, un tour complet de la question. Les grandes lignes ont été clairement définies par Michel Hulin, qui distingue quatre axes de représentation : « emplacement » de l'au-delà (proximité ou éloignement) ; modalités d'existence (purement spirituelle ou réintégration corporelle) ; destin individualisé ou réincarnations successives ; justice (séparant damnés et élus) ou pardon (réconciliation finale de tous avec tous)[1]. Pour notre part, nous nous en tiendrons à quelques exemples et remarques afin de dégager à grands traits les règles générales du système : d'une part, l'invariant archétypal, d'autre part, l'adaptation de l'au-delà à la marche de l'histoire, à la fois comme *miroir* et *moteur* de l'évolution. On observera aussi que l'au-delà fournit à l'historien une *source* précieuse et inépuisable et, plus encore, une clé permettant un décodage. Tandis que l'archétype éclaire une aspiration fondamentale de l'être humain, ses versions différentes permettent de pénétrer au plus profond des systèmes de civilisation.

Le grand tournant : la polarisation de l'au-delà

C'est un tournant décisif dans l'évolution de l'archétype que nous choisissons comme repère : le passage d'un au-delà indifférencié, séjour des ombres menant un simulacre de vie, à un au-delà fortement dramatisé et polarisé entre un séjour réservé aux justes et un domaine destiné aux damnés. L'archétype de l'au-delà tend ainsi à s'aligner sur une autre tendance archétypale qui est celle de l'exacerbation des contraires.

Dans les siècles précédant la fondation de la religion chrétienne, l'Hadès des Grecs et le Shéol des Juifs, initialement des enfers sans peines ouverts au peuple entier des trépassés, évoluent lentement mais sûrement dans le sens d'une séparation posthume des destins. Avec des intensités différentes, le système des récompenses et des peines fonctionnait aussi en Mésopotamie et en Égypte. Mais ce système a longtemps manqué de fermeté. Le sort des damnés était mal précisé et les peines, en principe, non éternelles. L'hindouisme et le bouddhisme envisagèrent une solution encore plus complexe, combinant, dans le cadre d'une histoire cyclique, une multitude de séjours infernaux et de réincarnations[2].

Ce fut le christianisme qui tira les conséquences ultimes du principe bipolaire. Le judaïsme qui prépara son terrain et l'islamisme qui le suivit se remarquent par une polarisation similaire, mais loin d'atteindre toutefois la rigueur de la construction chrétienne et sa présence obsédante dans la vie sociale. Les juifs sont moins intéressés par l'eschatologie que les chrétiens ; pour eux et pour les musulmans l'éternité des peines est loin de s'imposer comme un point de doctrine. Ces trois religions insistent en tout cas sur une histoire jouée une fois pour toutes, débouchant sur la fin du monde et le Jugement dernier[3].

Le « perfectionnement » de l'au-delà s'accorde aux besoins et aux scrupules des sociétés de plus en plus complexes, plus exigeantes aux chapitres du droit et de la morale et surtout plus soucieuses des responsabilités individuelles. Sa diversification avance au rythme de l'affirmation de l'individu. Elle évolue aussi dans un rapport très étroit avec les normes et les pratiques judiciaires. À partir d'un certain degré de complexité sociale, celles-ci ne semblent plus suffisantes pour assurer le bon fonctionnement de l'organisme collectif ; la justice divine, plus complète et plus intransigeante, s'avère indispensable pour imposer un plus de cohérence et d'harmonie.

La vision chrétienne de l'au-delà représente le point indépassable atteint dans ce processus de polarisation-dramatisation. Le jugement qui partage pour l'éternité les bons et les mauvais correspond à une conception particulièrement nette du sens de l'histoire et de la destinée humaine. Remarquons toutefois que les textes fondateurs – les Épîtres de saint Paul et de saint Pierre et les Évangiles – sont plutôt discrets sur les traits concrets de l'au-delà, et particulièrement de l'Enfer qui devait devenir la pièce centrale du système. Les images bien connues de l'au-delà chrétien, si saisissantes et riches en détails, se sont épanouies grâce au travail intellectuel des théologiens et aussi à une certaine adaptation folklorique. Il suffit de comparer la *Bible* et la *Divine Comédie* : l'Enfer très élaboré et terrifiant du grand Florentin, création poétique assez fidèle aux exégèses théologiques de la fin du Moyen Âge, va beaucoup plus loin que les brèves mentions des textes sacrés. Remarquable illustration de la dynamique propre à l'imaginaire : celui-ci a procédé, par des ajouts successifs, à la concrétisation de l'au-delà.

L'évolution spirituelle parachevée par le christianisme doit être rapportée à une phase historique déterminée. Ce durcissement du schéma bipolaire de l'au-delà accompagne une longue suite de bouleversements. Les malheurs du peuple juif ont inspiré directement l'élaboration de la Bible. Mais cette histoire particulière s'inscrit dans un processus d'une tout autre ampleur, accumulant tensions et contradictions dans l'espace du Proche-Orient et de la Méditerranée, des siècles précédant la naissance de Jésus-Christ jusqu'à la décomposition de l'Empire romain et l'installation d'un nouvel ordre européen au Moyen Âge[4].

Il y eut à la fois accélération du rythme de l'histoire et élargissement de ses structures. L'espace communautaire traditionnel et rassurant évolua vers des grands ensembles territoriaux (le monde hellénistique puis romain). Ce fut le passage d'un monde clos à un monde ouvert. Un monde qui accordait un poids plus significatif à l'individu et à sa liberté. Un monde plus difficile à assumer et où la liberté – qui n'est en fait qu'une rupture des attaches – soulevait une vague d'inquiétudes (voir à ce propos la remarquable analyse de E. R. Dodds dans *Les Grecs et l'Irrationnel*). Cette peur de l'histoire explique la montée en force de l'irrationnel, le recours à une disposition de l'imaginaire destinée à conjurer les périls ou à transfigurer tout simplement le monde. La crise finale de l'Antiquité, la ruée des « Barbares », la mise en pièces d'un Empire qu'on avait cru éternel et qui se confondait presque avec l'ensemble de l'oekoumène, semblaient présager la fin de l'histoire, la fin peut-être de l'aventure humaine. C'est sur ce terrain que s'est épanoui le christianisme. Une histoire « exacerbée », minée par une somme formidable de contradictions, s'est sublimée en attente messianique.

La nouvelle religion proclamait la fin des souffrances et la réinstallation de l'harmonie primordiale à la place du mouvement chaotique de l'histoire. Justice sera faite, une justice intransigeante séparant à jamais les bons et les mauvais. La fin du monde devint le moment suprême de l'histoire. Le bien et le mal, les ténèbres et la lumière, furent exacerbés sur la terre comme au ciel. Les mouvements millénaristes réactualisèrent le paradis terrestre, inventant une formule paradisiaque située en fin de l'histoire. Nous reviendrons sur ce sujet. Retenons seulement que, dans une première phase, le bien devait triompher sur cette terre même. Mille ans de bonheur terrestre suivront la fin de l'histoire et précéderont la fin définitive et le Jugement dernier. L'affrontement décisif entre le bien et le mal, entre le Christ et l'Antéchrist se déroulerait ainsi en deux étapes, répétition imprimant encore plus de relief aux principes opposés. L'Église finit par retenir un seul dénouement : le Jugement dernier et l'éternité atemporelle des récompenses et des peines[5].

À la même époque et dans le même espace – Proche-Orient-Méditerranée – l'opposition Bien-Mal trouva une issue encore plus radicale dans les synthèses religieuses professant un dualisme absolu : manichéisme iranien, gnosticisme chrétien, suivis au cours du Moyen Âge par des sectes comme celles des bogomiles et des cathares. Dans leur cas, la dévalorisation, voire la diabolisation du monde matériel allait jusqu'au bout, en antithèse irréconciliable avec le royaume spirituel divin[6]. Cela confirme le diagnostic : d'une manière ou d'une autre, l'affrontement des contraires devint un facteur essentiel de l'histoire.

Le rejet du monde réel prouve une soif inassouvie de dépassement. L'au-delà chrétien marque l'aboutissement d'une crise historique majeure : solution offerte aux frustrations et aux espérances demandant une issue immédiate et radicale.

L'au-delà chrétien au rythme de l'histoire

La conception chrétienne de l'au-delà est marquée, au long des siècles, par la quête d'un équilibre entre la rigueur doctrinale et l'inévitable adaptation aux phases historiques successives. Avec l'installation de l'Église en position dominante, l'Enfer et le Paradis devinrent beaucoup plus qu'une solution compensatoire pour les déshérités de l'histoire ; ils assumèrent aussi la charge de surveiller le fonctionnement de l'organisme social.

Dans un premier temps, l'événement le plus riche en conséquences fut la victoire des « rigoristes » sur les « indulgents ». La doctrine de l'apocatastase envisageait le salut final pour tout le monde (éventuellement même pour le diable). Origène, père de l'Église, soutenait (dans la première moitié du IIIe siècle) que les peines de l'Enfer seraient d'ordre strictement moral – le remords des damnés – et en tout cas limitées dans le temps. Cette tendance perdit la bataille. Ce fut l'Enfer terrifiant et éternel qui triompha, théorisé par saint Augustin et ensuite par Thomas d'Aquin. Il était destiné aux « autres », sans exception aucune : « Personne, hors de l'Église catholique, ni païen, ni juif, ni incroyant, ni quelqu'un qui est séparé de l'unité, n'aura part à la vie éternelle, il tombera au contraire dans le feu éternel... » (Concile de Florence, 1439)[7].

Une innovation significative – découlant en quelque sorte de ce durcissement de l'Enfer – fut l'installation du Purgatoire à « mi-chemin » entre l'Enfer et le Paradis. Ce développement théologique de la doctrine originelle est définitivement cristallisé au XIIIe siècle. Jacques Le Goff lui a consacré une étude exemplaire[8]. Le Purgatoire bénéficia de l'éloignement, dans les consciences, de la fin du monde et du Jugement dernier, au long du millénaire reliant la fin de l'Antiquité au début de l'époque moderne. Cet ajournement rendait désirable une solution intermédiaire afin de couvrir le laps de temps, un peu plus long que prévu, précédant l'acte ultime de justice. La quête d'un « lieu intermédiaire » répondait aussi à une individualisation plus fine des peines et des récompenses, le dualisme absolu Enfer-Paradis manquant un peu de nuances. C'était en fait un système plus approprié aux besoins d'une société où la diversification s'affirmait avec force, surtout vers les années 1200-1300, à l'époque de l'essor des villes et de la constitution d'une classe moyenne. Le Purgatoire reflétait aussi une perception plus concrète et plus précise du temps ; ses peines étaient mesurées, leur durée s'accordant aux prières et aux bonnes actions des vivants, tandis que le temps n'avait aucune prise sur l'Enfer et le Paradis.

Le Purgatoire raffinait le système, le nuançant et le consolidant à la fois. C'était le lest qu'il fallait lâcher pour contrecarrer l'hypothèse d'un enfer temporaire, que certains n'avaient pas cessé d'affirmer. On avait trouvé enfin la solution pour une large catégorie de pécheurs qui ne méritaient pas les peines de l'Enfer, mais pas non plus, immédiatement, les joies du Paradis. Cette construction théologique fut exclusivement occidentale ; l'Église orthodoxe la réfuta. Dans la mesure où le Purgatoire offrait une solution (sans doute relative) de liberté et de diversité, son absence à l'Est définit un espace traditionaliste face à un Occident tenté par des innovations. À partir de là, l'Occident ne cessera d'innover, en théologie comme dans tout le reste. L'histoire européenne connut deux vitesses. Il ne s'agit pas de poser l'au-delà en principe moteur exclusif ; celui-ci n'est qu'un symptôme parmi d'autres.

Un autre moment fort dans l'histoire de l'au-delà s'annonce en Europe occidentale à la fin du Moyen Âge et au début de l'époque moderne : du XIVe au XVIIe siècle. Le démembrement des structures féodales et l'irruption de la modernité ouvrent une crise structurelle de non moindre ampleur que celle qui caractérisait les derniers siècles de l'Antiquité. Les théories et les mouvements millénaristes reviennent en force après avoir connu une certaine éclipse durant le Moyen Âge. La fin du monde est de nouveau à l'ordre du jour, suivant les deux versions contradictoires ou complémentaires : la double fin invoquée par les millénaristes ou la fin définitive et le Jugement dernier. L'imaginaire des peines se durcit nettement ; il y a apparemment un plaisir sadique à représenter par l'image ou à évoquer par la parole la gamme infinie des tortures réservées aux pécheurs. Qui plus est, l'Enfer envahit la terre ; le diable semble omniprésent, œuvrant à l'aide de ses agents infatigables : infidèles, hérétiques, sorcières… La polarisation bien/mal atteint son apogée, sur la terre comme dans l'au-delà[9].

À la même époque, la Réforme introduit un élément supplémentaire de rigueur doctrinale. En invoquant la « prédestination », le calvinisme et autres courants protestants ne se contentent plus de séparer les élus et les damnés à partir de leur passage dans l'au-delà. Ceux-ci sont séparés dès les origines, le sort de chaque individu est décidé d'avance. La polarisation de l'au-delà, déjà extrême dans la religion chrétienne, trouve ainsi son expression ultime : tout est inscrit dans l'éternité. Max Weber a montré, dans un ouvrage célèbre (*L'Éthique protestante et l'esprit du capitalisme*, 1904-1905), comment l'ignorance de chacun quant à sa destinée, l'impossibilité d'obtenir la grâce par des moyens « magiques », combinée avec l'espoir de figurer parmi les élus, ont orienté les protestants vers une ascèse de facture laïque, privilégiant l'activité et le travail. Des liens se sont ainsi tissés entre protestantisme et capitalisme.

Vers la fin du XVIIe siècle, l'Occident trouve un nouvel et relatif équilibre. Réforme et Contre-Réforme essaient de discipliner l'imaginaire, bientôt relayées par le rationalisme philosophique et scientifique. L'Enfer et le Paradis renoncent au « trop-plein » de la Renaissance ; ils abandonnent la Terre, se cantonnant exclusivement dans l'au-delà. Mais le discours sur les peines, bien qu'en quelque sorte plus abstrait (au moins à l'intention des élites) que l'imaginaire infernal de l'époque précédente, s'est toujours maintenu avec une grande force. La société moderne fut bâtie sur la répression, et l'au-delà ne pouvait que reprendre à son compte les principes assurant l'ordre terrestre. On peut même constater un durcissement en plein XIXe siècle, explicable par la montée des tensions sociales et des conflits de classe, et répondant aussi à la stratégie défensive d'une Église qui sentait ses positions menacées[10]. Cela explique le fait que vers 1900 le discours n'avait pas beaucoup changé par rapport aux siècles précédents. Ce qui avait évolué en revanche c'était l'attente sociale. Il revenait au XXe siècle la mission d'adapter le modèle aux temps nouveaux.

Avant d'essayer de dégager certaines tendances actuelles de l'au-delà chrétien, formulons les principales conclusions résultant de cette brève incursion historique.

Nous avons retrouvé dans l'au-delà les règles assurant le fonctionnement du mécanisme universel de l'imaginaire. Tout s'élève à partir des *structures archétypales* : l'intuition d'une réalité autre, la vie après la mort, le jeu des contraires. Sur cette base est construit le *modèle*, fruit de l'histoire : fin du monde, Jugement dernier, Enfer et Paradis, modèle qui présente à son tour une remarquable fixité structurelle, adaptable à des contextes très différents, comme le Moyen Âge ou le XIXe siècle. Enfin, les *innovations* résultant de chaque contexte historique et culturel, enrichissent ou épurent le tableau, entraînant, sans mettre en cause l'essentiel, des déplacements d'accent plus ou moins significatifs.

Sans trop forcer les interprétations, on est tenté de dire qu'une forte polarisation de l'au-delà indique un type de société conflictuelle et dynamique. Cette disposition nourrit à la fois une vision *universaliste* et *individualiste* de la destinée humaine. Elle se traduit aussi par une soif de perfectionnement, susceptible de conduire au changement et au progrès. D'autre part, le partage de l'humanité entre « damnés » et « élus » prouve un haut degré d'intolérance envers les « autres » – païens, infidèles, hérétiques – et un fond d'agressivité. L'esprit de conquête – croisade ou guerre sainte – caractérisant le christianisme et l'islamisme, deux grandes religions axées sur un au-delà nettement polarisé, témoigne de cette mentalité. Somme toute, l'affirmation de l'individu combinée à un haut degré de responsabilité sociale, et l'expansion universelle visant à imposer partout ses propres valeurs, ont été les traits essentiels de l'histoire de l'Occident durant le deuxième millénaire de notre ère. C'est dire que l'Enfer et le Paradis ont puissamment contribué à l'élaboration du monde où nous vivons.

La fin de l'Enfer ?

Le XXe siècle et sa deuxième moitié en particulier témoignent d'une restructuration radicale de l'au-delà chrétien. Une véritable rupture se dessine par rapport au discours dominant répété au long de presque deux millénaires.

Nous avons constaté que, dans l'imaginaire classique de l'au-delà, le feu de l'Enfer brillait plus fortement que la lumière du Paradis. Le Paradis était sans doute l'objectif à atteindre, mais l'Enfer restait la pièce centrale du système, plus convaincant en quelque sorte, plus motivant, que la félicité céleste. Les menaces résonnaient plus clairement que les promesses. Le plus urgent était d'échapper aux peines, à des peines concrètes, terribles et éternelles, avant de penser à des satisfactions plutôt vaguement définies. D'ailleurs, on croyait savoir que l'Enfer était infiniment plus peuplé que le Paradis.

Par rapport à cette « culture infernale » qui a profondément marqué l'histoire de l'Europe chrétienne, ce qui impressionne à notre époque est justement le recul très significatif de l'Enfer. Serait-ce la fin du système bipolaire de l'au-delà ? Pas tout à fait, pour le moment, mais en tout cas le renversement de tendance est particulièrement sensible. La catégorie des élus, jadis très minoritaire, tend à englober presque tout le monde, sans exclure personne par principe.

C'est le signe, sans doute, au moins dans l'espace de l'Occident, d'une nouvelle synthèse de civilisation. L'ancien système, féodal ou bourgeois, était bâti, ouvertement, sur la menace et la répression (« surveiller et punir », pour reprendre les mots de Michel Foucault). La société occidentale contemporaine semble suffisamment adulte pour pratiquer un type de contrainte plus discret et moins brutal. L'évolution effective des rapports sociaux et des mœurs est amplifiée encore par le discours. Les droits de l'homme sont plus souvent invoqués que ses devoirs. La liste des péchés s'est considérablement raccourcie, au moins aux yeux de l'opinion, et la tendance se dessine d'accuser plutôt la société, ses injustices et ses ratés, que le pécheur individuel. Dans le sondage déjà mentionné publié par *Le Monde* en mai 1994, 78 % des personnes questionnées affirment que « la société est cause de trop d'injustices » ; il ne reste que 13 % pour soutenir que « l'homme est un être vivant dans le péché ». Le système judiciaire a évolué en conséquence. Il cherche plus à rééduquer qu'à punir. Il y a moins de deux siècles on pendait parfois pour un pain volé ; aujourd'hui, même l'auteur d'un massacre est assuré d'avoir la vie sauve. L'abolition de la peine de mort dans la plupart des pays européens représente un des grands faits de civilisation à la fin de ce siècle.

Nous avons déjà remarqué que le Jugement dernier projette et amplifie dans l'au-delà le jugement des hommes. Chaque époque apporte sa propre hiérarchie des fautes et des peines. Ainsi, c'était l'orgueil et l'avarice qui figuraient au premier rang au Moyen Âge ; attitudes peu sympathiques, en effet, mais qu'on ne saurait pas considérer de nos jours comme les pires péchés imaginables.

Les tortures, si typiques du paysage infernal, ont été à leur tour des adaptations d'une pratique bien terrestre. En fait, sur la terre comme dans l'au-delà, les entorses d'une gravité exceptionnelle faites aux règles du jeu (parfois impunies ou insuffisamment punies dans notre monde) exigeaient la mise à mort du coupable. Dans cette perspective, les peines de l'Enfer apparaissent comme une exécution interminable, à la mesure de l'offense faite à Dieu et de l'éternité de l'au-delà. L'horrible exécution de Damiens, coupable d'avoir frappé en 1757 Louis XV d'un coup de canif, fut orchestrée de manière à donner un avant-goût des peines de l'Enfer : le coupable eut les pieds et la main brûlés, les os écrasés, on lui arracha des lambeaux de chair et on versa du plomb fondu dans ses plaies... avant de l'achever par l'écartèlement[11].

L'abolition de la torture et de la mise à mort dans les sociétés évoluées de l'Occident fut accompagnée d'une réélaboration similaire de l'au-delà. Comment imaginer un Dieu injuste et sadique exacerbant les peines, au moment où la justice terrestre penche plutôt vers l'indulgence ? Sur un plan plus général, l'Enfer a cédé devant les exigences de la société de consommation. Une certaine « douceur de vivre », au moins recherchée sinon tout à fait accomplie sur la terre, trouve son prolongement dans un au-delà de moins en moins répressif.

Les sondages d'opinion alignent des chiffres instructifs. En 1968, 39 % des Français croyaient en l'au-delà, mais 22 % seulement à l'Enfer. Les Anglais optaient en majorité : 54 % pour l'au-delà, mais au sujet de l'Enfer le pourcentage descendait à 23 %. Le rapport entre les deux croyances était en Allemagne fédérale de 43 % à 25 %, aux Pays-Bas de 54 % à 28 %, en Finlande de 52 % à 29 %, en Suède de 43 % à 17 %... L'Enfer ne concernait donc que la moitié des croyants dans l'au-delà, avec des variantes nationales assez sensibles, mais qui s'inscrivent toutefois dans une évolution similaire pour tous les pays de l'Europe occidentale, catholiques et protestants réunis[12].

Deux pays retenus dans le tableau que nous commentons se remarquaient en revanche par un autre type de comportement. 65 % des Grecs affirmaient leur croyance en l'au-delà et un pourcentage à peine inférieur, 62 %, se prononçaient pour l'Enfer. L'Église orthodoxe reste comme toujours fidèle à la tradition. De l'autre côté de l'Océan, aux États-Unis, un pourcentage impressionnant de 85 % des personnes interrogées croyaient en l'au-delà, et un nombre toujours élevé, 65 %, à l'Enfer. Le rapprochement est inévitable entre la persistance de l'Enfer dans la conscience des Américains et l'échec de l'abolition aux États-Unis de la peine de mort, une peine de mort qui revient en force et qui semble exercer une étrange séduction sur l'opinion de ce pays. Le Bien et le Mal y sont apparemment plus nettement dessinés et séparés que dans la conscience des Européens. Le filon messianique de la civilisation américaine se manifeste aussi bien sur la terre que dans l'aménagement de l'au-delà.

En 1981, l'Enfer descendait encore plus bas, à 15 % en France et aux Pays-Bas, à 14 % en Allemagne, tandis qu'en Angleterre il enregistrait un léger revirement : 27 %. Selon le même sondage, 27 % des Français, 31 % des Allemands, 39 % des Hollandais et 57 % des Britanniques se prononçaient en faveur du Paradis[13]. Remarquons le comportement un peu particulier de ces derniers par rapport aux autres nations de l'Europe occidentale (comportement qui ne se résume pas à l'au-delà, mais dont l'au-delà est un des indicateurs).

Mais on avait peut-être un peu trop vite célébré la fin de l'Enfer. Nous savons déjà que les figures de l'imaginaire ont la vie dure. Après avoir atteint le point le plus bas, l'Enfer semble se stabiliser et même amorcer une reprise. La grande enquête publiée par Le Monde en mai 1994 constate d'une part l'effritement des croyances religieuses par rapport à une enquête précédente de 1986, mais d'autre part, le « bon comportement » de l'Enfer qui semble reprendre un nouveau souffle. C'est en fait la seule croyance religieuse en hausse ! 33 % des Français croient « tout à fait » ou « un peu » à l'Enfer, contre 23 % en 1986, chiffre déjà supérieur aux 15 % de 1981. Cette hausse reste d'ailleurs relative, concernant seulement les trois cinquièmes des Français (56 %) qui jugent certaine ou probable l'existence d'une âme éternelle. D'après le commentaire du journal, on ne saurait donner à ce résultat « une interprétation précise et unique ». L'historien a toutefois le devoir de risquer des interprétations ! Il faudra voir si la tendance se confirme et si ce fait concerne l'ensemble de l'Occident. Dans ce cas, ce serait le symptôme d'une civilisation occidentale « moins bien dans sa peau » à l'approche du troisième millénaire qu'il y a quelques dizaines d'années. L'enthousiasme suscité par la croissance rapide et par les vertus de la société de consommation s'est dissipé, laissant place à une certaine morosité. On est plus tenté aujourd'hui de constater le côté négatif du bilan, les injustices flagrantes qui se perpétuent dans les sociétés les plus riches, sans parler des drames qui frappent durement les autres régions du monde. L'avenir semble incertain. Dans ce contexte et même sans revenir à son ancienne splendeur, l'Enfer a des chances de conserver quelques atouts.

Il n'en reste pas moins que la plupart de nos contemporains se sentent peu concernés par le message eschatologique de la religion. Même si l'on préfère le Paradis à l'Enfer, en fait c'est l'ensemble de l'au-delà qui est affecté. Les enfers et les paradis terrestres, réels ou fictifs (de la guerre nucléaire et des camps d'extermination à la société de consommation ou à l'« avenir radieux ») ont poussé au second plan les figures similaires de l'au-delà.

Jean-Paul II a parfaitement saisi ce phénomène dans son livre intitulé *Entrez dans l'espérance* (1994). Le pape constate que les théologiens « n'ont plus le courage de *menacer de l'Enfer* ». Et, ajoute-t-il, « il se peut même que ceux qui les écoutaient aient cessé d'en avoir peur [...] Il faut bien constater que nos contemporains sont devenus presque insensibles aux *fins dernières* »[14]. On peut donc être chrétien aujourd'hui sans trop sacrifier à l'au-delà ; d'autres valeurs, non moins chrétiennes, prennent la relève...

En fait, signe des temps, le pape lui-même adopte dans la question si controversée de l'Enfer, un profil particulièrement bas. Il cite des théologiens, comme Hans Urs von Balthasar, qui le rejettent tout simplement, pour conclure ensuite d'une manière plutôt ambiguë : « Dieu, qui a tant aimé l'homme, peut-il accepter que celui-ci Le rejette et pour ce motif soit condamné à des tourments sans fin ? Pourtant, les paroles du Christ sont sans équivoque. Chez Matthieu, Il parle clairement de ceux qui connaîtront des peines éternelles. Qui seront-ils ? L'Église n'a jamais voulu prendre position. Il y a là un mystère impénétrable, entre la sainteté de Dieu et la conscience humaine. Le silence de l'Église est donc la seule attitude convenable. » Il semble que, pour le pape, l'Enfer soit plutôt une exigence morale des hommes qu'une punition divine effective : « Le châtiment irréversible n'est-il pas en quelque sorte nécessaire pour établir une espèce d'équilibre moral dans l'histoire si complexe de l'humanité ? L'Enfer n'est-il pas, si l'on peut dire, une ultime *planche de salut* pour la conscience morale de l'homme ? »[15]

Une exigence morale signifie autre chose qu'une vérité incontestable. Par contre, le pape affirme explicitement la fonction purificatrice du Purgatoire. Celui-ci reprend ainsi l'essentiel de l'héritage infernal, le canalisant dans un sens tout à fait contraire, qui est celui du salut et du Paradis.

Quant aux croyants, ils sont encore moins sûrs que le pape de la configuration précise de l'au-delà. Cette réélaboration prouve que rien – pas même un dogme – ne peut empêcher l'imaginaire d'adapter ses images aux rêves, aux peurs et aux espérances de chaque moment historique. Les belles certitudes de jadis ont éclaté dans une multitude d'hypothèses. « Parmi tous les témoignages – écrit Michel Hulin – à peine en trouverait-on un sur vingt qui soit en tous points conforme aux dogmes de l'Église catholique, par exemple. Tel qui croit à l'Enfer se refuse à le poser comme éternel, ou bien il l'identifie à la morsure du remords en cette vie même. D'autres pensent que les différences dans l'au-delà ne seront que divers degrés de joie, en rapport avec l'intensité de la charité éprouvée en cette vie. Beaucoup ne parviennent pas à concevoir la résurrection ou estiment qu'elle consistera en une fusion des êtres individuels dans le grand Tout... »[16] Ces quêtes divergentes vont de pair avec la séduction exercée par nombre de sectes, par les religions de l'Extrême-Orient, le bouddhisme en particulier, avec le retour en force du spiritisme, etc. On peut constater un incontestable engouement pour la doctrine de la réincarnation, partagée par des mouvements aussi divers que le bouddhisme, le spiritisme et le New Age, certains cherchant même à l'adapter au christianisme. D'après le sondage de 1994, 11 % des Français croient à la réincarnation ; c'est une formule où l'épanouissement graduel de l'esprit efface la traditionnelle fonction répressive. Le schéma bipolaire est ainsi contesté de toutes parts.

Il y a à la fois dédramatisation de l'au-delà et multiplication des voies de salut. Dans une civilisation de plus en plus ouverte et différenciée, l'archétype conserve sa substance, mais gagne en diversité. L'éclatement des croyances fait pendant à l'éclatement du corps social. Serait-ce un signe de liberté ou de déroute ? Il est un peu tôt pour s'en réjouir ou pour s'en inquiéter.

Le changement de paradigme observable dans l'imaginaire de l'au-delà s'inscrit incontestablement dans la quête d'une nouvelle synthèse de civilisation, problème essentiel de l'humanité en cette fin de millénaire.

Notes

1. Michel Hulin, *La Face cachée du temps. L'imaginaire de l'au-delà*, Fayard, Paris, 1985, p. 398-403.

2. Sur les avatars des séjours infernaux, deux bonnes synthèses dues à Georges Minois : *Histoire des enfers*, Fayard, Paris, 1991, et *Histoire de l'Enfer*, PUF, « Que sais-je ? », Paris, 1994.

3. Lucian Boia, *La Fin du Monde. Une histoire sans fin*, p. 40-44 et 67-69.

4. *Ibidem*, p. 51-53, et E. R. Dodds, *Les Grecs et l'Irrationnel*, Montaigne, Paris, 1965 (nouvelles éditions, Flammarion, 1977 et 1995).

5. Sur le Paradis en général et les millénarismes en particulier, voir les ouvrages déjà cités de Jean Delumeau, *Une histoire du Paradis. Le jardin des délices* et *Une histoire du Paradis. Mille ans de bonheur*.

6. Ioan P. Couliano, *Les Gnoses dualistes d'Occident : histoire et mythes*, Plon, Paris, 1990.

7. Georges Minois, *Histoire de l'Enfer*, p. 67.

8. Jacques Le Goff, *La Naissance du Purgatoire*, Gallimard, Paris, 1981.

9. Un tableau des terreurs imaginaires de cette époque, chez Jean Delumeau, *La Peur en Occident*, Lucian Boia, *La Fin du monde. Une histoire sans fin*, p. 77-97, et Georges Minois, *Histoire des enfers*, p 211-237.

10. Georges Minois, *op. cit.*, p 329-376. Sur le durcissement de la répression en général, les ouvrages de Michel Foucault : *Folie et déraison. Histoire de la folie à l'âge classique*, Gallimard, Paris, 1961, et *Surveiller et punir. Naissance de la prison*, Gallimard, Paris, 1975.

11. Une évocation de cette exécution « exemplaire » chez Georges Minois, *op. cit.*, p. 324. Sur l'ensemble du sujet, voir Jean Imbert, *La Peine de mort*, PUF, « Que sais-je ? », Paris, 1989 (2e édition, 1993).

12. « L'Évolution des attitudes religieuses en Occident », dans *Problèmes politiques et sociaux*, numéro 345, 15 septembre 1978.

13. Georges Minois, *op. cit.*, p. 388.

14. Jean-Paul II, *Entrez dans l'espérance*, Plon/Mame, Paris, 1994, p. 269-270.

15. *Ibidem*, p. 272-273.

16. Michel Hulin, *op. cit.,* p. 9. Sur le déclin de l'Enfer, on peut lire aussi avec profit l'intéressant roman de David Lodge, *Jeux de maux* (titre original : *How Far Can You Go ?*), Rivages, Paris, 1993.

CHAPITRE IV

Le jeu des altérités

L'Autre : réalité ou fiction ?

De toutes les structures de l'imaginaire, l'altérité est peut-être la plus courante. *Nous* et les *autres* : l'axe qui relie ces termes regroupe l'essentiel des rapports interhumains. L'histoire même n'est en quelque sorte qu'un discours multiforme autour des principes opposés et complémentaires d'*identité* et d'*altérité*.

L'*Autre* est le plus souvent un personnage ou une communauté réels, observés pourtant par le filtre déformant de l'imaginaire. C'est son image que nous percevons, et cette image – comme toute image – participe à la fois du réel et de la fiction. En glissant du concret à l'imaginaire, il subit une opération de simplification et d'amplification, touchant, à la limite, à la caricature ou au symbole. La banalité lui est refusée ; il doit être *chargé de sens*, car à quoi servirait un *autre* qui n'aurait rien de particulier à nous dire ?

Claude Lévi-Strauss a remarqué la présence simultanée dans *la pensée sauvage* des deux valeurs contradictoires d'*altérité* et d'*universalité*. Pour la tribu, ce qui se trouve au-dehors de son périmètre appartient à une autre humanité, voire au non-humain, mais en même temps – grâce au système totémique – les êtres humains (et même certains animaux) sont conviés à une sorte de fraternité universelle[1]. La société technologique n'a rien innové en la matière : aujourd'hui comme hier, on peut constater le même balancement entre le groupe et l'espèce, entre la valorisation, voire l'exacerbation, des différences et leur effacement.

L'histoire prouve toutefois que l'altérité est plus agissante que l'universalité. Elle semble plus susceptible de se laisser envahir et même submerger par l'imaginaire. Les traits particuliers d'une civilisation « exotique » font aisément oublier que l'héritage partagé des races et des cultures est beaucoup plus essentiel que leurs spécificités. Même entre l'homme des cavernes et l'homme de l'ère technologique, les dissemblances sont finalement secondaires par rapport aux ressemblances. Ce qui réunit les hommes est plus important que ce qui les sépare. Les variations de la nature humaine comptent peu en comparaison avec la nature humaine même. Mais force est de constater que les distinctions se sont mieux imposées à l'esprit que les similitudes. Le « tribalisme », le nationalisme, le racisme découlent d'une structure durable de l'imaginaire. On ne saurait les rapporter exclusivement à certaines circonstances historiques, bien que l'histoire contribue, certes, à les exacerber ou à les apaiser.

L'« anormalité » de l'autre s'exprime par des traits dévalorisants ou valorisants, disposés sur une très longue échelle. Par rapport à la norme, cet « étranger » peut s'avérer meilleur ou pire, éventuellement meilleur et pire à la fois. Son « cocktail » de vices et de vertus est différent. Quand l'altérité s'affirme dans toute sa splendeur, la morale courante et le comportement commun cessent d'avoir cours.

Il s'ensuit que l'*Autre réel* n'est qu'un prétexte ou un alibi qui cache le jeu de l'imagination. Sur ce point, l'étude de l'imaginaire est en train d'opérer une importante modification de perspective. Des deux acteurs impliqués dans la dialectique de l'autre, celui qui commande, contrairement aux apparences, n'est pas celui de qui l'on parle (et qui très souvent se reconnaîtrait à peine, affublé sous des habits qui ne sont pas les siens) mais celui qui tient le discours et qui trouve dans l'autre un moyen de nourrir ses fantasmes et ses projets.

Une contre-Europe : la Chine

Les avatars de la Chine dans l'imaginaire occidental offrent une remarquable illustration de nos considérations précédentes. La première grande synthèse eut comme source les voyages du XIIIe siècle, et principalement le livre de Marco Polo, sorte de « best-seller » à l'époque. L'Occident était sur le point de se lancer dans la grande aventure de l'exploration et de la colonisation ; il rêvait des trésors des autres. La Chine et l'ensemble de l'Extrême-Orient furent transfigurés dans un monde d'une éblouissante richesse. Comme beaucoup de ses contemporains, Colomb était obsédé par l'or chinois. Il traversa l'Atlantique en vue d'atteindre les rives du fabuleux Empire. Ce fut la Chine qui commanda la découverte de l'Amérique[2].

Une deuxième synthèse fut forgée aux XVIIe et XVIIIe siècles. Elle doit beaucoup à l'installation des jésuites en Chine et à leurs relations et ouvrages présentant dans une lumière particulièrement favorable la civilisation et le système politique chinois. Les philosophes reprirent le flambeau. À une époque où l'on cherchait des solutions susceptibles de rénover l'édifice occidental, la leçon chinoise fut prise très au sérieux. Pour certains théoriciens, ce pays lointain devint un modèle de bonne administration et de sagesse politique. Un Empire grand comme l'Europe fonctionnant à merveille, en parfait contraste avec les divisions de notre continent et ses incessants conflits politiques et sociaux[3].

Une troisième synthèse, cristallisée au milieu du XIXe siècle, jurait complètement avec les deux précédentes. En pleine expansion économique et coloniale, l'Occident ne manifestait plus que du mépris pour les autres. Déchue en tant que modèle politique, la Chine n'était plus qu'un « gouvernement imbécile et barbare » (d'après la caractérisation de Tocqueville)[4].

Quelques dizaines d'années plus tard, un nouveau changement intervint. Vers 1900, la Chine devint le symbole du « péril jaune », au moment même où l'Occident commençait à douter de sa capacité à assurer indéfiniment la maîtrise du monde. La révolte des opprimés semblait inscrite dans la logique des choses et, dans ce contexte, rien n'inquiétait davantage qu'une coalition entre les deux grands pays jaunes : la Chine et le Japon. Certains prophétisaient déjà la chute prochaine de l'Europe et de la civilisation blanche submergées par l'invasion asiatique[5].

Le jeu de la Chine continua au XXe siècle et continue toujours. Sans nous attarder sur les détails, retenons au moins la vogue occidentale du maoïsme à la fin des années 1960, l'extraordinaire remue-ménage de la révolution culturelle étant censé offrir une nouvelle voie à l'humanité (différente à la fois du capitalisme pourri et du communisme soviétique figé). Plus récemment, le « miracle » économique chinois est en train d'instituer un nouveau modèle qui associe paradoxalement une économie de marché prospère à l'orthodoxie idéologique et politique du communisme.

Dans toutes ces synthèses, la réalité chinoise compte moins que l'attente européenne. Sa masse, son potentiel humain, sa longue tradition historique et la complexité de sa civilisation font de la Chine un véritable pendant de l'Europe, une structure « égale » et en même temps marquée d'une altérité particulièrement nette. Elle joue ainsi le rôle d'une « contre-Europe », proposant d'inépuisables solutions alternatives, opposées ou complémentaires, séduisantes ou inquiétantes, mais qui répondent toujours à une certaine « demande » occidentale. Pour l'Européen, la Chine se présente comme un réceptacle des fantasmes et des projets. Pris en charge par l'imaginaire, un pays réel est transfiguré en pays utopique.

Nourriture, sexe, vêtement...

On a pu affirmer que l'homme est ce qu'il mange. Cette boutade illustre bien la logique de l'imaginaire. Celui qui se nourrit différemment doit être différent. Il est d'autant plus différent que ses goûts et habitudes s'écartent de la norme. Le mythe du cannibale s'inscrit dans cette dialectique ; c'est le degré extrême de l'altérité traduit en termes alimentaires. À l'autre extrême on trouve le végétarisme, voire l'ascèse, caractérisant les justes ou les saints. Ainsi, par ce qu'il mange, l'homme peut s'approcher des dieux ou de la bête. Mais, même sans aller si loin, force est de constater que le rapport entre nous et les autres, entre identité et altérité, passe aussi par une diversité de normes et de rituels alimentaires.

L'homme se caractérise aussi par son comportement sexuel. Dans ce domaine, les pratiques différentes, réelles ou présumées, sont de nature à creuser les écarts. Les extrêmes y apparaissent non moins nets que dans l'imaginaire des nourritures. La promiscuité et l'inceste vont souvent de pair avec le cannibalisme, tandis que la chasteté rejoint la frugalité. Chaque société définit, et assez strictement, ses propres règles de jeu en matière sexuelle. Les tabous – inévitables – conduisent à la marginalisation ou au rejet des « autres » mais, en même temps, et inversement, nourrissent les fantasmes. Par rapport au comportement effectif, l'imaginaire sexuel est nettement plus riche, plus libre, plus diversifié. Il construit des espaces de liberté que la société réelle ne saurait pas concéder. Grâce à l'« autre », on peut vivre, au moins dans l'imaginaire, des vies et des expériences nouvelles : un jeu qui évolue sans cesse entre le refus et la séduction.

Enfin, et on le sait bien, c'est l'habit qui fait l'homme. Son absence ne saurait faire qu'un homme très différent. Comme figure de l'imaginaire, la nudité est tout naturellement associée à la promiscuité et au cannibalisme (le cas, notamment, des Africains, des Amérindiens et des Polynésiens au début de l'époque moderne). La manière de « voiler » ou de « dévoiler » son corps couvre un espace particulièrement large de l'imaginaire, où se reflètent aussi bien les intentions d'ordre sexuel que les hiérarchies sociales et les comportements culturels.

Le fait est que tous ces facteurs réunis fortifient le sentiment d'une humanité éclatée[6]. Un « sauvage » nu est sûrement plus proche d'un bourgeois strictement habillé qu'on serait tenté de conclure d'après les apparences. L'imaginaire a collectionné avec soin les signes extérieurs d'altérité, certains réels, certains imaginés, les amplifiant et les sortant du contexte et de leur logique culturelle spécifique. L'inventaire des différences est devenu ainsi plus impressionnant que la banale constatation de l'unité du genre humain.

Du centre à la périphérie

Le jeu des altérités dépend essentiellement du concept de *centre* et du mécanisme qui réunit le centre à la périphérie. Voici une des figures les plus puissantes de l'imaginaire : le centre du monde – qui se trouve toujours là où on veut le placer – représente le domaine de la normalité, le point d'où l'on regarde et d'où l'on juge l'ensemble de l'Univers[7]. Ce principe fonctionne à tous les niveaux : individus, groupes, nations, civilisations...

Chaque tribu se situe au centre. Dans un monde de tribus, le centre est partout. En fait, au rythme de l'évolution historique, certains centres se sont consolidés, devenant « plus égaux » que les autres. Les grandes civilisations, les Empires, les « économies-monde » ont réussi à rejeter les autres vers la périphérie. Conscientes de se trouver au centre de la création et de l'histoire, ces structures puissantes ont élaboré des architectures très idéologisées de l'espace, structurées exclusivement par rapport à leurs propres valeurs. La Chine s'est longtemps considérée comme l'« Empire du milieu » ; au-delà de ses frontières l'humanité prenait des contours étranges (monstres, hommes-bêtes ou, par contre, des êtres très spiritualisés). Pour les anciens Grecs, la Grèce occupait le centre de l'« oekoumène »[8]. Au XIVe siècle, Ibn Khaldoun situait la civilisation « normale » en Afrique du Nord musulmane. Deux siècles plus tard, Jean Bodin plaçait la normalité en France[9]. À l'époque moderne et contemporaine, l'Occident triomphant semblait avoir résolu le problème : l'espace central et normal ne pouvait être que celui de la civilisation blanche. Des déplacements significatifs se produisirent aussi à l'intérieur de cet espace : la primauté revint initialement au Sud, puis au Nord, puis enfin au modèle américain. Des nouveaux déplacements sont en perspective : le cercle du Pacifique tend déjà à s'imposer comme un nouveau « milieu » de la planète.

Cette disposition imaginaire des civilisations par rapport à une normalité « imposée » touche à un problème essentiel de méthodologie historique. La plupart des sources écrites dont disposent les historiens sont l'expression des civilisations dominantes. Ce sont des sources fabriquées « au centre du monde » ou aux divers « centres du monde ».

Elles couvrent non seulement l'espace central mais aussi la périphérie, une périphérie qui jusqu'à une époque assez récente s'est peu exprimée elle-même (ou s'est exprimée à travers des sources non homologuées par l'historiographie classique). Voilà un piège qui a fonctionné à plein rendement. Le traitement critique des informations a fait longtemps abstraction (ou presque) du problème essentiel qui est celui de la production de ces sources. L'histoire d'une vaste partie du monde fut reconstituée à l'aide des « sources » fabriquées ailleurs, suivant un discours étranger, inévitablement orienté, idéologisé et déformé.

Ces sources exigent une nouvelle lecture, qu'il s'agisse des relations de voyages, des ouvrages d'histoire, de géographie ou d'anthropologie, des rapports politiques ou diplomatiques... Qui serait immunisé contre l'imaginaire ?

Le concept même de « source » est en cause. Quand Hérodote parle des Scythes, son discours ne se constitue pas en source de l'histoire scythique, mais en source de l'idéologie grecque et de l'imaginaire grec. C'est *le discours du centre sur la périphérie*. On peut éventuellement isoler dans ce discours des éléments « vrais », on peut identifier aussi des éléments purement fictifs, tous réunis dans une synthèse cohérente par la force de l'imaginaire et suivant ses règles. Apparemment, le voyage se déroule en pays scythe, en fait nous voyageons plutôt à l'intérieur de l'espace spirituel grec.

Les Scythes ne sont qu'un détail du vaste panorama du monde que les Grecs, alliant l'idéologie à la géométrie, ont structuré d'une manière particulièrement rigoureuse. De la zone médiane de l'« oekoumène », réservée à leur propre civilisation, des paliers successifs conduisaient vers les marges du monde, le degré d'altérité correspondant à la distance. Plus proches des Grecs que les Scythes, les Thraces étaient moins différents que ceux-ci. Par contre, les limites extrêmes de l'espace habité appartenaient aux peuples fabuleux dont la nature tenait à la fois de l'humain et de l'inhumain[10].

La dépendance – parfois exclusive – de ce type d'informations oblige l'historien à un choix difficile. Il peut tout simplement les récuser, au risque de se trouver devant un grand vide. Il peut, par contre, les mettre à profit, au risque de mélanger inextricablement le réel et l'imaginaire.

Voici un exemple : les historiens roumains ne disposent d'aucune source écrite autochtone pour reconstituer l'histoire des Gètes et des Daces, les anciens habitants de la Roumanie actuelle. Il y a sans doute l'archéologie, mais celle-ci ne peut pas donner des réponses à tous les problèmes. Les auteurs grecs et romains se sont ainsi imposés d'emblée. L'histoire politique, culturelle et religieuse de l'ancienne Dacie a été reconstituée essentiellement grâce à eux. Mais l'information qu'ils véhiculent est vague et fragmentaire. En fait, ils ne savaient pas grand-chose du territoire situé au-delà du Danube. La religion de Zalmoxis, dont le point de départ est un passage obscur d'Hérodote, occupe déjà toute une bibliothèque. Personne n'a trouvé en Dacie même une trace quelconque de ce mystérieux personnage. En revanche, les valeurs qui lui sont attribuées ressemblent – un peu trop – à la doctrine de Pythagore. Ce type de projection spatiale des idées philosophiques et religieuses grecques, déplacées vers les confins du monde, était en somme assez courant. Des attitudes pythagoriciennes sont consignées non seulement parmi les Gètes, mais aussi dans l'espace scythe, en Orient et en Inde. Que reste-t-il finalement de la véritable religion des Gètes ? À l'imaginaire véhiculé par Hérodote s'est ajouté l'imaginaire des historiens et écrivains modernes. Toutes les conclusions sont permises, aucune n'est certaine[11].

L'imaginaire ne peut pas offrir des remèdes à la « défaillance » des sources. Il a toutefois le droit de jalonner son propre terrain et de mettre en garde les historiens des « faits positifs » contre le péril de confondre le *monde authentique* avec le *discours sur le monde*.

Le monde vu de l'Occident

À mesure qu'on avance vers notre époque, l'information devient plus riche, mais elle passe toujours par le même filtre déformant. À l'instar des Anciens, les Modernes ont continué à valoriser l'espace en étroit rapport avec leurs idéologies, rêves et projets. Les *sauvages* américains, intégrés dans le système du monde à l'époque de la Renaissance, bénéficièrent à la fois du modèle antique des Barbares ou des peuples fabuleux des confins, et des préjugés religieux, philosophiques et idéologiques des temps modernes. Païens, superstitieux, démunis et cannibales, ils furent *dévalorisés* par rapport à la religion, à la raison et à la civilisation européenne. Mais, suivant la dialectique de l'altérité, ils furent en même temps *valorisés*. À la manière des Grecs et des Chinois imaginant aux confins du monde des matérialisations de leurs théories religieuses et philosophiques, l'Occident moderne ne manqua pas de faire appel à *ses* sauvages. Bons et mauvais sauvages se partagèrent les rôles. C'est dans cette perspective contrastée qu'on doit juger le discours sur l'espace exotique, qu'il s'agisse de l'Amérique (synthèse du meilleur et du pire), de l'Afrique (pôle négatif de la sauvagerie) ou de la Polynésie (le « noble sauvage » dans toute sa splendeur)[12].

Au bon sauvage revint la mission de critiquer – du point de vue de l'état de nature – les insuffisances de la société occidentale. Il devint ainsi, à son insu, un allié précieux des philosophes et des réformateurs. Pour Jean-Jacques Rousseau, la vie « saine » des primitifs – non corrompus par la civilisation, par la propriété, par l'hypocrisie des sociétés évoluées – constituait un modèle non moins exemplaire que le modèle chinois invoqué par certains de ses contemporains.

Ces attitudes contradictoires définissent les rapports entretenus par la société moderne avec l'espace extra-européen, mélange, en proportions variables, de rejet et de désir, d'attraction et de peur, d'admiration et de mépris.

Le XIXe siècle simplifia le débat dans le sens d'une dévalorisation globale. Son projet technologique et social n'avait plus rien à voir avec les modèles exotiques, avec le bon sauvage et l'âge d'or traditionnel. Le racisme et l'évolutionnisme contribuèrent en égale mesure à frapper le « non-Européen » d'une marque irréductible d'infériorité, décrétant les autres races comme moins réussies biologiquement. Elles figuraient, sur l'échelle du temps, des étapes dépassées depuis longtemps par la civilisation blanche. L'ethnologie se maria ainsi à la préhistoire. Pour approcher l'homme préhistorique, le voyage dans le temps n'était plus nécessaire ; il suffisait de voyager dans l'espace.

Parallèlement, le nationalisme – principe fondateur de l'Europe moderne – contribua à dramatiser le système des altérités à l'intérieur même de la civilisation blanche. *L'esprit des peuples*, cher aux romantiques, creusa les frontières intérieures du vieux continent. Chacun fit de son mieux pour idéaliser sa nation et pour caricaturer les traits du voisin. Un personnage curieux hante la littérature du XIXe siècle : c'est l'étranger. Sympathique ou antipathique, drôle ou méprisable, il n'est pas tout à fait « comme il faut ». Son altérité manifeste raffermit l'identité de celui qui tient le discours, accentuant ainsi les écarts entre les entités nationales. L'anthropologie physique suivit le courant. D'une unique race blanche européenne, elle finit par en fabriquer une bonne dizaine[13] ! Apparemment homogène par rapport au reste du monde, qu'elle entendait dominer et civiliser, l'Europe creusait tout un système de failles dans sa propre maison. Dépassant le cap de 1900, ces tendances eurent leur part de responsabilité dans les déchirements du XXe siècle.

On n'est pas si loin, en fait, du « miroir d'Hérodote ». Les données se sont accumulées d'un siècle à l'autre. Les méthodes se sont affinées. Mais la grille idéologique est bien restée en place.

L'anthropologie contemporaine a essayé de dépasser l'impasse en centrant son discours sur le concept de culture. Elle a renoncé à inventer des hiérarchies et à collectionner des bizarreries. Son vrai problème est la compréhension des valeurs spécifiques et du fonctionnement de chaque système culturel en particulier. Reste à juger si un tel effort d'« objectivation » ou d'« identification » avec l'« objet d'étude » peut être poursuivi jusqu'au bout. On peut en douter. Cela explique la crise traversée aujourd'hui par le savoir anthropologique. Les grandes visions unitaires se sont épuisées. Dans un monde « décolonisé », le discours anthropologique (comme le discours historique, comme tout discours sur l'autre) a éclaté à son tour. Des « centres » en puissance s'affirment un peu partout là où auparavant il ne s'agissait que d'une « périphérie ». L'anthropologue peut se demander à juste titre si sa discipline réussit vraiment à saisir la réalité de l'autre. Ou, si elle ne devrait, au mieux, se contenter d'une sorte de dialogue, d'une « médiation » entre cultures.

Certains vont encore plus loin, considérant le discours anthropologique comme une fiction narrative, apparentée au texte littéraire. C'est la position adoptée par l'*anthropologie postmoderne* d'inspiration nord-américaine, qui affirme hautement la subjectivité de la recherche.

« En faisant de sa personnalité, de ses motivations et de son expérience le centre de la confrontation ethnographique, l'anthropologue postmoderne localise désormais l'"autre" en lui-même. Le texte qu'il produit perd ainsi toute prétention à "décrire" l'autre. Il ne contribue plus qu'à renforcer le pouvoir de l'auteur, transfiguré en héros solitaire, en quête de son identité à travers l'aventure exotique. »[14]

Même sans souscrire à une telle appréciation, on peut la considérer comme symptomatique. Si l'anthropologie, qui est par excellence *la science de l'autre*, devient consciente de sa subjectivité, que dire des types moins élaborés de discours, ou des distorsions subies par l'image de l'autre dans l'opinion ?

À l'intérieur de la cité

Nous avons parlé jusqu'ici d'un *autre* plus ou moins éloigné dans l'espace. Mais il existe aussi un *autre* à l'intérieur de la cité, non moins étrange et inquiétant que celui qui se trouve dehors. La dialectique reliant le *centre* à la *périphérie* agit également dans ce cas, bien que cette fois-ci la disposition ne soit qu'accessoirement spatiale. Les distances d'ordre culturel et mental s'avèrent tout aussi considérables que les distances géographiques. La proximité n'exclut pas l'altérité, parfois même elle la renforce.

Ce sont surtout les cas limites qui ont attiré l'attention des historiens. Le congrès mondial des sciences historiques réuni en 1985 à Stuttgart a eu l'*image de l'autre* au centre de ses débats, avec comme sous-titre : *étrangers, minoritaires, marginaux*[15]. Ces trois catégories présentent, évidemment, des traits d'altérité particulièrement accentués, mais le fait est que l'autre se trouve partout, dans un réseau qui réunit toutes les composantes d'une communauté. Chacun est un autre pour les autres. Chacun occupe une certaine place par rapport au centre (ou par rapport à plusieurs centres disposant de leur propre perspective). On peut observer et « inventer » l'autre d'une multitude de perspectives. Le regard du bourgeois sur le clochard est complété par le regard du clochard sur le bourgeois. Une des perspectives s'impose toutefois. Elle correspond à l'idéologie dominante, aux valeurs généralement admises, aux normes qui régissent la vie d'une communauté. C'est par rapport à cette « zone centrale » qu'il s'agit d'analyser en premier lieu la dialectique identité-altérité. Des touches successives conduisent du centre à la périphérie, là où se trouvent les marginaux, correspondant aux barbares et sauvages situés, dans le schéma géographique, aux marges du monde.

Dans un cas comme dans l'autre, les *marginaux*, au sens spatial et/ou moral, offrent l'image d'une société à l'envers. Ils incarnent point par point le contraire des valeurs proclamées. Il s'ensuit que, si la logique de l'altérité reste stable, ses manifestations spécifiques dépendent des structures sociales et des idéologies forgées par l'histoire. Ainsi, dans une communauté *sédentaire*, le marginal parfait est le *nomade* (voir en ce sens la place prééminente du *tsigane* dans l'imaginaire européen des altérités) ; le mendiant, le vagabond, le clochard occupent une position proche. Dans une culture à prédominance religieuse (comme celle du Moyen Âge ou de certains régimes théocratiques ou fondamentalistes contemporains), l'*infidèle* et l'*hérétique* sont fortement marginalisés. Dans une société totalitaire, celui qui pense ou vit autrement est encore plus marginalisé que dans une société « ouverte ». Ce fut notamment le cas, dans le système communiste, de l'ennemi de classe, du « parasite », du dissident, et, globalement, de cette véritable société parallèle installée dans les « goulags ».

Certaines maladies sont aussi susceptibles de marginaliser. De nos jours, c'est le cas bien connu du *sida*. Il y a des cas où la maladie devient *symbole*, dépassant de loin les connotations strictement médicales. Les *lépreux* au Moyen Âge présentent le modèle saisissant d'une « société d'exclus », partiellement justifié par la maladie, mais dont les attributs d'altérité furent fortement amplifiés dans l'imaginaire social. L'exemple est très significatif pour le mécanisme même de l'altérité, mettant en évidence sa capacité d'isoler et d'amplifier les différences et de les charger de significations. La condition des lépreux offrait à l'imaginaire médiéval une « allégorie du péché » et l'image vivante du châtiment divin (ce qu'on retrouve parfois aujourd'hui dans le cas du sida). La ségrégation a eu comme conséquence la naissance d'un « peuple différent ». À la même époque se précisaient la persécution des hérétiques et la marginalisation des juifs ; ceux-ci « bénéficièrent » d'une sorte d'amalgame avec les lépreux. Dans une société en crise et en voie aussi d'affirmer ses structures politiques et idéologiques (en précisant ainsi son identité), les « complots » foisonnent, et quoi de plus logique que de s'imaginer des complots fomentés par un peuple malade contre un peuple sain ? Une psychose gagna la France en 1321. On croyait savoir que les lépreux « avaient disposé d'empoisonner partout les eaux des sources, rivières et puits en y mettant des poisons et poudres de leur fabrication, vénéneuses et corrompantes [...] Ils aspiraient au pouvoir et se l'étaient déjà partagé entre eux [...] et s'étaient donné les titres de maîtres, comtes, barons... ». Conséquence : un véritable « massacre des lépreux » dans le midi de la France[16].

Chaque société dispose de ses légions de minoritaires et de marginaux, hérétiques, lépreux ou fous, suspects et criminels. Le mécanisme fonctionne sans relâche, mais avec des manifestations différentes et d'intensité variable, raccordées aux évolutions historiques. Ainsi, la marche de l'Occident vers la modernité s'est manifestée, pendant plusieurs siècles, par une nette tendance à l'exclusion, par l'obsession de multiplier et de consolider les murs et les enclos. La *déraison* et l'*infraction* devinrent des concepts particulièrement élastiques. L'*asile de fous* et la *prison* s'érigèrent, comme l'a montré Michel Foucault, en véritables symboles du monde moderne (leur « âge d'or » se prolongeant du XVIIe au XIXe siècle)[17]. Responsables : la consolidation de l'État, l'idéologisation des rapports sociaux, la montée des tensions, la réaction d'autodéfense des élites...

Plus les conflits sociaux sont aigus et se polarisent, plus l'imaginaire de l'Autre devient envahissant et inquiétant. Le XIXe siècle en offre un cas saisissant avec sa division particulièrement tranchée entre les possédants et les pauvres, ces derniers formant, comme dit Louis Chevalier, les classes « laborieuses » et « dangereuses »[18]. La découverte de la « lutte des classes » par Marx en plein XIXe siècle ne fut pas le fruit du hasard. Cette dialectique de méfiance, d'affrontement et de répression a fini par produire un imaginaire grotesque où l'Autre, c'est-à-dire la grande armée des « misérables », a pris les contours d'une humanité différente et inquiétante. Jusqu'à l'expression caricaturale de l'*homme criminel* théorisé par Lombroso, qui situait une partie considérable de la population occidentale dans la catégorie des « criminels en puissance », êtres humains dégradés et irrécupérables[19].

La circulation est permanente entre le centre et la périphérie, aucune position n'étant acquise ou perdue définitivement. Les miséreux bénéficiaient au Moyen Âge d'une certaine aura mystique (Jésus avait béni la pauvreté). Pour la société moderne – en voie d'embourgeoisement et de laïcisation – la pauvreté devint, par contre, une malédiction et un fort argument de marginalisation, voire même d'enfermement (les fameuses maisons de travail du XIXe siècle). Le monde rural assura longtemps la sève de la société occidentale. Au XIXe siècle, la montée des industries et des villes le projeta à la périphérie. Fortement valorisées dans l'imaginaire traditionnel, la forêt et la montagne commencèrent à être perçues comme des espaces « sauvages ». Le paysan, sans parler du « montagnard », devint l'antithèse du « civilisé », citadin et bourgeois[20].

Aujourd'hui, les figures et les degrés d'altérité se sont bien modifiés par rapport au XIXe siècle. Les « classes dangereuses » ont changé de composition. L'ouvrier n'est plus le prolétaire marginalisé du siècle dernier. Le modèle de la respectabilité bourgeoise a été plus ou moins érodé. Il y a un siècle, les artistes et les sportifs bénéficiaient d'un statut équivoque ; de nos jours, ils se sont solidement installés au centre, admirés et imités par une large partie de l'opinion. Méprisées et réprimées jusqu'à une période récente, les minorités sexuelles sont graduellement acceptées et intégrées. Il y a même une nouvelle distribution dans l'imaginaire des âges de la vie. Jadis, le prototype était l'homme adulte. Aujourd'hui, on peut constater le mirage exercé par l'adolescence, dont les valeurs et les attitudes semblent s'imposer même au « troisième âge ».

Il est incontestable que la société occidentale déploie un effort d'intégration remarquable, en vue de réduire, voire d'éliminer, les connotations dévalorisantes de l'altérité. Certains changements sont spectaculaires. On est passé assez brusquement d'un racisme pur et dur à la négation même du concept de « race »[21]. Longtemps dominantes, les valeurs masculines doivent accepter l'affirmation parallèle des valeurs féminines. La morale, religieuse ou sexuelle, jadis une et indivisible, a éclaté en plusieurs variantes. Les handicapés commencent à être considérés comme des êtres humains à part entière. Le travail d'information destiné à réduire à ses justes proportions l'impact du sida sur l'imaginaire et le comportement social, s'inscrit dans la même tendance d'« apaisement ».

Il serait toutefois imprudent de prédire la disparition de l'ancienne dialectique des altérités. Il ne s'agit que d'un nouvel arrangement. On doit distinguer aussi entre une certaine pédagogie sociale et l'évolution en profondeur des mœurs et des attitudes. Ainsi, le discours dénonçant le racisme ne se retrouve pas nécessairement dans le comportement courant. On continue de fabriquer des hiérarchies raciales, en changeant parfois les acteurs. Le reflux des thèmes privilégiés du racisme traditionnel (le Noir, le Juif...) est contrecarré soit par le retour – parfois assez virulent – des anciens fantasmes, soit par la multiplication des figures de l'antagonisme racial, combinées avec d'autres motifs : nationalismes, affrontements religieux, déplacements des populations et problème des immigrés, etc.

Une marginalité réelle – reprise et amplifiée par l'imaginaire – continue à se manifester même dans les plus riches et les plus ouvertes des sociétés occidentales. Le centre ne peut pas se trouver partout (ni géométriquement, ni sociologiquement). On a changé éventuellement de marginaux mais sans se libérer de la marginalité, illustrée, à des titres divers, par les immigrés, les « sans domicile fixe », les chômeurs, les malades du sida...

Mais un nouveau processus est amorcé qui modifie le rapport classique entre un *certain* centre et une *certaine* périphérie. L'unification croissante de l'organisme social et de l'humanité en général est accompagnée par un phénomène inverse de « morcellement ». Jamais le monde n'a été aussi uni, jamais le monde n'a été aussi divisé qu'aujourd'hui. Les « centres » au sens fort du terme perdent de leur prestige et de leur puissance, tandis qu'une myriade de « centres secondaires » tendent à se constituer. Une sorte de « nébuleuse » s'installe à la place de ce qui ressemblait plutôt à un « système solaire ». C'est *Le Temps des tribus*, affirme Michel Maffesoli, dans un livre publié en 1988. « À l'intérieur d'une matrice définie se cristallisent une multitude de pôles d'attraction » ; un « va-et-vient constant s'établit entre la massification croissante et le développement des micro-groupes »[22]. Ces cercles de sociabilité, en permanente effervescence, sont appelés *tribus* par le sociologue français. Dans une société « décentralisée » et à « géométrie variable », l'Autre sera plus présent et plus diversifié, par rapport à la profusion des « centres ». Il n'y a qu'à espérer qu'une telle évolution finira par banaliser le phénomène, en « dédramatisant » le jeu classique des altérités.

La femme imaginaire

La femme est aussi l'Autre, évidemment face à l'homme. L'homme, à son tour, occupe la même position par rapport à la femme. Mais la balance est loin d'être égale, car l'histoire et particulièrement le discours sur l'histoire portent une indubitable empreinte masculine. Aucune difficulté pour reconstituer l'histoire imaginaire de la femme : les sources abondent, matérialisant l'interminable discours masculin sur l'autre sexe. Le discours féminin est beaucoup plus discret et, de plus, jusqu'à une période assez récente, inévitablement contaminé par les valeurs masculines dominantes. Voici pourquoi, au chapitre des altérités, la femme passe loin devant l'homme.

La femme est un Autre *complet*, c'est-à-dire qu'elle concentre tous les attributs essentiels de l'altérité, toute l'équivoque d'une condition différente. Face à la « normalité » de l'homme, elle a été longtemps considérée comme un être marginal et en quelque sorte « sauvage » ; meilleure et pire à la fois, elle a suscité l'adoration et le mépris, l'attraction et la crainte. Symbole de la fécondité et de la vie, elle peut symboliser aussi la corruption de la matière et la mort. Elle représente aussi bien la sagesse (Athéna) que la déraison, la pureté (la Vierge Marie) que la lascivité... Au gré des circonstances, on l'a divinisée ou diabolisée.

Un « être incomplet », pensait Aristote. Vieux préjugé que le Moyen Âge chrétien a repris et affiné. Qu'attendre d'autre d'une société idéologiquement dominée par un clergé masculin et célibataire ? La femme était tout indiquée pour devenir l'instrument et le symbole du péché sexuel. Certains théologiens se demandaient même si elle possédait vraiment une âme, si la résurrection des morts la concernait aussi. Le fait est que les premières dissections de cadavres humains ont été pratiquées sur des femmes, opérations moins scandaleuses que celles de disséquer un corps d'homme promis à coup sûr à la résurrection[23]. Mais, suivant la règle déjà constatée des *contrastes*, ce fut le même Moyen Âge qui inventa l'amour courtois et l'idéalisation de la pureté féminine (signe déjà d'une tendance à la sécularisation, d'une culture laïque qui cherchait à s'émanciper de la tutelle ecclésiastique). En fait, misogynes et « féministes » n'ont pas cessé de se confronter au long de l'histoire.

Les périodes de crise exacerbent l'altérité. Cette règle s'est appliquée aussi à la femme, sa plus dramatique illustration étant la *chasse aux sorcières* perpétrée surtout aux XVIe et XVIIe siècles. Le phénomène fut alimenté sans doute par des préjugés ancestraux, par la peur d'une femme maléfique et perverse. Mais ce fut la crise structurelle traversée à l'époque par la civilisation occidentale qui permit son épanouissement. C'était un monde qui avait peur, frappé par le complexe de « cité assiégée », remarquablement décrit par Jean Delumeau dans *La Peur en Occident* (1978). La désagrégation des structures médiévales et la difficile marche vers la modernité avaient engendré un sentiment diffus d'insécurité. Des bouleversements cosmiques menaçaient : pestes, famines, guerres, fin du monde et Jugement dernier... Satan était à l'œuvre, et ses « auxiliaires » aussi, choisis parmi les marginaux de toutes sortes : hérétiques, musulmans, juifs..., femmes, tous, en fait, interchangeables. La femme « bénéficia » donc d'un amalgame. Ses aptitudes traditionnelles de « sorcière » furent récupérées et canalisées par une idéologie d'affrontement. On identifia aussi des hommes-sorciers, mais leur rôle fut nettement secondaire dans le psychodrame de la sorcellerie[24].

Une phase d'apaisement s'ensuivit. En simplifiant drastiquement une collection d'images beaucoup plus complexes et diversifiées, on serait tenté d'affirmer qu'une femme « domestiquée » prit le relais de la femme « dangereuse », voire « diabolique ». Dans l'imaginaire occidental des XVIIIe et XIXe siècles, le lieu privilégié de la femme devint le foyer et sa mission essentielle la famille et les enfants. On s'appliqua aussi à mettre en évidence la faiblesse innée, physique et accessoirement intellectuelle, de cet être fragile, assimilé en quelque sorte à un enfant ou à un malade[25]. Cette « normalisation » participe évidemment du projet global de l'époque. L'« enfermement » de la femme est à mettre en rapport (avec toutes les distinctions nécessaires) avec l'enfermement pratiqué dans les asiles et les prisons. Dans une société dominée par les hommes, la femme restait une marginale, dont l'image oscillait au gré des fantasmes et des projets masculins.

La réaction émancipatrice du XXᵉ siècle a ajouté de nouvelles touches, mais sans modifier l'équivoque structurelle de la mythologie féminine. Les configurations mythiques récentes oscillent entre l'effacement de toute altérité (une femme en quelque sorte identique à l'homme) et la valorisation de la féminité dans sa différence. La femme « égale » (et même « supérieure » en l'occurrence) coexiste avec la femme-objet. Les images véhiculées aujourd'hui, bien que différentes des images traditionnelles, s'inscrivent dans le même moule structurel d'une personnalité très contrastée. La femme « imaginaire » a été et reste une nature incomparablement plus riche, plus complexe et plus mystérieuse que l'homme.

De l'humain à l'inhumain

Tous les hommes sont différents, mais certains sont plus différents que les autres. À part l'*autre* réel, repris et déformé par l'imaginaire, il existe un autre purement fictif (ou dont les attaches réelles sont tout à fait secondaires). Celui-ci peut nous ressembler plus ou moins – car on joue aussi sur l'identité – mais le plus souvent il présente des traits qui font de lui un *être différent* au sens fort du terme. Il est à la fois humain et inhumain, reliant l'homme à la bête ou, au contraire, au monde des dieux. Aucune frontière nette ne sépare cette *altérité radicale* des figures de l'altérité « courante », le passage entre les deux types s'effectuant par degrés successifs et dans les deux sens. Tout être, même réel, peut être investi des attributs d'une altérité radicale, question sur laquelle nous reviendrons.

Ces humanités, essentiellement fictives, multipliant à l'infini la seule humanité connue, se particularisent par quelques catégories de traits distinctifs. La plus évidente est l'altérité biologique : des « hommes » construits autrement, plus grands ou plus petits, dépourvus de certains organes ou disposant, au contraire, d'organes supplémentaires, êtres intermédiaires entre l'homme et l'animal, voire même des hommes-plantes, sans parler des systèmes biologiques parallèles (minéraux « vivants », êtres immatériels, invisibles...). Leur esprit est non moins différent, au chapitre de l'intelligence, du psychisme, des pouvoirs parapsychologiques... Les mœurs diffèrent aussi, avec parfois des manifestations intolérables dans la société des hommes, comme la promiscuité sexuelle, l'inceste, le cannibalisme. Enfin, les structures sociales de ces communautés offrent d'innombrables solutions utopiques parallèles[26].

Le mécanisme de l'altérité est toujours le même, c'est-à-dire la projection sur l'autre de nos propres fantasmes et désirs. Les cas extrêmes d'altérité offrent justement à l'homme la possibilité de s'imaginer n'importe quoi, de concrétiser ses rêves les plus fous et ses projets les plus extravagants par l'intermédiaire d'un *autre* fictif. Ainsi, l'homme *réel* peut devenir, par procuration, une sorte de bête ou de dieu, il peut enfreindre les tabous, briser les limites de la connaissance, disposer de pouvoirs magiques, annihiler les contraintes de l'espace et du temps, atteindre les bornes de l'univers ou pénétrer dans des univers parallèles... Toutes ces possibilités ont un côté *onirique*, tandis que l'altérité « ordinaire » reste plus contrôlée, plus proche d'un certain « réalisme ».

Les solutions radicales trouvent évidemment leur place dans le schéma qui relie le centre à la périphérie. Elles sont disposées le plus loin possible, aux marges de notre monde ou dans des mondes distincts. Les peuples fabuleux de l'Antiquité étaient parsemés sur le périmètre de l'espace connu. Blemmies (hommes sans tête, le visage sur la poitrine), cynocéphales (hommes à tête de chien), sciapodes (hommes disposant d'un seul pied énorme), hommes sauvages (velus), pygmées et d'autres nombreuses variétés se situaient en même temps à la limite du monde et à la frontière entre l'humain et l'inhumain. C'était, vu du « centre » grec, non seulement un degré de plus d'altérité par rapport à des populations étranges comme les Scythes ou les Indiens, mais un autre type d'altérité, une condition tout à fait différente.

Les îles ont joué un rôle similaire. Considérées comme des mondes à part, « égales » en quelque sorte à la grande île habitée par notre humanité, elles ont concentré au long des siècles une extraordinaire variété d'humanités différentes[27]. L'apogée de l'imaginaire insulaire fut atteint vers la fin du Moyen Âge, et cet appel des mers et des îles lointaines joua sans doute un rôle essentiel dans l'aventure des grandes découvertes. Avec ses douze mille sept cents îles – douze mille sept cents mondes – « recensées » par Marco Polo, l'océan Indien était devenu le principal pôle de l'étrange, l'*horizon onirique* de l'Occident médiéval, pour reprendre l'expression de Jacques Le Goff[28]. Ses rives et ses îles offraient à l'Européen de l'époque, en plus des monstruosités biologiques, un lieu d'accueil pour ses rêves et ses désirs les plus obsédants : l'abondance, la liberté sexuelle, aussi bien que l'ascétisme et la sainteté… Quelques siècles plus tard, le Paradis polynésien, que nous avons déjà évoqué, trouva naturellement sa raison d'être dans un univers d'îles.

Les derniers siècles ont combiné à leur manière les limites du monde et les entités insulaires afin d'y placer des humanités différentes. Le système solaire puis l'univers galactique offrirent la solution idéale, les corps célestes jouant un rôle similaire à celui tenu jadis par les îles terrestres. Les extraterrestres modernes ne font ainsi que prolonger et amplifier, à l'échelle cosmique, un très vieux mythe. Ce qui ne signifie pas d'ailleurs la disparition de toute « insularité » terrestre : les hommes sauvages et autres variétés d'êtres différents continuent à hanter l'imaginaire de certains de nos contemporains.

Bien que dans son cas l'imaginaire se nourrisse essentiellement de ses propres ressources, l'altérité radicale envahit parfois le terrain, apparemment plus prosaïque, des altérités courantes. Certaines évolutions historiques et poussées idéologiques sont susceptibles de déplacer des segments de l'humanité réelle vers la limite de l'« inhumain ». Le cas le plus dramatique reste celui des Noirs dont la condition – aux yeux des Blancs – fut dès le début équivoque à cause du contraste des couleurs et de la connotation négative du noir dans l'imaginaire européen. Ces prémisses ont été amplifiées, absolutisées et structurées idéologiquement à l'époque moderne, corrélativement à l'affirmation de l'impérialisme occidental. Le Noir devint ainsi un « sous-homme » ou, plus explicitement, une espèce intermédiaire entre l'homme et le singe (ce que les savants de l'époque croyaient pouvoir démontrer scientifiquement). L'homme-singe était (et reste) un pur produit de l'imaginaire, mais il fut aussi – aux XVIIIe et XIXe siècles – un être réel, transfiguré par l'imaginaire en représentant d'une humanité autre, produit d'une évolution parallèle et moins réussie, sans aucun rapport avec *notre* humanité[29].

Les idéologies totalitaires du XXe siècle ont poussé très loin, à leur tour, le mécanisme des altérités. Pour les nazis, le Juif était devenu un « homme différent » au sens fort du terme, antithèse parfaite du « type aryen » supérieur. Dans les régimes communistes, le bourgeois, parasite et dégénéré, semblait une espèce en voie de disparition. Par contre, à l'autre extrémité du spectre, une humanité nouvelle était en train de naître, proposant une condition biologique, intellectuelle et morale supérieure (« l'homme nouveau »). Les « hommes-dieux » et les « hommes-bêtes » se matérialisent ainsi dans la société réelle, avec toutes les conséquences – inévitablement dramatiques – qui en découlent.

Ainsi, le jeu des altérités est une structure permanente de l'esprit, qui peut s'exercer sur des « autres » réels ou purement imaginaires, suivant une échelle très extensible allant de la déformation infime jusqu'à la fiction pure. Le mécanisme fonctionne en étroite corrélation avec les évolutions historiques et les manifestations idéologiques. Ce n'est pas en tout cas un jeu gratuit. Il s'agit d'un mobile puissant qui canalise l'action des hommes et la marche de l'histoire. Tout passe finalement par cet inépuisable système de miroirs.

Notes

1. Claude Lévi-Strauss, *La Pensée sauvage*, Plon, Paris, édition 1985, p. 201 (chapitre VI : « Universalisation et particularisation »).

2. Sur les préjugés de Colomb, on doit s'adresser à son propre journal : *Œuvres de Christophe Colomb*, édition Alexandre Cioranesco, Gallimard, Paris, 1961.

3. L'information « standard » sur la Chine, véhiculée au XVIIIe siècle, se trouve dans l'ouvrage de Jean-Baptiste Du Halde, *Description géographique, historique, chronologique, politique et physique de l'Empire de la Chine et de la Tartarie chinoise*, 4 vol, Paris, 1735. Voltaire est un des philosophes qui ont beaucoup sacrifié au

thème de la sagesse et du bon gouvernement chinois (en particulier dans son *Essai sur les mœurs et l'esprit des nations*, 1756, édition définitive 1769).

4. Alexis de Tocqueville, *L'Ancien Régime et la Révolution* (1856), livre III, chapitre III.

5. Jacques Decornoy, *Péril jaune, peur blanche*, Paris, 1970 ; Lucian Boia, *La Fin du monde. Une histoire sans fin*, p. 180-182.

6. Lucian Boia, *Entre l'Ange et la Bête*, p. 25-30.

7. Le « centre » est une figure symbolique archétypale, fortement imprégnée de sacré. Sur le *Symbolisme du « Centre »*, voir les pertinentes considérations de Mircea Eliade, dans *Images et symboles. Essai sur le symbolisme magico-religieux*, Gallimard, Paris, 1952.

8. François Hartog, *Le Miroir d'Hérodote. Essai sur la représentation de l'autre*, Gallimard, Paris, 1980.

9. Ibn Khaldoun, *Prolégomènes* (Muqaddima) à l'*Histoire universelle* (vers 1375) ; Jean Bodin, *Les Six Livres de la République* (1576).

10. François Hartog, *op. cit.* ; Monique Mund-Dopchie, « Autour des sciapodes et des cynocéphales : la périphérie dans l'imaginaire antique », dans *Analele Universitatii Bucuresti*, istorie, 1992, p. 31-39 ; Lucian Boia, *Entre l'Ange et la Bête*, p. 43-56.

11. Zoe Petre, « Le Mythe de Zalmoxis », dans *Analele Universitatii Bucuresti*, istorie, 1993-1994, p. 23-36.

12. Au sujet de l'Autre « exotique », nous renvoyons aux ouvrages de Mondher Kilani, *L'Invention de l'autre. Essais sur le discours anthropologique*, Payot, Lausanne, 1994, et Bernard McGrane, *Beyond Anthropology. Society and the Other*, Columbia University Press, New York, 1989.

13. Joseph Deniker, *Les Races et peuples de la Terre*, Paris, 1900 (six races principales et quatre races secondaires identifiées en Europe). Voir aussi Lucian Boia, *Entre l'Ange et la Bête*, p. 177.

14. Mondher Kilani, *op. cit.*, p. 29.

15. « L'image de l'autre : étrangers, minoritaires, marginaux », dans les *Rapports* du XVIe Congrès International des Sciences Historiques, vol. I, Stuttgart, 1985, p. 60-106.

16. Françoise Bériac, *Histoire des lépreux au Moyen Âge. Une société d'exclus*, Imago, Paris, p. 141-142. Sur l'amalgame hérétiques-juifs-lépreux, voir Robert I. Moore, *La Persécution. Sa formation en Europe (X^e - XIIIe siècle)*, Paris, Les Belles Lettres, 1991.

17. Michel Foucault, *Folie et déraison. Histoire de la folie à l'âge classique*, et *Surveiller et punir. Naissance de la prison*.

18. Louis Chevalier, *Classes laborieuses et classes dangereuses à Paris pendant la première moitié du XIXe siècle*, Plon, Paris, 1958.

19. L'imaginaire de la criminalité au XIXe siècle est mis en relief par Pierre Darmon dans *Médecins et assassins à la Belle Époque*.

20. Sur le « bon » et le « mauvais » montagnard, voir l'argumentation de Mondher Kilani, dans *Introduction à l'anthropologie*, Payot, Lausanne, 1992, p. 240-242.

21. Voir à ce propos les dernières éditions du *Petit Larousse*, article *Race* : « Les progrès de la génétique conduisent aujourd'hui à rejeter toute tentative de classification raciale. »

22. Michel Maffesoli, *Le Temps des tribus. Le déclin de l'individualisme dans les sociétés de masse*, Le Livre de Poche, Paris, 1991 (édition originale 1988), p. 15 et 223.

23. Pierre Darmon, *Mythologie de la femme dans l'ancienne France*, Seuil, Paris, 1983, p. 20.

24. Jean Delumeau, *La Peur en Occident*, p. 346-388.

25. Pierre Darmon, *op. cit.*, p. 181-185.

26. Sur « l'altérité radicale » et la gamme de ses manifestations, voir Lucian Boia, *Entre l'Ange et la Bête*, p. 13-42.

27. Lucian Boia, « L'Ile, lieu de l'étrange », dans les *Cahiers de l'imaginaire*, 10, L'Harmattan, Paris, 1994, p. 55-65.

28. Jacques Le Goff, « L'Occident médiéval et l'océan Indien : un horizon onirique », dans *Pour un autre Moyen Âge*, Gallimard, Paris, 1977, p. 280-298.

29. Lucian Boia, *Entre l'Ange et la Bête*, p. 127-130 et 173-186.

CHAPITRE V

L'évasion

Bref inventaire de refuges

L'homme aspire à s'évader de l'histoire pour chercher refuge dans un temps égal et harmonieux non soumis aux turbulences de la vie historique. Ce désir est universel ; seules les manières de l'accomplir sont différentes.

Pour sortir du monde concret, l'imagination dispose de ressources inépuisables. L'être humain est un infatigable producteur de fictions, destinées à doubler en tout point la vie réelle. Des fictions véhiculées par l'art, la littérature, le jeu, la fête... Elles peuvent tout simplement recomposer les données de la réalité, elles peuvent aussi les renverser (le « monde à l'envers », thème de prédilection du carnaval) ou les dépasser, dans le but de réinventer la condition humaine. Plus la pression sociale s'accroît, plus les « soupapes » doivent fonctionner. Aujourd'hui, l'envahissante industrie des loisirs ou la psychose des vacances (sans parler des refuges plus élémentaires comme le sexe ou la drogue) participent très explicitement de la quête toujours actuelle d'une « autre vie ».

Les religions sont aussi susceptibles d'être interprétées comme des stratégies d'évasion. Toute synthèse religieuse suppose une dévalorisation du monde présent par rapport à une réalité transcendante. D'une part, l'imperfection de la matière et son inévitable décomposition, d'autre part l'Absolu et l'éternité. La frontière entre les deux conditions passe par la mort, ce qui n'empêche pas certaines pratiques permettant un apprentissage et une sorte de « détachement » dans l'intervalle même d'une vie ordinaire. L'ascèse, la méditation, le monachisme s'inscrivent parmi les voies d'accès à une condition autre. L'Orient en détient la primauté. Le bouddhisme, le taoïsme, le yoga ont affiné les techniques d'évasion jusqu'à permettre aux initiés de se libérer du poids de la matière et de l'empire du temps[1].

On peut donc se réfugier dans la fiction ou le rêve. On peut miser sur un plan différent de l'existence. Mais on peut aussi imaginer des moyens capables de dynamiter l'histoire. Des moyens susceptibles de recréer l'homme et la société suivant un plan fourni par l'imaginaire. Cette stratégie comprend trois types de projets, dont les modèles sont l'*âge d'or*, l'*utopie* et le *millénarisme*.

Nostalgie des origines : l'Âge d'or et le Paradis

Deux principes régissent toute société : l'*ordre* et la *liberté*. Leur tandem ne fonctionne jamais parfaitement. D'innombrables malheurs individuels et sociaux dérivent de ce défaut de coordination, que l'imaginaire se propose justement d'éliminer, en absolutisant l'un ou l'autre des termes (ou les deux à la fois).

La première solution correspond à l'*Âge d'or*, le plus ancien et le plus universellement répandu de tous les mythes « anti-historiques ». C'est l'archétype anti-historique par excellence et, de plus, le seul censé correspondre à une étape effective dans l'évolution de l'espèce. Évoquant une « réalité » primordiale, l'Âge d'or offre une garantie de faisabilité : la « preuve » qu'une synthèse non-historique, loin d'être une simple visée de l'esprit, s'inscrit naturellement dans la logique des choses. La construction artificielle n'est pas l'âge d'or, mais l'histoire. L'histoire n'a fait que corrompre une création accomplie, un monde harmonieux et une condition humaine heureuse.

L'histoire signifie contrainte. L'Âge d'or, son opposé, se confond avec la notion de liberté, de liberté absolue. Aucune contradiction entre la société et l'individu, entre l'homme et la nature, aucune entrave à une liberté sans limites. C'est aussi une ère de perfection biologique (longévité, absence de maladies) et d'abondance, la nature comblant les hommes de ses richesses sans demander aucun effort. Ère de plénitude, matérialisation terrestre de la grande unité primordiale.

Hésiode, dans *Les Travaux et les Jours*, puis Ovide, dans les *Métamorphoses*, ont brossé le tableau de cette humanité jeune, insouciante et heureuse. « Ils vivaient comme des dieux, le cœur libre de tout souci, à l'écart et à l'abri des peines et des misères ; la vieillesse misérable sur eux ne pesait pas ; mais bras et jarrets toujours jeunes, ils s'égayaient dans les festins loin de tous les maux. Mourant, ils semblaient succomber au sommeil. » (Hésiode)[2] « Alors on vit naître l'Âge d'or, où ni la force ni les lois ne contraignaient personne, où, par son propre penchant, chacun suivait les règles de la justice et de la bonne foi... La terre, que la charrue n'approchait point pour l'ouvrir, produisait tout d'elle... Les hommes cueillaient les fruits qui naissaient sur les arbres, sur les montagnes, sur les haies... » (Ovide)[3]

Les hommes « vivaient comme des dieux », ils vivaient en communion avec les dieux. Le *sacré* et le *profane* n'étaient pas encore séparés. Le mythe de l'Âge d'or réunit ces deux pôles ou oscille entre eux. Dans un sens religieux (et moralisant), il a pris l'aspect du Paradis terrestre, en fait d'une large gamme de paradis. Dans l'autre sens, il s'est manifesté comme rêve d'abondance et projet anarchiste. Cette dernière tendance a pris le pas sur la première à mesure que s'affirmait (principalement dans l'espace occidental) la désacralisation du monde. Les « paradis sécularisés » ont envahi le monde moderne, véhiculés par les idéologies et, plus récemment... par la publicité touristique.

L'insertion de l'Âge d'or dans le temps et l'espace ainsi que son accessibilité ou inaccessibilité ont donné naissance à une multitude de suppositions.

À première vue, c'est un monde perdu à jamais, une époque passée qu'on peut seulement remémorer avec nostalgie. L'actualisation symbolique de l'Âge d'or joue un rôle essentiel dans les sociétés traditionnelles. C'est la signification des fêtes du Nouvel An : référence universelle à la jeunesse du monde. Cette reprise périodique de la création met en évidence l'obsession des origines[4], mais elle prouve aussi la conscience d'une impossibilité, le retour invoqué étant évidemment symbolique, simple exercice d'imagination entrecoupant périodiquement la réalité prosaïque du temps vécu.

La vision traditionnelle de l'histoire est fondamentalement pessimiste. La perfection se trouve aux origines, ce qui suit ne représente qu'une incessante dégradation. Dans un monde qui se dégrade sans cesse, l'âge d'or reste dans un passé de plus en plus lointain.

Il existe pourtant, dans cette dialectique, un germe d'espérance. Le cycle finit par la décomposition inévitable, une autre histoire doit commencer, un nouveau cycle. L'Âge d'or est irrécupérable à l'intérieur du cycle que nous parcourons, mais la succession des cycles offre la promesse d'un retour. *Le mythe de l'éternel retour*, dont la quasi-universalité a été mise en évidence par Mircea Eliade[5], laisse la porte ouverte à une virtuelle récupération. La conception cyclique est fortement ancrée dans les consciences, reflet des phénomènes cosmiques élémentaires. Même la marche linéaire affirmée par la téléologie judéo-chrétienne (un seul début et une seule fin) ne contredit pas la perspective d'un grand retour, à la plénitude originelle correspondant la plénitude de la fin des temps. « Le nouveau ciel et la nouvelle terre », promis par l'*Apocalypse* de saint Jean, se présentent comme une restitution du Paradis perdu.

Situés au début ou à la fin des temps, l'Âge d'or et le Paradis sont à chercher aussi dans l'espace. L'Éden biblique était un *lieu* bien déterminé. Le paradis bouddhique aussi, et, de même, dans l'imaginaire grec, le jardin des *Hespérides*. La *Genèse* présente ce lieu primordial comme un jardin : « Le Seigneur Dieu planta un jardin en Éden, à l'orient, et il y plaça l'homme qu'il avait formé. Le Seigneur Dieu fit germer du sol tout arbre d'aspect attrayant et bon à manger, l'arbre de vie au milieu du jardin et l'arbre de la connaissance de ce qui est bon ou mauvais. Un fleuve sortait d'Éden pour irriguer le jardin ; de là il se partageait pour former quatre bras. »[6]

Pour le Moyen Âge chrétien, la description type fut celle esquissée par Isidor de Séville (VIIe siècle) qui complétait et « adoucissait » le paysage hiératique peint par la Bible. C'était un « jardin des délices », planté d'arbres fruitiers, arrosé d'une fontaine d'où jaillissaient les quatre fleuves, et bénéficiant d'un printemps éternel[7]. Son emplacement engendra toutes sortes de variantes, et stimula même des voyages, fictifs ou réels, destinés à l'approcher. Sur les cartes de l'époque, le Paradis figurait au point extrême de l'Orient[8]. Son inaccessibilité était fortement mise en évidence. Entouré par un mur de feu, situé éventuellement sur une haute montagne, séparé par de vastes espaces d'eau et de terre des régions habitées, tout concourait à isoler l'enclos paradisiaque du monde ordinaire. Saint Brendan, moine irlandais du VIe siècle, réussit toutefois à l'atteindre, au bout d'un voyage à travers l'Atlantique[9].

Vers la fin du Moyen Âge , au moment où l'Occident se lançait à la découverte du monde, une évolution significative se produisit. La muraille de feu fut remplacée par un mur ordinaire. Sur la mappemonde de Hereford (1290), celui-ci est même percé de portes. En 1389, Jean de Hesse arriva au pied du mur qu'il vit « dans une grande clarté »[10]. Cette période témoigne aussi d'une multiplication des lieux paradisiaques : l'Éden commençait à migrer, certains le plaçant à Ceylan ou vers les sources du Nil. Peu à peu, le Paradis se banalisait et semblait devenir accessible. Après l'or chinois, ce fut le deuxième grand mobile des expéditions de Colomb. Le découvreur malgré soi de l'Amérique identifia le paysage paradisiaque près de l'embouchure de l'Orénoque ; les bras du delta formé par le grand fleuve et la végétation luxuriante collaient parfaitement à la description classique...[11]

Encore plus abondantes et plus diverses furent les matérialisations de l'Âge d'or classique. La périphérie du monde antique, avec ses multiples solutions d'altérité, ne pouvait pas ignorer les délices d'une époque que les Grecs avaient laissée loin derrière eux. Évacuée du temps historique, l'ère primordiale se perpétuait aux marges de l'« oekoumène ». Le *temps* se métamorphosait en *espace*, les deux catégories étant, pour l'imaginaire, tout à fait interchangeables. Un voyage dans l'espace vaut un voyage dans le temps : règle vérifiable de l'Antiquité jusqu'à nos jours. Parmi les peuples continuant à vivre en plein Âge d'or, les Grecs mentionnaient, aux deux extrémités du monde, les Hyperboréens du Grand Nord et les Éthiopiens au Sud ; ces derniers passaient leurs jours dans la joie et partageaient leurs festins avec les dieux (Homère, *Odyssée*). Les humanités non touchées par l'histoire bénéficiaient aussi d'un décor luxuriant, d'innombrables richesses et d'un climat constant et agréable. Fréquemment évoquée, la « prairie molle et fleurie » suggère déjà le jardin biblique[12]. Les Chinois disposaient à leur tour des îles paradisiaques réservées aux immortels. Les Arabes multiplièrent ce genre d'entités insulaires dans l'océan Indien et, plus loin, vers l'Extrême-Orient[13]. *L'horizon onirique de l'océan Indien* offrit au Moyen Âge occidental une collection inépuisable de paradis, soit dans le registre religieux – des îles habitées par des justes, sortes d'étapes vers le paradis biblique – soit dans le registre laïque : des îles figurant l'abondance, la liberté, la joie de vivre[14]. Synthèse complète des potentialités de l'Âge d'or, concentrant les passions contradictoires qui se sont affrontées à l'aube de l'époque moderne.

Malgré l'enthousiasme de Colomb – qui n'avait rien compris à la véritable signification de ses voyages – les grandes découvertes ne réussirent pas à localiser l'Éden. Elles offrirent, par contre, des arguments en faveur des paradis sécularisés. Le XVIᵉ siècle inventa l'Eldorado, Empire fabuleux caché et protégé par la forêt équatoriale sud-américaine, symbole suprême de la richesse[15]. Le *bon sauvage* contribua à son tour à prolonger et à multiplier l'Âge d'or, dans bon nombre de contrées et d'îles lointaines. Sa carrière culmina au XVIIIᵉ siècle avec le mythe tahitien (polynésien)[16]. Celui-ci concentra tous les traits de l'Âge d'or, moins la religion : décor exotique, climat « paradisiaque », hommes et femmes d'une beauté surprenante, abondance, inutilité de tout effort, liberté absolue, et surtout liberté des mœurs, liberté sexuelle… Décor rêvé pour les philosophes et les libertins des Lumières, paradis sans Dieu où la seule pratique religieuse était l'amour charnel[17].

La révolution industrielle débutait déjà. Dans ce contexte, l'insistance des Lumières sur le bon sauvage et le bon vieux temps illustrait une sorte de résistance, voire un défi. Dans son *Discours sur l'origine et les fondements de l'inégalité parmi les hommes*, Jean-Jacques Rousseau ne faisait que réécrire, en langage philosophique, le mythe de l'Âge d'or. Il se tenait aussi près de l'archétype que Hésiode. Aux temps primitifs revenait l'excellence biologique et morale. La civilisation a perfectionné la raison et a accru la puissance de l'homme, mais en revanche elle l'a dégradé et l'a rendu malheureux.

L'idéalisation des îles encore épargnées (mais pour combien de temps ?) et de la société pré-historique allaient de pair, s'appuyant réciproquement. Par l'Âge d'or, l'imaginaire menait sa grande bataille contre le monde technologique en marche.

La civilisation technologique a gagné la bataille, mais aucun triomphe d'ordre matériel ne peut gommer un archétype. Il peut toutefois l'obliger à s'adapter. Dans le monde hypertechnologisé d'aujourd'hui, une nouvelle religion de la nature tend à s'installer, et avec elle une revalorisation de la vie sauvage. La conscience écologique en pleine expansion se propose de réconcilier l'homme et l'environnement. Au niveau des comportements rien n'est plus instructif que la ruée des vacanciers vers ce qui reste d'une nature plus ou moins intacte. Il en résulte une mythologie moderne de la mer, de la montagne, de la forêt, des îles exotiques...

L'exotisme se porte bien, multipliant, grâce au tourisme et à la publicité, les simulacres de paradis. Écoutons ce que dit un personnage des *Nouvelles du Paradis*, roman publié par David Lodge en 1991 (et dont l'action se passe dans le décor « paradisiaque » de Hawaii) : « La thèse que je défends dans mon livre est que le tourisme est un substitut de rites religieux. Les voyages touristiques comme pèlerinages séculiers. Autant de grâces accumulées que de sanctuaires culturels visités. Les souvenirs remplaçant les reliques. Les guides des voyages se substituant aux livres de piété [...] Le tourisme est la nouvelle religion de la planète [...] Ça va être le sujet de mon prochain livre, le tourisme comme mythe du paradis. » Preuve à l'appui : une couverture en couleurs « représentant une plage tropicale – mer et ciel d'un bleu éclatant, sable blanc aveuglant, avec, un peu plus loin, quelques silhouettes humaines nonchalantes étendues à l'ombre d'un palmier vert ». Légende : « Passeport pour le paradis »[18]. Tant pis si ce genre de paradis peut s'avérer finalement aussi imaginaire que le paradis terrestre recherché au Moyen Âge.

Mentionnons pour finir la manifestation diffuse du mythe paradisiaque contenue – aujourd'hui comme jadis – dans l'appel si fréquent au « bon vieux temps » et à une histoire exemplaire, évidemment mythifiée. Les projets contemporains sont très souvent justifiés par le passé. L'homme avance vers l'avenir la tête tournée en arrière.

L'évocation des mythes historiques et politiques nous permettra de revenir sur ce sujet.

L'ordre contre la liberté : la construction utopique

L'Âge d'or absolutisait la *liberté*. L'Utopie absolutise l'*ordre*. À l'insouciance s'oppose la responsabilité, à l'absence des lois, voire à l'anarchie, un système minutieux de réglementations. La nature sauvage, symbole des mythes paradisiaques, est remplacée par un espace artificiel et abstrait. L'Âge d'or était bucolique, l'Utopie est citadine. Son symbole est la cité, et pas n'importe laquelle, mais la cité géométrique, rigoureusement bâtie. Tout principe de désordre est éliminé : « Dans le monde utopique, il ne se produit rien : ni accident, ni erreur, ni dispute, ni guerre. La ville tourne paisiblement sur les règles édictées à son origine par son inventeur »[19]. L'Utopie est *inventée*. Elle ne propose pas, comme l'Âge d'or, un *retour* aux sources, mais un *dépassement*. La condition humaine, redéfinie, ne dépend plus ni des dieux, ni de la nature. Il s'agit d'une nouvelle création, due exclusivement à l'homme, structurée d'après les règles de la raison.

L'Âge d'or était un archétype universel. L'Utopie, par contre, semble circonscrite à certains espaces et à certaines époques. Elle suppose une rupture d'équilibre, une dynamique qui accumule les tensions et les contradictions, rendant désirable un nouveau *contrat social*. Adversaire acharnée de l'histoire, elle est la fille de l'histoire. Elle se manifeste au moment où l'histoire devient menaçante. Les sociétés « traditionnelles » offrent peu de prise à l'imaginaire utopique. Pour que l'Utopie propose des solutions compensatoires, il faut que l'histoire se mette en marche. Au moment où les structures s'effritent, où l'amalgame social devient fluide, où certaines catégories perdent leur identité, ne retrouvent plus leur place, se sentent menacées et marginalisées, à ce moment le temps de l'Utopie est venu. Dans un monde ouvert et instable, les hommes cherchent des mécanismes rassurants. La liberté est lourde à porter ; rien d'étonnant à ce qu'on lui préfère souvent la certitude et la sécurité.

Le *discours utopique* représente seulement la partie la mieux structurée et la plus virulente d'une tendance bien ancrée dans l'esprit humain. Ce n'est que l'exacerbation du principe universel d'ordre et de cohérence. Les sociétés traditionnelles, fermées et minutieusement réglées, offrent des ressemblances incontestables avec le modèle utopique. On comprend pourquoi l'Utopie ne leur apporterait rien de plus. Le Moyen Âge, avec sa structure simple et fonctionnelle des « trois ordres » et de la hiérarchie féodale, présente des traits utopiques accentués. La communauté monastique se trouve encore plus proche de la pureté du modèle. Par sa forte cohérence et sa mécanique sommaire et répétitive, le cloître est un espace essentiellement utopique[20], bien que dans ce cas l'absence de l'autre sexe simplifie grandement les choses, le problème le plus ardu des utopies étant la réglementation, voire le contrôle, de la vie sexuelle.

On commence à rêver de l'Utopie au moment où la cohérence est menacée par un processus de diversification et d'ouverture. Voici pourquoi le terrain, sinon exclusif, en tout cas privilégié, des projets utopiques, est le monde occidental dans l'intervalle reliant la fin du Moyen Âge à notre époque. C'est l'espace-temps où le tissu du monde traditionnel fut déchiré, avec, comme résultat, un bouleversement sans précédent des structures sociales et de la condition humaine. Rien de plus naturel que l'Utopie s'installe dans un monde destructuré qui *devait* être reconstruit d'une manière ou d'une autre. L'*Utopie* de Thomas More peut être retenue, en 1516, comme une sorte de certificat de naissance ; c'est ainsi, en tout cas, qu'elle reçut son nom.

Il y eut toutefois une ébauche plus ancienne du genre utopique. Sur ce point, comme sur tant d'autres, la Grèce avait annoncé les couleurs. Elle amorça une évolution qui devait être reprise après deux millénaires. L'inventeur de la ville idéale serait Hippodamos de Milet ; on lui attribue un quadrillage rigoureusement géométrique, projection terrestre de l'harmonie cosmique. Puis vint Platon qui énonça dans sa *République* certains thèmes fondamentaux du genre : gouvernement des sages, stricte division du travail, communauté des biens, des femmes et des enfants, éducation identique pour tous les jeunes, filles et garçons, dissolution de la famille dans la communauté, contrôle de la procréation...

Précisons que deux problèmes ont donné beaucoup de fil à retordre aux utopistes : la *propriété* et le *sexe*. L'Utopie est communautaire. Elle n'est pas obligatoirement communiste, mais elle est souvent communiste. L'abolition de la propriété privée se présente comme la manière la plus efficace pour annihiler l'autonomie de l'individu et le soumettre à la cité. D'autre part, le sexe représente un espace de liberté, voire d'anarchie, et la famille un espace de protection, ce que la cité utopique ne saurait admettre (même réaction dans les systèmes totalitaires du XXe siècle). Les utopistes ont agi de leur mieux pour endiguer les pulsions sexuelles, annuler l'intimité et faire des rapports entre les sexes une affaire publique.

Les « défenseurs » de Platon voient dans son système un « modèle idéal » destiné tout simplement à servir de moyen d'investigation philosophique ; il ne s'agirait pas d'une solution « effective »[21]. Cela ne change rien, car l'Utopie reste, dans la plupart des cas, une construction idéale, une sorte de « jeu », mais un jeu qui n'est pas du tout gratuit, un jeu très sérieux (la futilité des jeux n'étant d'ailleurs qu'une apparence). L'Utopie se présente comme une « expérimentation » permettant d'observer « jusqu'où on peut aller ».

En dehors des Utopies « explicites », les sociétés tentées par l'Utopie dévoilent aussi d'autres signes, plus discrets, mais non moins révélateurs. Ainsi, le penchant « géométrique » de la civilisation grecque, dénote à lui seul la tentation de refaire le monde suivant des critères rigoureux et abstraits. De même, la place prééminente de la *machine* dans l'imaginaire des derniers siècles. De la mécanique technologique à la « mécanique sociale » il n'y a qu'un pas.

L'Utopie et l'Âge d'or peuvent parfois fusionner, malgré leur condition radicalement divergente. Comme toujours, la logique de l'imaginaire s'avère capable de concilier les contraires. L'île de Iambulus, décrite par Diodore de Sicile dans sa *Bibliothèque historique*, en offre un bon exemple. Ses habitants bénéficient d'une vie saine et agréable au sein d'une nature paradisiaque, mais dans une société où tout est minutieusement réglé[22]. Liberté et tyrannie vont de pair ! Deux millénaires plus tard, les utopistes des Lumières procédèrent maintes fois à ce curieux amalgame. Ils croyaient pouvoir mettre d'accord les vertus de la vie sauvage et les vertus d'une bonne administration. Ce fut l'époque d'une sorte de « communisme bucolique », destiné à résoudre les contradictions entre l'individu, la communauté et la nature[23].

Le XVIIIe siècle fut celui de l'Utopie ; l'épanouissement et la diversification du genre utopique répondaient à une nécessité de plus en plus ressentie de restructuration sociale et politique. Projet fictif d'une société idéale, l'Utopie était traditionnellement située « nulle part » ou dans un espace vaguement défini, dans quelque île exotique lointaine. Cette phase « insulaire », toujours dominante à l'époque des Lumières, devait transmettre le flambeau à une Utopie nouvelle, insérée dans le temps. Le XVIIIe siècle venait de découvrir les deux concepts clés de la modernité : le Progrès et l'Avenir. C'était la machine idéale pour faire fonctionner l'Utopie. On pouvait douter de la réalité des îles utopiques, mais comment douter de l'avenir ? La nouvelle perspective concernait l'espèce humaine, la planète entière, et pas seulement quelques communautés éparses. Ainsi, orientée vers le futur, l'Utopie devenait *globale* et *réalisable*. Tout semblait possible dans les siècles prochains transfigurés par la force du Progrès. Avec *L'An deux mille quatre cent quarante*, publié en 1772, Sébastien Mercier donna le ton, assez timidement il est vrai, mais ce n'était qu'un commencement. Peu à peu, l'Utopie du monde futur prit la place de l'ancienne Utopie insulaire. L'imagination utopique franchit le pas qui séparait le projet fictif du projet matérialisé (au moins virtuellement). L'avenir était plein de promesses. L'histoire avait commencé sous le signe de l'Âge d'or, elle arrivera à son terme sous le signe de l'Utopie.

En attendant l'avenir, le XVIIIe siècle procéda à quelques expérimentations ponctuelles. La plus remarquable fut celle entreprise par les jésuites au Paraguay. Sur un territoire grand comme la moitié de la France, les Indiens Guaranis furent rassemblés dans des villages uniformes. Tous les ingrédients de l'Utopie étaient réunis : propriété commune, maisons identiques, éducation égale, ni riches, ni pauvres, ni argent, ni salaires... L'expulsion des jésuites – en 1767 – des territoires espagnols mit fin à cette extraordinaire expérience[24]. Certains crurent pouvoir appliquer une méthode similaire à la France ! Un quadrillage du territoire français fut proposé à l'Assemblée constituante de 1789. Des *carrés identiques* auraient pris la place des anciennes régions[25]. La solution plus raisonnable des départements eut finalement gain de cause, mais le projet de transformer la France en pays utopique reste significatif pour la mentalité de l'époque. Les penchants utopiques du gouvernement jacobin sont non moins évidents et, plus encore, le projet de Gracchus Babeuf, qui prévoyait entre autres la planification de l'économie, l'obligation du travail et la prise en charge des enfants par l'État.

L'évolution esquissée au XVIIIe se précisa et s'imposa au XIXe. L'Utopie s'engagea décidément dans l'exploration de l'avenir, insistant de plus en plus sur la faisabilité, voire sur l'inévitabilité de ses promesses. Vers 1900, les voyages dans le futur étaient plus courants que la découverte des îles utopiques. Même l'Utopie « insulaire » fut subordonnée au projet d'avenir. Les sociétés différentes imaginées sur les planètes – ces îles de l'espace – préfiguraient en fait des évolutions terrestres. Les planètes devinrent des laboratoires où l'on essayait les effets des technologies nouvelles, des solutions économiques et politiques, et même des transformations biologiques de l'être humain[26].

Plus proches de nous, sur la Terre, certaines solutions insulaires n'avaient plus rien de fictif. Elles étaient déjà des Utopies concrétisées, institutionnalisées : ainsi, les phalanstères de Charles Fourier ou l'*Icarie* d'Étienne Cabet, transposée des pages de son livre dans une colonie réelle installée au Texas en 1848[27]. Ces petites communautés ne faisaient que préparer l'avenir, montrer la voie dans laquelle l'humanité devait s'engager demain.

Vers 1900, au moment où l'imaginaire de la vie future battait son plein, le sens du discours commença à changer. L'Utopie se mua en *contre-utopie* (ou anti-utopie). Ses principes restaient les mêmes : une société parfaitement réglée, merveilleusement fonctionnelle. Ce qui changeait était la perspective. Le XIXe siècle avait misé sur une science et une technologie capables d'assurer le bon fonctionnement de la cité future et le bonheur pour tous. Mais à l'aube du XXe siècle le mythe du Progrès prit des contours équivoques : l'Avenir semblait susceptible d'apporter le meilleur mais aussi le pire, peut-être même plus le pire que le meilleur[28]. Les expériences « utopiques » qui s'ensuivirent (les totalitarismes de toutes sortes) ne firent que confirmer les prévisions les plus pessimistes. *Organiser* le bonheur semblait une perspective réjouissante pour l'Utopie classique, mais pour l'anti-utopie c'est la voie la plus sûre vers l'esclavage. De H. G. Wells qui illustre la transition d'un registre à l'autre, en passant par le *Brave New World* (1932) d'Aldous Huxley et le *1984* (1949) de George Orwell, la démystification du genre utopique a profondément marqué le paysage littéraire et idéologique de notre siècle. L'Utopie n'est pas morte, mais elle est de plus en plus ressentie comme un péril plutôt qu'une promesse.

La voie révolutionnaire : le millénarisme

Le millénarisme participe à la fois de la nature de l'Âge d'or et de l'Utopie, mais il y ajoute des traits supplémentaires originaux. Sa veine paradisiaque est tout à fait évidente. Les millénaristes aspirent à restaurer le monde dans sa pureté originelle. Ils veulent réactualiser l'Éden, le bonheur simple et l'harmonie des commencements. Des pulsions anarchistes sont aisément détectables ; dans tout projet millénariste il y a un côté « pays de cocagne ». Mais il y a aussi, de l'autre côté, la rigueur. Le monde millénariste est un monde « construit » suivant un projet idéologique. L'abolition de la propriété et l'esprit communautaire sont des traits qui le rapprochent de l'utopie. Paradisiaque et utopique à la fois – plutôt paradisiaque dans ses intentions et plutôt utopique dans ses matérialisations –, le millénarisme se caractérise aussi et surtout par son esprit révolutionnaire. Il ne se contente pas de *rêver* à un âge d'or révolu ou à quelque vague utopie, mais il se propose tout simplement de *briser* le monde tel qu'il est et d'annihiler l'histoire. À l'instar des utopies modernes, le millénarisme suppose un projet d'avenir, mais un projet précis et urgent. De toutes les formules anti-historiques, il est la seule qui participe effectivement à l'histoire, mais à une histoire qu'il s'agit d'anéantir une fois pour toutes[29].

Si l'Âge d'or concrétise l'exacerbation de la liberté, si l'Utopie est l'ordre poussé à son paroxysme, le millénarisme se présente comme l'absolutisation du principe révolutionnaire : la *table rase*, suivie d'une nouvelle construction.

Le millénarisme, comme l'Utopie, est symptomatique d'un monde en marche. On le retrouve dans ses formes accomplies et souvent violentes là où il y a accélération de l'histoire, déséquilibre et rupture. Ses manifestations classiques appartiennent au Proche-Orient et à l'Europe, et plus précisément au judaïsme et au christianisme. L'avènement d'un Messie inaugurant un règne de mille ans (le Millenium, d'où le nom de « millénarisme ») signifiait l'abolition d'un monde corrompu, le retour à l'Âge d'or, la fin de l'histoire. Le *Livre de Daniel* (vers 165 av. J.-C., incorporé dans la Bible) évoquait déjà cette étape post-historique. Ce schéma fut repris par le christianisme. L'*Apocalypse* attribuée à saint Jean (fin du Ier siècle) mettait en scène deux fins successives du monde, entre lesquelles se situait le Royaume de mille ans. La crise du monde antique et la désagrégation de l'Empire constituèrent un terrain propice pour l'affirmation de l'imaginaire millénariste. Par contre, le Moyen Âge classique, avec ses structures relativement stables, marqua un reflux. Une fois officialisée, l'Église rejeta l'attente millénariste. Mais celle-ci connut une formidable poussée à la fin du Moyen Âge et au début de l'époque moderne, accompagnant l'effervescence sociale qui bouleversa la civilisation de l'Occident. C'était le moment ou jamais de refaire le monde. Certains choisirent le rêve utopique, d'autres se lancèrent dans l'action révolutionnaire directe. Les protagonistes furent pour la plupart des marginaux, des déracinés. Ils attendaient le second avènement du Christ, mais combinaient l'attente religieuse avec un projet social radical visant l'abolition de toutes les structures en place : religieuses, politiques et sociales. Un exemple typique fut le camp de Tabor, lors des guerres hussites en Bohême, où l'on tenta d'édifier une société communautaire, égalitaire et anarchiste. La révolution millénariste connut son apogée en Allemagne, au début du XVIe siècle, avec la révolte « communiste » de Thomas Münzer (1525), suivie par l'épisode de Münster (1534-1535), où les combattants de l'apocalypse, dirigés par Jean de Leyde, réussirent à s'installer au pouvoir ; ils abolirent la propriété privée, brûlèrent tous les livres, sauf la Bible, et instituèrent la polygamie (à l'instar des patriarches bibliques). Münster, comme Tabor auparavant, devint la Nouvelle Jérusalem, destinée à rayonner sur un monde renouvelé.

Cette phase classique du millénarisme occidental oscillait entre des pôles contradictoires : principes religieux et quête des jouissances terrestres (y compris la promiscuité sexuelle) ; rigueur d'une société des justes, gouvernée par des moines, sous le signe du Saint-Esprit (selon la prévision de Joachim de Flore, le grand théoricien du millénarisme, vers 1200), et anarchie pure et simple ; attente sereine de l'accomplissement des prophéties et activisme outrancier provoquant parfois des bains de sang (le choix des victimes étant remarquablement éclectique : clercs, nobles, juifs...). Plus complexe que les autres formules d'évasion, le millénarisme est aussi la plus équivoque, la plus instable, la plus tentée par les excès.

À partir du XVIIe siècle, l'orientation de facture « religieuse-révolutionnaire » déclina à l'Ouest. Des sectes millénaristes continuèrent toutefois à se manifester et même à proliférer aux XIXe et XXe siècles (adventistes, témoins de Jéhovah). Une nouvelle dynamique se constate depuis quelque temps, due à une crise profonde de civilisation et à une crise d'identité résultant des phénomènes récents de marginalisation. Même la violence millénariste connaît un retour spectaculaire, comme le démontrent les cas récents de suicides collectifs (l'Ordre du Temple Solaire, en Suisse, en France et au Canada, à partir de 1994) et de terrorisme alimenté par une véritable industrie de la mort (secte Aum, Japon, 1995).

Une action millénariste de type révolutionnaire se développa aussi dans le monde marginalisé ou exploité par l'Occident (le Tiers-Monde d'aujourd'hui). Ce fut le cas de la révolte des Taïping en Chine au milieu du XIXe siècle ou des « guerres de la fin du monde » qui eurent lieu au Brésil vers 1900. Plus récemment, les « cargo cults » mélanésiens ou le kimbanguisme congolais (fondé par Simon Kimbangu qui annonçait le retour de Jésus-Christ et un âge d'or pour les Noirs) s'inscrivent dans la même logique. Même scénario, des acteurs différents. Le rôle des marginaux est tenu par les non-Blancs, et le mal à abattre est la civilisation occidentale.

Le phénomène le plus remarquable fut pourtant la sécularisation du millénarisme. Le millénarisme traditionnel s'insérait dans une téléologie religieuse. Le millénarisme sécularisé s'inscrit dans un schéma similaire, moins le facteur *Providence*. Dieu est remplacé par un pro-

jet strictement humain ou par les lois de l'histoire. L'issue reste ana-
logue : dépassement de l'histoire, un monde nouveau, une société
nouvelle, un homme nouveau, tout proche de la perfection. Le mythe
du Progrès assimila à sa manière le rêve millénariste. La science et la
technologie furent appelées à transformer, à transfigurer le monde. La
société de demain, scientifiquement organisée et disposant d'une
technologie susceptible de résoudre toutes les difficultés et d'assurer
l'abondance, n'est que la version moderne, rationaliste et scientifique,
du projet millénariste originel. Les totalitarismes insistèrent à leur
tour sur la création d'un monde purifié et d'un homme différent.
L'invocation hitlérienne du « Reich de mille ans » ressemble étrangement au « Royaume de mille ans » des millénaristes.

Mais la formule moderne la plus proche du millénarisme originel
est celle qu'offrent la doctrine marxiste et l'expérience communiste.
Nous avons déjà évoqué la dimension religieuse du marxisme. Il reste
à revenir sur son message millénariste.

Si on élimine le vernis scientifique – très dans l'esprit du XIXe
siècle (la transformation du monde par la science suivant les lois de
l'histoire) – ce qui reste du marxisme est un projet millénariste d'une
pureté remarquable[30]. « Les philosophes ont simplement *interprété* le
monde de façon différente ; il s'agit de le modifier », proclamait
Marx en 1845. Quelques années plus tard, l'*Internationale*
s'exprimait encore plus explicitement, dans un langage purement
apocalyptique et millénariste : « Du passé faisons table rase », « le
monde va changer de base », « c'est la lutte finale ».

Respectant l'esprit du projet millénariste, la doctrine forgée par
Marx et Engels était essentiellement libertaire. Toutes les structures
contraignantes devaient disparaître : l'État, la propriété, la religion, et
même la famille au sens bourgeois du terme. L'homme *aliéné* dans
les sociétés où règne l'exploitation deviendra enfin maître de lui, *libre*. L'instauration du communisme signifiait, en quelque sorte, la fin
de l'histoire, le point terminal de la téléologie marxiste.

Mais, comme tout millénarisme, le projet communiste portait aussi
en lui des principes purement utopiques, dont la capacité de coexister
avec la liberté promise restait à prouver. Il y avait en premier lieu
l'abolition de la propriété, trait utopique par excellence. Le but était,

évidemment, la libération du travail, l'émancipation du prolétaire, de l'immense armée des pauvres et des exploités... Il s'agissait aussi d'une phase, sans doute passagère (nommée plus tard *dictature du prolétariat*), qui devait assurer la destruction des structures bourgeoises (État, propriété privée, etc.) et l'installation du monde nouveau.

Cette expérience eut au moins le mérite de mettre à nu le mécanisme et de faire comprendre le fonctionnement d'un *millénarisme installé* (l'ampleur de l'évasion de l'histoire dépassant de loin les expériences antérieures ponctuelles, comme celle de Münster, par exemple). Le phénomène essentiel qui se produisit fut l'*annihilation du principe d'anarchie par le principe d'ordre*. Le germe utopique envahit l'organisme entier. La « dictature du prolétariat » perdura, sans aucune perspective de dépassement ; une logique tragiquement ironique voulait que la disparition de l'État passe par son affermissement. L'évanescence du rêve millénariste, de son côté libertaire, ne pouvait pas résister à la force brutale et à l'efficacité des structures utopiques matérialisées. Il s'avéra qu'un monde différent, régi par des lois autres que celles du monde ordinaire, ne peut exister et survivre sans une permanente contrainte.

Après tant d'expériences et d'échecs, la sortie de l'histoire semble cantonnée pour toujours dans le domaine exclusif de l'imaginaire.

Notes

1. Mircea Eliade, *Le Yoga. Immortalité et liberté*, Payot, Paris, 1954 ; Max Kaltenmark, *Lao-tseu et le Taoïsme*, Seuil, Paris, 1965.

2. Hésiode, *Les Travaux et les Jours*, vers 110-120.

3. Ovide, *Métamorphoses*, I, 2.

4. Sujet traité en particulier par Mircea Eliade ; voir surtout *Aspects du mythe*, p. 64-80, et *La Nostalgie des origines*, Gallimard, Paris, 1970.

5. Mircea Eliade, *Le Mythe de l'éternel retour*, Gallimard, Paris, 1949.

6. *La Bible : Genèse*, 2, 8-17 ; Jean Delumeau, *Le Jardin des délices*, p 11-12.

7. Isidor de Séville, *Etymologiarum sive originum libri XX*, XIV, 3, 2 et 3.

8. En ce qui concerne la figuration du paradis terrestre sur les cartes du Moyen Âge, voir W. G. L. Randles, *op. cit.*, p. 16-17. Une carte exemplaire est la *Mappemonde de Hereford* (vers 1300), fac-similé à la Bibliothèque nationale, Département des cartes et plans.

9. *Le Merveilleux Voyage de saint Brendan à la recherche du Paradis, légende latine du IX*[e] *siècle*, renouvelée par Paul Tuffrau, l'Artisan du livre, Paris, 1925 ; Francis Bar, *Les Routes de l'autre monde. Descentes aux enfers et voyages dans l'au-delà*, PUF, Paris, 1946.

10. Christiane Deluz, *Le Livre de Jehan de Mandeville. Une géographie au XIV*[e] *siècle*, Louvain-la-Neuve, 1988, p. 181.

11. *Œuvres de Christophe Colomb*, p. 234-235.

12. Monique Mund-Dopchie, *op. cit.*

13. André Miquel, *La Géographie humaine du monde musulman jusqu'au milieu du XI*[e] *siècle,* vol. II *(« Géographie arabe et représentation du monde »)*, Paris-La Haye, 1975.

14. Sur ce sujet, l'article cité de Jacques Le Goff : « L'Occident médiéval et l'océan Indien : un horizon onirique ».

15. Le dossier d'Eldorado (et autres pays similaires) est présenté d'une manière synthétique dans le livre de Jorge Magasich-Airola et Jean-Marc de Beer, *America Magica*, Éditions Autrement, Paris, 1994, chapitre « Les contrées de l'or », p. 95-129.

16. Un dossier très fourni du mythe tahitien, chez Éric Vibart, *Tahiti. Naissance d'un paradis au siècle des Lumières*, Éditions Complexe, Bruxelles, 1987.

17. Sur cette véritable religion de l'amour, voir les premières impressions recueillies à Tahiti par Louis-Antoine de Bougainville, *Voyage de la frégate la Boudeuse et de la flûte l'Étoile autour du monde*, La Découverte, Paris, 1989, p. 157-158.

18. David Lodge, *Nouvelles du Paradis*, Rivages/poche, Paris, 1994, p. 103-106.

19. Gilles Lapouge, *Utopie et Civilisation*, Flammarion, Paris, 1978, p. 42.

20. *Ibidem*, « Dans la paix des monastères », p. 73-80.

21. Platon, *La République*, dans *Œuvres complètes*, vol. IV, Garnier, Paris, 1958 ; « Introduction » par Robert Baccou, en particulier p. LII-LVII.

22. Diodore de Sicile, *Bibliothèque historique*, II, LV-LX.

23. Raymond Trousson, *op. cit.*, p. 143-155.

24. Sur cette période utopique de l'histoire paraguayenne, deux ouvrages contemporains : Lodovico Antonio Muratori, *Relation des missions du Paraguay*, Bordelet, Paris, 1754 (traduction de l'italien), et Pierre-François-Xavier de Charlevoix, *Histoire de Paraguay*, 3 volumes, Didot, Paris, 1756. L'excellence présumée des solutions utopiques matérialisées par les jésuites a

entraîné tout un débat parmi les philosophes des XVIIIe et XIXe siècles. Voir aussi Gilles Lapouge, *op. cit.*, p. 177-182.

25. Jacques Godechot, « La restructuration de l'espace national », dans *L'État de la France pendant la Révolution*, sous la direction de Michel Vovelle, La Découverte, Paris, 1988, p. 326-331.

26. Lucian Boia, *L'Exploration imaginaire de l'espace*, en particulier p. 83-101.

27. Étienne Cabet, *Voyage en Icarie* (1842 ; 5 éditions jusqu'à 1848). Voir aussi les considérations de Raymond Trousson, *op. cit.*, p. 192-196.

28. Lucian Boia, *La Fin du monde. Une histoire sans fin*, p. 159-163. Pour le passage de l'utopie à l'anti-utopie, on peut consulter le livre de Mark R. Hillegas, *The Future as Nightmare. H. G. Wells and the Anti-Utopians*, Carbondale and Edwardsville, 1967.

29. Au sujet des millénarismes, on doit s'adresser notamment à Norman Cohn, *The Pursuit of the Millennium*, Secker and Warburg, Londres, 1957 (traduction française : *Les Fanatiques de l'Apocalypse*, Payot, Paris, 1983) ; à Henri Desroche, *Dieux d'hommes. Dictionnaire des messianismes et millénarismes de l'ère chrétienne*, Mouton, Paris-La Haye, 1969 ; et à Jean Delumeau, l'ouvrage cité *Mille ans de bonheur*.

30. L'essence millénariste du marxisme (comme, dans un autre registre, du nazisme) a été observée par Norman Cohn, *op. cit.,* et Mircea Eliade dans *Aspects du mythe*, p. 88-89. Nous avons développé cette approche dans *La Mythologie scientifique du communisme*.

CHAPITRE VI

L'imaginaire historique

Une science pas comme les autres

« L'histoire est du domaine de l'imaginaire » : cette affirmation provocatrice de Gilbert Durand peut surprendre les historiens et même les contrarier[1]. Elle est pourtant essentiellement juste. L'ambition des historiens fut, dès le début, de relater des faits authentiques. Depuis deux siècles, l'histoire aspire à un statut scientifique. Serait-elle, en fait, une science ? Et que signifie le mot « science » ? Le XIXe siècle crut à une science sans faille, conduisant à des certitudes. Le scientisme ambiant ne pouvait que complexer les historiens, qui tentèrent de rapprocher leur discipline de la rigueur des sciences « exactes ». Ils essayèrent de fixer les faits avec précision, et d'établir, d'une manière irréfutable, leurs connexions, les causes et les effets ; les plus ambitieux envisagèrent un système de « lois », à l'instar de Newton, découvreur des lois de l'univers. Auguste Comte osait même parler d'une « physique sociale »[2].

Au XXe siècle, par contre, le relativisme gagna du terrain, éclipsant le scientisme. Aucune science n'est censée aujourd'hui donner une réponse incontestable et définitive. L'admission au club des sciences semble moins discriminatoire ; apparemment, ce serait un motif de satisfaction pour les historiens. Le fait reste pourtant que, quel que

soit le degré d'exigence, l'histoire se trouve, dans tous les cas de figure, vers les marges du spectre scientifique. La considérer ou non
comme une science est une simple question de vocabulaire ; le véritable problème est de définir ses structures et les règles de sa démarche.

La spécificité de l'histoire réside dans la profusion des faits et leur
hétérogénéité. Les données sont inépuisables et la cohérence de
l'ensemble n'est pas du tout évidente. L'historien doit procéder à un
tri sévère, à un choix extrêmement restrictif. Il choisira sans doute les
faits « importants » et « significatifs », mais c'est à lui de décider de
leur importance et de leur signification. La chute de l'Empire romain
en 476 fut longtemps considérée comme un tournant décisif de
l'histoire universelle. Personne ne l'avait remarquée à l'époque. On
peut se demander si l'événement eut vraiment lieu ! Le fait fut
« construit » ultérieurement. Chaque fait historique est en quelque
sorte « construit » par l'historien.

Il ne faut pas s'égarer dans une confusion d'ordre sémantique. Le
mot *histoire* désigne deux concepts tout à fait différents : d'une part
l'histoire qui *a été*, c'est-à-dire l'histoire « réelle », d'autre part le
discours sur l'histoire. Les deux sont loin d'être équivalents.
L'histoire « vraie » a été jouée une fois pour toutes et personne ne
peut la ressusciter, l'*histoire-discours* (ce que nous appelons généralement « histoire ») n'étant qu'un *récit simplifié, dramatisé et investi
de sens.*

Le choix des *faits*, leur agencement dans un *récit* et leur soumis-
sion à une *grille d'interprétation* : ces trois composantes essentielles
de la démarche historiographique dépendent d'un complexe de repères culturels et idéologiques. Ce n'est pas le passé, mais l'historien
qui domine le débat. Celui-ci est un producteur infatigable de *cohérence* et de *significations*. Il produit une sorte de « fiction » avec des
éléments vrais.

L'histoire suppose à la fois une mise en scène littéraire et une argumentation d'essence idéologique. Dans son *Metahistory* (1973),
ouvrage qui a agité les eaux de l'historiographie contemporaine, Hayden White n'hésitait pas à classer les productions historiques, y compris les philosophies de l'histoire, en quatre genres empruntés à la

théorie littéraire : le *romanesque* (« the romance »), le *tragique*, le *comique* et le *satirique*[3]. Dans un essai plus récent, consacré au « retour de la narration », l'historien britannique Peter Burke mélange volontiers romans historiques et ouvrages « scientifiques » d'histoire[4]... Après la psychose scientiste, les historiens redécouvrent les délices du récit et leurs exégètes le plaisir de l'analyse du texte en tant que *récit*.

Quant au chargement idéologique, explicite ou implicite, celui-ci est inévitablement présent, et à forte dose. Il est évident, par exemple, que la doctrine positiviste prônée par Auguste Comte structurait l'histoire en fonction des valeurs bourgeoises suprêmes de l'époque : la science et le progrès. Il est non moins évident que le mécanisme marxiste de l'histoire visait la libération du prolétariat et s'insérait dans une perspective eschatologique, millénariste (lutte des classes, succession des formations sociales conduisant à la société communiste). Mais comment interpréter l'historiographie « positive » et critique de la fin du XIXe siècle qui ne se souciait apparemment que des « faits » et du traitement méthodique des documents ? Comment interpréter le paradigme suivant, la « Nouvelle Histoire » de l'École des *Annales*, apparemment si détachée de la politique (au point de l'exclure de son projet historiographique) ? Même moins évidentes, les déterminations idéologiques sont toujours là. L'historien type de 1900, soucieux des faits et des documents, pratiquait une histoire politique, respectueuse de l'État et de ses institutions, et imbue de valeurs libérales et nationales. Il se sentait libre de toute idéologie justement parce qu'il baignait dans l'idéologie bourgeoise de l'époque. La « Nouvelle Histoire », par contre, estompa jusqu'à annuler le cadre étatique et national, les individus et les faits politiques ; elle mit l'accent sur les masses, sur les forces économiques, sur les faits collectifs ; une histoire « démocratique » proche, comme l'a démontré Hervé Coutau-Bégarie, de l'idéologie du socialisme français[5].

L'histoire est un discours du présent sur le passé, un discours multiforme relié aux sensibilités et aux idéologies (les « cent manières de faire l'histoire » dont parlait Guizot). La considérer ou non comme un produit de l'imaginaire, dépend de la définition qu'on donne de celui-ci. Si l'imaginaire était le « non-vrai », le domaine de la fiction pure, l'histoire (moins les fables et les forgeries) se trouverait pour l'essentiel hors de son domaine. Mais ce n'est pas notre conception de l'imaginaire. Suivant la démarche que nous avons proposée, l'imaginaire dépasse les catégories du « vrai » et du « non-vrai » ; il représente une structure mentale capable d'assimiler, selon ses règles, le vrai et le faux en égale mesure. Un mythe historique peut être inventé de toutes pièces, il peut aussi être construit en partant de faits indubitables. Alexandre le Grand, Charlemagne, Jeanne d'Arc, Napoléon sont à la fois des personnages réels et des héros mythiques. De la même manière, l'histoire entière est mythifiée, c'est-à-dire structurée et orientée suivant les critères de l'imaginaire.

Pour avoir une juste perception de l'étendue et des implications de l'imaginaire historique, nous devons préciser aussi que le discours sur l'histoire dépasse largement les limites d'une discipline constituée et d'un métier. La physique est faite par les physiciens, mais l'histoire est loin d'être la chasse gardée des historiens. Tout le monde participe, à plusieurs niveaux, à la fabrication et au renouvellement d'une conscience historique. La tradition orale, la propagande politique, l'école, l'Église, la presse, le livre, le cinéma, la télévision, contribuent à faire de l'imaginaire historique un champ extrêmement vaste et compliqué. L'opinion a tendance à simplifier et à dramatiser les faits, à les personnaliser, à les inscrire dans une dialectique manichéenne, à hyperboliser les données... Les mêmes penchants, plus ou moins discrets, se retrouvent dans le travail des historiens ; ceux-ci sont en même temps producteurs et récepteurs de mythes. Ils ne peuvent pas échapper à la pression sociale qui s'exerce sur eux. Ils ne font en définitive que prêter plus de rigueur et une certaine rationalité à une conscience mythique diffuse.

Nous respirons l'air d'une histoire qui possède la particularité d'être également vraie et fictive.

À la recherche d'une vérité transcendante

Les grandes structures de l'imaginaire que nous avons définies dans le premier chapitre se vérifient pleinement dans le discours historiographique et dans la conscience historique en général. Commençons par la plus fondamentale, qui est celle d'une réalité autre, d'essence supérieure à la réalité tangible, et qui s'exprime traditionnellement par le sacré.

Le *merveilleux* abonde dans l'historiographie antique et médiévale. Le lecteur sceptique d'aujourd'hui risque d'être dérouté par la profusion de signes et de symboles, et par la suite impressionnante de prodiges, de miracles, de présages, de prédictions, de rêves prémonitoires (et même de faits anodins chargés de signification). Il serait tenté de conclure à une grave carence de l'esprit critique. Ce n'est pourtant pas le cas. Les historiens en question s'avèrent bien capables de dissocier – quand ils le veulent – le vrai et le faux, de raisonner un mythe, de démonter une rumeur, de dénoncer une supercherie. Leur raison n'était pas plus fragile que la nôtre ! Ils n'acceptaient pas n'importe quel « signe », ils n'en acceptaient que certains. Ce n'était pas par défaut de raisonnement mais, par contre, par fidélité à une certaine manière de raisonner. Les signes qu'ils invoquaient n'étaient peut-être pas « vrais » au sens strict du terme, mais ils étaient sûrement « plus vrais » que les faits banals de l'existence quotidienne, parce que conformes à une vérité plus fondamentale, *transcendante*.

Citons Laurent Mattiussi qui a écrit un bel article sur « la fonction du merveilleux dans l'historiographie romaine de l'Empire » (1988) : « Le merveilleux ne s'impose pas de lui-même, il n'existe nulle part comme un en-soi. C'est pourquoi il peut se manifester, même au sein d'une même culture, sous des formes extrêmement variées : vol d'aigles, rougeoiement de la lune au cours d'une éclipse, interprété comme la couleur du sang, chiens reculant devant le hurlement des loups, oiseaux de nuit poussant des cris lamentables, lumière blafarde du soleil. Pour un regard orienté de manière à toujours lire le transcendant dans l'immanent, tout phénomène peut laisser transparaître une dimension radicalement autre qui n'enlève rien à ce que sont les choses d'un point de vue strictement objectif. Les efforts déployés par certains commentateurs pour fournir l'explication naturelle des prodiges sont vains : les Anciens la connaissaient parfois et cela ne les empêchait nullement de persister dans une attitude où l'on ne voit plus aujourd'hui qu'une ridicule crédulité parce que l'on méconnaît les principes dont elle procède. » Il s'agit en fait d'une « représentation achevée de la réalité où la nature est moins un instrument de jouissance et donc un objet d'exploitation planifiée que la messagère de l'au-delà ». Nous nous trouvons devant « la transfiguration d'une réalité qui peut être plate, morne, banale mais dont il faut faire apparaître la véritable substance »[6]. Les Anciens « mentaient » pour dire mieux la vérité.

La conception chrétienne de l'histoire, affirmée à la fin de l'Antiquité et au Moyen Âge, ne fit que tirer les dernières conséquences de cette double nature des choses. Aux prodiges antiques succédèrent les *miracles*, logiquement intégrés dans le schéma providentiel du monde. La manifestation plutôt anarchique des prodiges traditionnels fut soumise à un principe d'ordre rapporté au projet divin. L'histoire devint un « mystère » où Dieu, les saints et Satan avaient leur rôle à jouer. Les protestations rationalistes contre la présence « quotidienne » du miracle dans l'historiographie médiévale n'ont pas l'air très raisonnable. On peut renier les fondements de la religion, mais si on les accepte, le reste s'enchaîne naturellement. Ce ne sont pas la logique et la cohérence qui font défaut à l'historiographie médiévale, bien au contraire.

Le rationalisme moderne s'est proposé de détruire les bases de ce « dédoublement » mythique du monde. Il s'ensuivit ce que nous avons déjà constaté : non pas l'annihilation de la structure mythique, mais sa sécularisation, sa « traduction » en termes scientifiques et idéologiques modernes. Le terrain évacué par le sacré et la religion fut occupé par les philosophies de l'histoire. La même logique métaphysique anime les « lois de l'histoire » ou l'invocation d'un « cours » historique obligé et les interprétations mythologiques ou religieuses traditionnelles. Les dieux et la Providence furent remplacés par le jeu des déterminismes : le milieu géographique, la race, les forces économiques, le perfectionnement des sciences et de la raison furent tour à tour appelés pour infuser un *sens* à l'histoire. Deux grandes *croyances* dominèrent le débat au cours des derniers siècles : la *religion du progrès* et la *mystique nationale*. La première supposait l'action d'une force irrésistible menant l'humanité vers l'avenir, la seconde, un *esprit des peuples*, sorte de « double spirituel » individualisant et prédestinant les nations (et investissant les nations

« élues » de la mission de porter le flambeau du progrès). Sous un nom ou un autre, c'est toujours le *destin* qui agit, c'est toujours un *projet idéal* qui s'affirme, dont nous sommes les acteurs et les événements historiques des « signes » invitant à un décryptage.

À travers les époques et les idéologies, un archétype durable accomplit sa mission : la croyance qu'une force cosmique, une idée universelle ou un certain mécanisme dirigent les choses, prêtant ainsi un sens et une finalité à l'aventure humaine.

Les messagers du Destin

Le Destin se manifeste par ses élus. Ceux-ci se révèlent comme des intermédiaires entre la communauté des hommes et le monde « supérieur ». La vision commune de l'histoire est très « personnalisée ». Faits, valeurs, tendances, contradictions, s'incarnent dans des personnages adaptés à chaque circonstance. De temps en temps surgissent des hommes exceptionnels, bâtisseurs de religions ou d'empires, synthèses vivantes des forces cosmiques.

Le héros est « marqué » dès sa naissance, traditionnellement annoncée et accompagnée par des « signes ». Sa vie est exemplaire et sa mort, plutôt apparente, fait de lui un demi-dieu, un symbole fixé définitivement dans l'éternité. Les biographies impériales romaines rédigées par Suétone (imitées plus tard par Eginhard dans sa *Vie de Charlemagne*) offrent le modèle accompli de ces mortels qui ne sont pas comme les autres. Bons ou méchants, les empereurs mènent une carrière doublée par une profusion d'événements cosmiques et quotidiens merveilleux, autant de signes et de présages. Le plus comblé est évidemment Auguste, grand unificateur du monde, à une époque où le monde se confondait avec l'Empire romain. Sa mère aurait été fécondée par un serpent. Son corps était tacheté, avec « des signes sur la poitrine et sur le ventre, disposés comme les sept étoiles de l'Ourse »[7]. Voici, en quelque sorte, une réduction de l'Univers, ce qui faisait d'Auguste, explicitement, le représentant « terrestre » de la divinité.

La désacralisation n'a pas affecté essentiellement la typologie traditionnelle, les héros continuant à proposer des visages humains à toutes les pulsions de l'histoire. Aujourd'hui comme jadis, le personnage exceptionnel incarne le Bien ou le Mal, ou les deux ensemble (c'est le cas de Napoléon, héros type de l'époque moderne : Prométhée et Ogre, Christ et Antéchrist à la fois)[8]. Le héros peut travailler pour le Destin ou se révolter contre celui-ci. Voltaire proposait d'ailleurs une distinction entre les « grands hommes », auteurs des projets constructifs, et les « héros » jugés par lui comme des aventuriers de l'histoire. Pierre le Grand, qui avait métamorphosé un pays sauvage en grande puissance européenne, appartenait à la première catégorie ; son malheureux adversaire, Charles XII de Suède, qui avait ruiné la puissance de son pays, à la seconde[9]. Au XIXᵉ siècle, Carlyle donna l'expression la plus accomplie d'une histoire faite par les grands hommes, messagers de la Providence (*On Heroes, Hero-Worship and the Heroic in History*, 1841). Par contre, Marx réduisit considérablement leur éclat, soumettant l'action individuelle aux structures et aux évolutions socio-économiques. Interprétation reprise et nuancée par Plekhanov (*Le Rôle de l'individu dans l'histoire*, 1898), puis bafouée en pratique par le « culte de la personnalité » caractérisant les régimes communistes. Observons toutefois que la contradiction n'est qu'apparente entre la promotion et l'effacement des grands hommes ; discrètement ou tyranniquement, ceux-ci accomplissent la même mission : celle de matérialiser le schéma idéal de la Providence, du Destin ou des Lois de l'histoire.

La philosophie positiviste alla plus loin, jusqu'à évincer complètement les individus au bénéfice des forces sociales et des lois historiques (voir en ce sens Louis Bourdeau : *L'Histoire et les historiens, essai critique sur l'histoire considérée comme une science positive*, 1888). Perspective affinée par la « Nouvelle Histoire », au sens d'une analyse du passé centrée sur les structures et la « longue durée », où les grands personnages n'ont plus de véritable rôle à jouer. Le changement de cap opéré par Fernand Braudel est exemplaire à cet égard : il commença par s'intéresser à Philippe II, pour traiter ensuite de la Méditerranée, « personnage » évidemment plus massif et plus influent que le roi d'Espagne. Apparemment, l'histoire n'avait plus besoin des grands hommes ; elle pouvait travailler aussi bien, et même mieux, avec les masses. Cette démocratisation de l'histoire répondait à la démocratisation de la société moderne. Mais on peut bien vivre en démocratie sans renoncer au culte des héros. Il n'y a pas, à vrai dire, une modification en profondeur de la perception historique. Plus prudents que la « Nouvelle Histoire », d'autres courants historiographiques se sont bien gardés de sacrifier le récit et les héros. Même en France la biographie revient en force[10]. Aujourd'hui, tout contribue à « personnaliser » le passé comme le présent. La machine à fabriquer des héros fonctionne à plein rendement, trouvant des appuis précieux dans la télévision et la publicité. Il semble même que cette tendance aille en s'accentuant : à mesure que la vie ordinaire devient de plus en plus mécanique et anonyme, le besoin de modèles héroïques se fait de plus en plus sentir, comme une sorte de compensation. N'importe qui peut être divinisé : homme politique, artiste, footballeur ou *top model*. Dans ce contexte, il devient difficile de proposer une histoire vidée de ses personnages. L'archétype reste intact.

L'unité : entre l'Empire et les nations

Suivons les autres grandes structures de l'imaginaire et leur adaptation à l'histoire. L'*altérité* est omniprésente dans le discours historique, l'autre se situant à la fois dans l'espace et dans le temps. Fonctionnant suivant la logique de l'altérité, l'histoire construit des images qui dépendent moins des sociétés observées que du regard de l'observateur.

Le principe de l'*unité* – opposé et complémentaire de l'altérité – agit à plusieurs niveaux. Il y a en premier lieu, au niveau le plus élevé, unité au sens absolu du terme : unité cosmique, unité du genre humain et de l'histoire universelle, symbiose entre le registre divin, cosmique et humain.

Le concept d'*Empire* traduit cette signification globale. Deux exemples types : la Chine et l'Empire romain, centres du monde au sens fort du terme, constructions politiques à vocation universelle. L'Empire ne pouvait être qu'*un* ; la multiplication des empires à l'époque moderne, pour des raisons de prestige national, jure avec le sens universel originel. Le mythe de l'Empire romain a dominé l'imaginaire européen depuis l'Antiquité jusqu'à l'époque moderne. L'Empire a survécu (dans l'imaginaire) à sa disparition (réelle). Grec (byzantin) ou germanique (« restaurations » de Charlemagne, 800, et d'Otton le Grand, 962), l'Empire restait toujours « romain » et « universel ». Le projet de l'empire universel se trouve aussi au cœur de la Renaissance, qu'il s'agisse de l'empire toujours « romain » de Charles Quint qui rassemblait déjà une partie considérable de la planète, ou des empires « idéaux », situés sous le signe messianique de la « fin de l'histoire », comme ceux promis au roi d'Espagne (par Tommaso Campanella), au roi de France (par Guillaume Postel, puis par le même Campanella), au roi du Portugal (par Antonio Vieira)... Même l'expansion russe commença sous le signe de la « troisième Rome ». Après Rome et Constantinople, Moscou aspirait à devenir le centre d'un empire universel[11]. Le concept de l'unité chrétienne face à l'Islam et, inversement, de l'unité islamique face à la chrétienté, s'inscrivent dans la même structure mythique. Pour que l'unité universelle s'accomplisse, il y a toujours un autre à effacer, suivant la dialectique unité-altérité.

Pour les Anciens, nous l'avons déjà vu, l'espèce humaine était « éclatée ». Ce fut le christianisme qui, le premier, affirma explicitement son unité fondamentale et son destin unique. L'expression historiographique de cet universalisme fut la *chronique universelle*. Le monde devait être unifié dans la vraie croyance : attitude mentale qui a abouti à l'expansion européenne.

Au XIXe siècle, le mythe de la *nation* et de l'*État-nation* s'empara de l'imaginaire historique et politique. Cette nouvelle manière de découper le monde devint l'expression privilégiée de l'unité : *unité nationale*, se confrontant évidemment à d'autres synthèses similaires, à d'autres unités nationales. Le nationalisme devait marquer fortement et durablement l'historiographie et la conscience historique en général.

Mais qu'est-ce que la *nation* ? Dès le début les interprétations ont été divergentes, oscillant entre le « modèle allemand » et le « modèle français ». Les idéologues allemands insistaient sur la communauté de « sang » et de langue. L'interprétation française accentuait, bien au contraire, la dimension politique et volontariste du phénomène, regar-

dant la nation comme une « communauté de citoyens ». On naît allemand, on devient français. La dispute autour de l'Alsace prend tout
son sens par rapport à ces conceptions contradictoires, l'Alsace étant
allemande d'après la définition allemande, et française selon la définition française. Les exégèses récentes continuent à évoluer entre les
deux modèles, accentuant soit l'origine ethnique des nations modernes, soit leur essence politique et « contractuelle »[12].

En fait, cette condition équivoque est adaptée à la logique de
l'imaginaire. La nation incarne moins une réalité historique objective
qu'un projet idéal. Elle existe dans les consciences. Elle appartient à
l'imaginaire. Elle est un des grands mythes des temps modernes. Et,
comme toute structure de l'imaginaire, elle réunit la substance
« archétypale » (dans ce cas, les anciens liens de sang, les solidarités
de type tribal), aux valeurs nouvelles forgées par une histoire récente
(souveraineté du peuple, système politique représentatif). Les
« modèles » allemand et français doivent être considérés ensemble.
Ne demandons pas à l'imaginaire un choix trop cartésien ; suivant sa
perspective, le fonds ancestral et les acquis de la modernité ne
s'excluent guère. Se proposant de caractériser le fait national, Ernest
Renan évoquait justement le « consentement fondateur », sans oublier
toutefois les « ancêtres » et « l'héritage commun »[13]. En fonction de
l'angle sous lequel on la regarde, la nation apparaît comme très différente ou comme très proche de la tribu. Elle suppose en tout cas une
forte insertion de l'individu dans la communauté et une nette délimi-
tation envers les autres structures similaires.

Une fois consciente de sa propre existence, chaque nation, quelle
que soit sa taille réelle, se plaça au centre de la Création (mettant à
son profit le symbole archétypal du Centre). Pour Fichte, dans ses
Discours à la nation allemande (1807-1808), l'Allemand est le type
humain par excellence (parce que plus proche des origines, moins
corrompu par la marche de l'histoire) ; il lui revient donc la mission
« de veiller au développement de l'humanité »[14]. Pour Michelet, la
France se trouvait, par prédestination, en tête des nations[15]. À la
même époque, en 1843, le patriote italien Vincenzo Gioberti publiait
un livre traitant *De la primauté morale et civile des Italiens* : il y dé-
montrait que l'Europe était le centre du monde et l'Italie le centre de

l'Europe. Friedrich List, initiateur du Zollverein et précurseur de l'unité allemande, voyait autrement la question : « La race germanique – affirmait-il – a été désignée par la Providence, à cause de sa nature et de son caractère même, pour résoudre ce grand problème : diriger les affaires du monde entier, civiliser les pays sauvages et barbares, et peupler ceux qui sont inhabités »[16]. Pour les Russes slavophiles, les voies de la Providence étaient différentes, car « le destin du monde dépendait de la Russie »[17] (Pogodin, *Observations sur l'histoire russe*, 1846-1859) ; dans *La Russie et l'Europe* (1869), N. Danilevsky constatait que la marche de la civilisation a été dirigée successivement par les Latins et les Germains ; en pure logique, c'étaient les Slaves qui devaient prendre la relève... Les petites nations jouaient le même jeu ; si le présent ne les favorisait pas, elles trouvaient dans le passé les arguments d'un grand avenir. Les Grecs rêvaient à Athènes et à Alexandre le Grand, c'est-à-dire à leur gloire ancienne. Dans les pays roumains, l'« école latiniste » voyait dans l'histoire roumaine la continuation pure et simple de l'histoire *romaine*...

Ces conceptions diverses de l'*unité*, et implicitement de l'*autre*, se sont confrontées, et affrontées, souvent de manière sanglante, au long des deux derniers siècles. Le choix reste ouvert entre l'affirmation, plus ou moins conflictuelle, des identités et des prééminences nationales, et la recherche de synthèses plus amples, comme l'Empire, jadis, comme l'Europe, aujourd'hui.

Mythes fondateurs

Dans la transfiguration mythique de l'histoire, les mythes de fondation occupent une place à part. Ce sont des mythes au sens fort du terme car, si on se rapporte à la définition un peu restrictive de Mircea Eliade (*Aspects du mythe*, 1963), la fonction d'un mythe serait de raconter l'histoire sacrée d'une genèse, d'une *fondation*, expliquant ainsi et justifiant le monde et ses composantes, les communautés, les cités, les nations et les États.

Il y a une distinction à faire entre les *mythes d'origine*, au sens général du mot, et les *mythes de fondation*. Parfois, ces derniers manquent. Certaines communautés se résument à invoquer des mythes d'origine, ayant rapport à la création du monde ou à sa destruction et recréation (comme le quasi universel mythe du déluge), à la mise en place des attributs de la civilisation, etc. Marcel Détienne et ses collaborateurs ont identifié cette « manière de ne pas penser en termes de fondation » dans des espaces culturels aussi divers que ceux de l'Inde védique ou des Indiens forestiers de l'Amérique du Sud ; le Japon semble aussi tenté par l'invocation d'un temps « primordial sans rupture », c'est-à-dire sans fondation au sens propre du mot (*Tracés de fondation*, 1990).

Les mythes d'origine ont une diffusion universelle. La version « fondatrice », plus restrictive, suppose la séparation d'un « segment » de l'ensemble cosmique, la mise en place d'une histoire spécifique avec un point de départ (de rupture) bien déterminé et soigneusement remémoré grâce à un ensemble de *rites*. Les mythes d'origine sont « cosmiques », les mythes de fondation « historiques ».

Les fondations traditionnelles portent, comme les mythes d'origine en général, l'empreinte du *sacré*. Elles sont, d'autre part, très « individualisées », autour d'un dieu, d'un héros, d'un personnage exceptionnel. Les origines « autochtones » ne manquent pas, mais l'acte fondateur porte très souvent le cachet d'une intervention « extérieure », mettant en jeu une installation, une création nouvelle sur un territoire vierge de l'histoire. Parfois les origines intérieure et extérieure sont combinées comme dans le cas de certaines cités grecques. Même les solutions tout à fait « autochtones » ne manquent pas de faire intervenir un facteur « autre » dans la personne d'une divinité. Ainsi, les dieux régirent au début l'Égypte, la Mésopotamie et la Chine. Ce sont eux qui mirent tout en place, préparant le terrain des dynasties « humaines ».

Les mythes grecs de fondation évoluent entre *autochtonie* et *colonisation*. La première version est présente dans des cités fières de leur passé glorieux et de leur puissance, comme Athènes et Thèbes ; solution infléchie toutefois par des apports extérieurs, destinés à offrir un supplément de prestige, reliant les cités en question à des fondations encore plus anciennes, plus proches des origines. La tradition invoquait l'Égyptien Cécrops qui aurait posé les bases d'Athènes ; il enseigna aux habitants de l'Attique l'agriculture et le commerce, institua les lois du mariage et fonda le tribunal de l'Aréopage. Thésée, le deuxième grand fondateur de l'État athénien, avait une double origine : il était à la fois un autochtone et quelqu'un qui venait d'ailleurs. En ce qui concerne Thèbes, le facteur extérieur est représenté par Cadmos, le Phénicien, envoyé par son père, le roi Agénor, à la recherche de sa sœur Europe, enlevé par Jupiter ; il finit par s'établir en Béotie, où il bâtit la Cadmée, citadelle de la future Thèbes. Les solutions strictement « coloniales » sont, d'autre part, fréquentes ; cette typologie relève des correspondances avec l'histoire grecque réelle. Quelle que soit la diversité des schémas, le sacré est toujours présent, les dieux fondateurs « doublant » l'action des fondateurs humains[18].

Les Romains finirent par adopter à leur tour le principe d'une intervention extérieure, se rattachant aux Troyens ; après la chute de Troie, Énée, leur ancêtre, se réfugia avec ses compagnons dans le Latium. Fils de Vénus et d'Anchise, Énée reliait les Romains non seulement aux Troyens mais aussi au registre divin, suivant le schéma classique des mythes de fondation traditionnels ; son descendant Romulus, fondateur de Rome, passait pour fils de Mars.

Parfois, c'est un animal qui sert de « guide », indiquant au fondateur la voie vers la « nouvelle patrie ». Ce procédé ne fait que renforcer le côté merveilleux et symbolique. Le thème est fréquent dans plusieurs régions du monde. Strabon mentionne quelques légendes de ce genre parmi les tribus italiques. La chasse magique comme principe fondateur s'inscrit dans la tradition des peuples des steppes de l'Asie centrale et de l'Europe orientale. Les ancêtres mythiques des Huns et des Hongrois s'installèrent en Europe sur les traces d'une biche. La chasse de l'aurochs explique la fondation de la Moldavie ; Dragos, le premier prince du pays, s'arrêta à la place même où il réussit à tuer l'aurochs après une longue poursuite[19].

Les fondations « extérieures », inspirées de la mythologie classique, continuèrent leur carrière au Moyen Âge et à la Renaissance. Pour la France, une fondation strictement franque parut insuffisante ; suivant le modèle romain, les Francs furent investis d'une origine troyenne (évoquée déjà aux VIe et VIIe siècles, la légende fut vulgarisée au XIIe siècle par le *Roman de Troie* et au XIIIe par Vincent de

Beauvais). L'ancêtre des Francs, des Français et de la France devint ainsi Francion ou Francus, neveu d'Énée. Au XVIᵉ siècle, Ronsard consacra à ce mythe d'origine l'épopée de la *Franciade*. Les Anglais adoptèrent un modèle similaire ; le fondateur de la Bretagne s'appelait Brut ou Brutus, un arrière-petit-fils d'Énée. Grâce à lui l'Angleterre devint l'héritière des deux cités mythiques : Troie et Rome[20].

La Bible fut mise aussi à contribution. Des textes inédits (en fait, fabriqués) furent rassemblés en 1497 par Joannes Annius, moine de Viterbe, dans *De Antiquitatibus*, ouvrage promis à une brillante carrière. Il en ressortait une généalogie complète des peuples européens, chaque nation descendant des fils et petits-fils de Noé. Ainsi, Gomer, fils de Japhet, devint l'ancêtre des Gaulois. Le livre connut de nombreuses éditions au XVIᵉ siècle ; contentant tout le monde, il fut considéré comme une autorité dans l'épineux débat autour des origines[21].

Bien que plus récents, les mythes fondateurs américains sacrifièrent aussi au modèle « mystique » et « extérieur ». Les États-Unis sont, incontestablement, le résultat d'une colonisation. Mais cette prosaïque intervention extérieure ne parut pas suffisante aux pères fondateurs de la nation américaine. Ils la transfigurèrent, la rapportant aux anciennes migrations des Saxons et, plus encore, à l'exode biblique. Pour Jefferson – écrit Elise Marienstras, spécialiste de la question – « la parenté avec les Saxons est du même ordre mythique que celle qui unit les Américains aux Hébreux ; il proposera de représenter sur le sceau des États-Unis les deux grandes traversées ancestrales : celle de la mer par les chefs saxons et celle du désert par les enfants d'Israël »[22]. Le continent américain était vu comme « le lieu du recommencement absolu », grâce à une fondation qui, au-delà de ses données réelles, plongeait ses racines dans le mythe et le sacré.

Ce furent toutefois les *origines autochtones* qui commencèrent à être valorisées à l'époque moderne. L'intérêt croissant manifesté au XVIᵉ siècle pour les Gaulois, aux dépens des Francs, donnait déjà un avant-goût de modernité. Il y avait, bien sûr, la solution de compromis entre les facteurs intérieur et extérieur ; celle-ci s'avéra toutefois labile, favorisant l'une ou l'autre des composantes, et de plus en plus la composante autochtone. En France, « nos ancêtres les Gaulois » gagnèrent progressivement du terrain, pour s'imposer catégoriquement au XIXe siècle. Même la Révolution française fut interprétée comme une revanche des Gaulois sur les Francs, la victoire du peuple autochtone opprimé sur les aristocrates germaniques envahisseurs. Le facteur romain fut aussi pris en compte, mais plutôt comme mythe civilisateur que comme mythe d'origine : fonction mise en relief par la Troisième République, car elle correspondait au projet colonial et civilisateur français. Mais le véritable ancêtre resta Vercingétorix et non Jules César[23].

En Russie, la version traditionnelle de la fondation de l'État médiéval par les Vikings (Varègues) était déjà combattue au XVIIIe siècle par Lomonossov, au nom du patriotisme russe. Le débat continua, avec une tendance toujours plus forte en faveur des Slaves autochtones. L'historiographie soviétique finit par marginaliser complètement les Varègues ; comment imaginer une Russie fondée par une peuplade germanique ?

Les Roumains misèrent longtemps sur leur origine romaine, allant jusqu'à ignorer complètement les autres éléments du mélange ethnique (les Daces et les Slaves). Dans une étape ultérieure (deuxième moitié du XIXe siècle), l'idée dominante devint la fusion daco-romaine. Puis, les Daces s'installèrent au premier rang. Les « premières origines » ne furent plus recherchées à Rome, mais dans l'antiquité dace et, plus profondément, dans la préhistoire autochtone[24].

Cette redistribution des jeux correspond à la phase nouvelle, à la fois « scientifique », nationaliste et démocratique, du discours historique. Les interventions fabuleuses ou fortuites ne s'assortissent plus aux conceptions modernes. Le mécanisme de l'histoire doit fonctionner essentiellement par ses propres ressources. La fondation n'est plus conçue comme une rupture, elle s'insère dans le développement organique d'une communauté ou d'une civilisation. Les *racines* comptent plus que la « noblesse » de l'origine.

La tradition attribuait à Guillaume Tell la fondation de la Suisse. Le XIXe siècle trouva une solution plus « scientifique » et plus séduisante. Étudiant les vestiges des habitations lacustres préhistoriques, l'archéologue Ferdinand Keller eut la révélation d'une parfaite unité et continuité. Les tribus « lacustres » et les autres habitants de la région appartenaient au même peuple, perpétué au cours des âges successifs de la pierre, du bronze et du fer. Il s'ensuivait que les Suisses d'aujourd'hui étaient les lacustres du début de l'histoire, sans la moindre solution de continuité. La Suisse ne date pas du XIIIe siècle ; elle est déjà préfigurée dans les temps préhistoriques[25].

La Belgique apparaît sur la carte de l'Europe en 1830. Son origine incontestable se trouve dans le partage des Pays-Bas espagnols pendant la deuxième moitié du XVIe siècle, quand la Hollande protestante s'est séparée du reste du pays resté fidèle au catholicisme et à l'Espagne. Mais pour le grand historien belge Henri Pirenne (dans son *Histoire de Belgique*, 1900-1932), ce pays, loin d'être une création conjoncturelle, présente une « histoire commune », détectable déjà dans la Belgique romaine puis dans l'Empire carolingien (« la civilisation carolingienne a trouvé dans la Belgique son expression peut-être la plus complète, la plus classique »)[26]. Le peuple belge existait déjà au Moyen Âge. Sa constitution en État ne fut que la conséquence d'une réalité préexistante.

Les pays roumains (Valachie et Moldavie) furent fondés au XIVe siècle. La Roumanie date de 1859 et de 1918. Entre l'État antique des Daces et les formations politiques roumaines il y a une solution de continuité plus que millénaire. Elle fut toutefois éliminée grâce à une sorte de raccourci qui investit l'État dace de la mission de représenter et de préfigurer la Roumanie moderne ; celle-ci ne serait que la « re-fondation » d'une réalité géo-politique primordiale.

Très curieuse aussi est la place occupée dans la conscience historique hongroise par Attila (personnage plutôt « négatif » dans l'imaginaire européen). Son Empire, installé dans la plaine du Danube cinq siècles avant l'arrivée des Hongrois, prolonge les racines de l'État hongrois médiéval et moderne et lui transmet une mission impériale[27].

Le jeu, une fois généralisé, invite à la surenchère. Qui accepterait de se placer en position moins glorieuse que les autres ? Ainsi, les Turcs purent invoquer les Hittites, fondateurs d'un puissant empire en Asie Mineure, trois mille ans avant l'installation des actuels maîtres du pays. L'État irakien se présente comme le plus ancien du monde ; nous reviendrons sur la signification politique de ce dernier mythe.

En fait, les mythes fondateurs, traditionnels ou modernes, remplissent tous la même fonction, celle de mettre en évidence une « réalité » primordiale et permanente, une « préexistence » et une « prédestination ». Remonter le fil du temps jusqu'aux premières origines – temps sacré des dieux et des héros ou genèse des civilisations – assure à une fondation ses titres de noblesse, une sorte de prééminence parmi les autres, une garantie de pérennité.

Les mythes se caractérisent aussi par leur réactualisation périodique. Ce phénomène se vérifie aisément dans le cas des mythes de fondation. À défaut d'une permanente incantation, l'énergie intacte des origines risque de se dissiper. On doit raffermir la construction sans cesse. Les nouvelles fondations ne font d'ailleurs que reprendre et remémorer, comme dans un rituel magique, la fondation originelle.

Dans l'Angleterre médiévale, Brut et sa fondation initiale passèrent le flambeau au mystérieux roi Arthur, dernier défenseur de la Bretagne romaine. Légende invoquée plus tard par Henri Tudor qui, réunifiant le pays, après la guerre des Deux-Roses, procéda à une nouvelle fondation, mais au nom d'une Angleterre éternelle[28]. Pour la France, il serait fastidieux de procéder à un recensement d'événements et personnages fondateurs. Vercingétorix et Clovis, Charlemagne, les grands rois, Jeanne d'Arc, la Révolution française, s'inscrivent dans une permanente répétition et consolidation de la fondation originelle. Pétain et de Gaulle invoquèrent, chacun à sa manière, la même France éternelle, afin de justifier des fondations qui se voulaient à la fois nouvelles et ancrées dans l'histoire : État de Vichy et Cinquième République. Les moments « forts » de l'histoire sont évidemment très sensibles aux variations et aux divergences idéologiques ; ils sont repris, jugés et valorisés sans cesse. Même perdu dans la nuit des temps, l'acte fondateur reste inscrit dans une permanente actualité.

Lire l'avenir : le cercle ou la ligne droite ?

L'histoire devrait s'occuper du passé. Elle s'en occupe, naturellement, mais avec des arrière-pensées qui donnent un certain sens à sa démarche. Sa double ambition est de servir le présent et d'éclairer l'avenir. L'imaginaire divinatoire se trouve au cœur du projet historique. Si rien n'est fortuit, si tout s'enchaîne, si les faits sont des signes, il devient légitime d'essayer un décryptage et de lire l'avenir par l'intermédiaire du passé. En Chine, l'amalgame passé-avenir semblait dans la nature des choses. La fonction d'historiographe s'est long-temps confondue avec celle de « scribe des divinations »[29]. Les philo-sophies de l'histoire ne font que s'inscrire dans ce courant ; des faits historiques connus, elles « devinent » le processus entier et le destin de l'homme. Même les analyses ou les récits ponctuels des historiens de métier sont placés, sciemment ou non, sur l'un ou l'autre des grands axes du devenir historique.

La conception traditionnelle dominante est celle de l'histoire cycli-que (mythe de l'*éternel retour*). Des systèmes cycliques rigoureux, comme celui imaginé par les Indiens, ont coexisté avec des tendances cycliques moins élaborées[30]. Dans une telle perspective, l'avenir cor-respond à une inévitable décadence. Les Grecs de l'époque classique ne furent pas insensibles à l'idée de progrès. Mais c'était surtout le passé qui portait son empreinte ; l'avenir était une notion assez vague. Les segments de temps traités par les historiens ne s'inséraient pas d'habitude dans un schéma cyclique explicite. La sensibilité d'ensemble et les grandes théories philosophiques penchaient cepen-dant de ce côté, ce qui limitait les perspectives d'une évolution conti-nue, pourtant présente en germe dans la pensée grecque. Tout s'épanouissait pour décliner ensuite et sombrer dans la mort, quitte à renaître après. Polybe l'a dit en quelques phrases mémorables : « Lorsque des inondations, des épidémies, une disette ou d'autres causes du même ordre déciment le genre humain, comme nous savons que cela s'est produit avant nous et comme il est vraisemblable que cela arrivera encore bien des fois, les institutions, les arts, tout sombre dans ce cataclysme ; puis, de ceux qui ont échappé au désastre sort à la longue, ainsi que d'une semence, une humanité nouvelle. »[31] L'incapacité des Anciens de concevoir un progrès continu fut proba-blement une des causes du démembrement de la civilisation antique, minée par une sorte de blocage mental, de manque de confiance.

Au lieu du cercle, le judaïsme, puis le christianisme, valorisèrent la ligne droite. L'histoire se déroulait une fois pour toutes, elle *progres-sait*, mais dans un sens transcendant et entre les bornes d'un intervalle limité[32]. L'avenir, peut-être un avenir très proche, appartenait à la fin des temps et au Jugement dernier. Cette nouvelle conception n'était pas dépourvue d'attaches cycliques, identifiables dans la répétition de certains thèmes fondamentaux : le déluge de Noé préfigurant la fin du monde, le Christ apparaissant comme un nouvel Adam et, évidemment, la rémémoration permanente de l'histoire sacrée par le cycle liturgique. Somme toute, la ligne droite est strictement orientée ; elle privilégie l'avenir par rapport au passé.

Tout se joue finalement entre le *cercle* et la *ligne droite*, comme figures simples ou combinées. L'histoire sécularisée embrassa au XVIIIe et surtout au XIXe siècle la religion du progrès, c'est-à-dire une évolution linéaire, de plus en plus longue et de plus en plus ascendante, reliant la préhistoire au présent et le présent à un avenir lointain. L'histoire cyclique continua aussi sa carrière. Les « corsi » et « ricorsi » de Vico en portent témoignage pour le XVIIIe siècle. Mais ce fut la crise de l'idée de progrès qui la projeta de nouveau, depuis une centaine d'années, au premier rang de la pensée historique. Spengler annonça en 1918 le *Déclin de l'Occident*, prédiction d'autant plus impressionnante qu'elle semblait confirmée par les lendemains de la Grande Guerre. Après la Deuxième Guerre, le « déclin » parut une solution « douce » par rapport à une possible fin nucléaire, réactualisant, dans un contexte différent, l'Apocalypse religieuse.

Le Progrès et la Décadence sont susceptibles de toutes sortes de combinaisons. Ainsi, le déclin de l'Occident, périodiquement annoncé, devait permettre, d'une époque à l'autre ou d'une idéologie à l'autre, la montée du monde slave, ou du système communiste, ou du tiers-monde... Les deux figures continuent de s'entrecroiser, promettant, d'une manière sibylline, le meilleur et le pire, au choix.

Un discours conflictuel

L'histoire est une science essentiellement conflictuelle où les principes opposés s'affrontent sans cesse, suivant la logique de l'imaginaire. Le discours historique est structuré sur un jeu inépuisable d'oppositions : entre nous et les autres, entre le Bien et le Mal, entre Christ et Antéchrist...

Tout commence, avec Hérodote, par la mise en scène de ce qui fut à l'époque une guerre mondiale : le conflit entre le monde barbare dominé par les Perses et le monde grec, conflit entre despotisme et démocratie. Thucydide, deuxième père fondateur de l'histoire, choisit à son tour un conflit majeur et deux principes opposés : la guerre du Péloponnèse, avec ses grands acteurs : Athènes et Sparte. Polybe médita longuement sur les guerres et les victoires de Rome... On aurait pu inventer un autre genre d'histoire, plus structurel et moins conflictuel. On ne l'a pas fait, parce que apparemment nous sommes « programmés » à penser ainsi (le type de discours des médias ne fait que confirmer la séduction exercée par tout ce qui signifie rupture et affrontement).

Le discours chrétien et médiéval s'aligna sur le schéma augustinien de la confrontation entre les deux cités, divine et terrestre. Satan et l'Antéchrist devinrent les symboles du désordre cosmique, illustré sur la terre par les infidèles et les hérétiques, et par l'Islam en premier lieu (tandis que pour les musulmans le monde « opposé » était, en pure logique, l'Europe chrétienne).

La philosophie des Lumières inversa le schéma, dénonçant avec mépris la superstition et l'intolérance régnant au Moyen Âge. L'axe essentiel de l'évolution humaine devint l'antagonisme entre la Raison et la pensée prélogique (religieuse, superstitieuse).

Puis, l'idéologie nationale situa l'histoire sur le terrain des oppositions entre nations et États. L'« ennemi héréditaire » s'érigea en facteur historique de première importance. Les historiens français mirent en relief la longue suite d'affrontements franco-anglais et franco-allemands ; le même type de conflit fut valorisé entre Russes ou Slaves et Allemands, entre peuples balkaniques et Turcs, entre Roumains et Hongrois, etc. La confrontation entre les races devint à son tour un principe d'interprétation historique : race blanche menacée par les non-Blancs, race blanche civilisant les non-Blancs, Aryens, élite blanche, confrontés aux autres groupes raciaux... On put justifier ainsi l'esclavage, puis le colonialisme, et, plus tard, à l'époque nazie, l'expansionnisme allemand. La lutte des classes formulée par Marx (esclaves contre maîtres, serfs contre féodaux, prolétaires contre bourgeois) découle de la même logique d'affrontement. Ces trois principes antagoniques – *lutte des nations, lutte des races, lutte des*

classes – marquèrent fortement le discours historique des deux derniers siècles. D'autres oppositions : démocratie-totalitarisme, monde
capitaliste-monde communiste, Occident-tiers-monde, Nord-Sud,
complétèrent le tableau à une époque plus récente.

La France offre l'exemple d'une mythologie historique et politique
particulièrement conflictuelle ; les « deux France » (entités à géométrie variable opposant révolutionnaires et contre-révolutionnaires,
progressistes et réactionnaires, catholiques et laïques, droite et gauche...) s'affrontent depuis deux siècles par l'intermédiaire d'un panthéon national éclaté et des événements interprétés au gré des idéologies[33].

Inutile de préciser que « nous » et les « autres », les bons et les méchants, ne sont pas invariablement les mêmes ; ils interprètent des rôles
interchangeables, la distribution dépendant du « metteur en scène ».

La fin de l'objectivité

Suivant les procédés que nous avons rapidement passés en revue,
l'histoire est irrésistiblement « adaptée ». Ce qui change est uniquement le degré et la manière de l'adaptation. Les grandes lignes archétypales du discours restent constantes, mais se combinent et se concré-
tisent dans une grande variété de modèles. Tout contribue à façonner
le discours sur le passé : l'espace géographique et de civilisation,
l'héritage culturel, le contexte mental, la conjoncture historique, la
formation de l'historien, et, d'une manière décisive, l'éventail des
idéologies. Plus une idéologie est transformiste, plus elle agit sur le
passé comme sur le présent. L'invention d'un monde nouveau passe
aussi par la réinvention de l'histoire[34]. Une idéologie moins structurée
et moins agressive agit plus discrètement, mais elle agit tout de
même. Il n'existe pas d'histoire « objective ».

S'appuyant sur les mêmes données, les historiens imaginent des
scénarios d'une variété déroutante. Nous avons déjà évoqué un
exemple classique : les origines de Rome (tiraillées entre le respect et
le rejet de la tradition, les découvertes archéologiques « confirmant »
en égale mesure les thèses divergentes). La reconstitution des faits

reste pourtant le niveau le plus élémentaire et le plus concret de la démarche historique. Les connexions et les interprétations soulèvent des problèmes encore plus complexes.

La marque d'une histoire scientifique serait précisément son aptitude à dégager les *causes* des événements et des évolutions. Mais ces causes, si assidûment recherchées, ne sortent pas de l'histoire, mais de l'imagination des historiens ! Il n'y a aucune possibilité de vérifier leur validité. Quel serait le poids précis de Napoléon dans les évolutions de l'époque « napoléonienne » ? Pour le savoir on devrait être en mesure de refaire l'histoire sans lui. Quelle serait la place des chemins de fer dans l'économie américaine du XIXe siècle ? Leur rôle, considéré comme déterminant, a été presque annulé par une démonstration mathématique, d'allure expérimentale (modèle contrefactuel d'une économie américaine sans chemins de fer), mais elle aussi contestable (Robert Fogel, *Railroads and American Economic Growth*, 1964). L'expérimentation, l'expérimentation authentique, est refusée aux historiens. Rien de plus aléatoire finalement que l'étude « scientifique » des causes. Quant aux théories générales, aux philosophies de l'histoire, leur diversité n'a comme limite que l'imagination des historiens et des philosophes et l'éventail des idéologies[35].

Il suffit de feuilleter les manuels scolaires publiés dans les quatre coins du monde, pour constater le traitement non seulement différent, mais souvent contradictoire, des mêmes faits et évolutions[36]. L'histoire est un drame, réécrit sans cesse, avec des faits vrais mais disposés suivant des règles spécifiques qui correspondent aux structures et aux penchants de l'imaginaire.

Notes

1. Gilbert Durand, *Les structures anthropologiques...*, p. 424.
2. Citons, dans cet ordre d'idées : Auguste Comte, *Cours de philosophie positive* (1830-1842) ; Henry Thomas Buckle, *History of Civilization in England* (1857-1861) ; Louis Bourdeau, *L'Histoire et les historiens, essai critique sur l'histoire considérée comme une science positive* (1888).

3. Hayden White, *Metahistory. The Historical Imagination in Nineteenth-Century Europe*, The Johns Hopkins University Press, Baltimore-London, 1973.

4. Peter Burke, « History of Events and the Revival of Narrative », dans *New Perspectives on Historical Writing* (sous la direction de Peter Burke), The Pennsylvania State University Press, 1992 et 1993, p. 233-248.

5. Hervé Coutau-Bégarie, *Le Phénomène « Nouvelle Histoire ». Stratégie et idéologie des nouveaux historiens*, Economica, Paris, 1983 ; 2ᵉ édition entièrement refondue avec le sous-titre *Grandeur et décadence de l'école des Annales*, 1989.

6. Laurent Mattiussi, « La fonction du merveilleux dans l'historiographie romaine de l'Empire », dans *Storia della Storiografia*, Jaca Book, Milan, 13, 1988, p. 3-28.

7. Suétone, *Vies des douze Césars*, 2, 80.

8. Pierre Tulard, *Le Mythe de Napoléon*, Armand Colin, Paris, 1971.

9. Voltaire, *Histoire de Charles XII* (1731) ; *Histoire de la Russie sous Pierre le Grand* (1759-1763).

10. On considère comme un véritable « tournant » le remarquable succès enregistré en France par le livre de Paul Murray Kendall consacré à Louis XI (publié en édition anglaise en 1971, et puis en France en plusieurs éditions : 1974, 1976, 1977, 1978, 1983, 1984, 1995…).

11. La théorie des « quatre royaumes » (formulée dans le *Livre de Daniel*) résumait l'histoire du monde dans la succession des Empires assyro-babylonien, perse, gréco-macédonien et romain. En ce qui concerne la perpétuation imaginaire de l'Empire romain, nous renvoyons à notre livre *La Fin du monde. Une histoire sans fin*, p. 35-53, 86 et 90-92.

12. Pour l'interprétation ethnique voir, par exemple, Anthony Smith, *The Ethnic Origins of Nations*, Blackwell, Oxford-Cambridge (Mass.), 1986. L'opinion contraire, conforme au modèle français, chez Dominique Schnapper, *La Communauté des citoyens. Sur l'idée moderne de nation*, Gallimard, Paris, 1994.

13. Ernest Renan, *Qu'est-ce qu'une nation*, Calmann-Lévy, Paris, 1882 ; « La considération ethnographique n'a été pour rien dans la constitution des nations modernes. La France est celtique, ibérique, germanique » (p. 15). « La langue invite à se réunir ; elle n'y force pas » (p. 19-20). « Une nation est une âme, un principe spirituel » (p. 26). On concède tout de même un certain rôle aux « ancêtres » et aux « souvenirs » (p. 26).

14. Johann Gottlieb Fichte, *Discours à la nation allemande*, Aubier-Montaigne, Paris, 1975, p. 275.

15. Jules Michelet, *Introduction à l'histoire universelle*, 3ᵉ édition, Hachette, Paris, 1843 : « L'auteur arrivait, et par la logique et par l'histoire, à une même conclusion : c'est que sa glorieuse patrie est désormais le pilote du vaisseau de l'humanité », p. VI.

16. Sur les arguments de List et de Gioberti, des détails dans l'ouvrage de Georges Weill, *L'Europe du XIXe siècle et l'idée de nationalité* (collection « L'Évolution de l'humanité »), Albin Michel, Paris, 1938, p. 99 et 117-122.

17. Une bonne orientation sur le courant slavophile dans l'historiographie russe du XIXe siècle, dans le *Dictionnaire des sciences historiques* (éd. André Burguière), article « Russie/URSS », par W. Berelowitch, p. 616-618.

18. Nos considérations sur les mythes fondateurs traditionnels doivent beaucoup à l'enquête dirigée par Marcel Détienne, *Tracés de fondation*, Peeters, Louvain-Paris, 1990.

19. Sur la chasse comme principe fondateur, la référence essentielle est l'essai de Mircea Eliade, « Le prince Dragos et la " chasse rituelle " » dans *De Zalmoxis à Gengis Khan*, Payot, Paris, 1970, p. 131-161.

20. Claude-Gilbert Dubois, *Celtes et Gaulois au XVIe siècle*, J. Vrin, Paris, 1972 ; Michael Edwards, « La Légende arthurienne et la lecture mythique de l'histoire », dans *Storia della Storiografia*, 14, 1988, p. 23-35.

21. Claude-Gilbert Dubois, *op. cit.*, p. 25-28.

22. Elise Marienstras, *Les Mythes fondateurs de la nation américaine. Essai sur le discours idéologique aux États-Unis à l'époque de l'indépendance (1763-1800)*, Maspero, Paris, 1976, p. 59.

23. Christian Amalvi, *De l'art et la manière d'accommoder les héros de l'histoire de France. Essais de mythologie nationale*, Albin Michel, Paris, 1988 (chapitre « Vercingétorix ou les métamorphoses idéologiques et culturelles de nos origines nationales », p. 51-87).

24. Lucian Boia, « Mythologie historique roumaine (XIXe et XXe siècles) », dans *Analele Universitatii Bucuresti*, istorie, 1993-1994, p. 3-22 ; pour une information plus détaillée, Lucian Boia, *Istorie si mit in constiinta romaneasca*, Humanitas, Bucarest, 1997.

25. Ferdinand Keller, *The Lake Dwellings of Switzerland and other parts of Europe*, Longmans, Londres, 1866.

26. Henri Pirenne, *Histoire de Belgique des origines à nos jours*, La Renaissance du Livre, Bruxelles (sans date), vol. I, p. 37.

27. Amédée Thierry, *Histoire d'Attila et de ses successeurs*, 2 volumes, Didier, Paris, 1856 (ouvrage ancien mais toujours utile pour la partie mythologique) ; on peut trouver aussi des informations intéressantes dans le volume *Attila : les influences danubiennes dans l'ouest de l'Europe au Ve siècle*, Musée de Normandie, Caen, 1990.

28. Michael Edwards, *op. cit.*

29. Léon Wandermeersch, « L'imaginaire divinatoire dans l'histoire en Chine », dans *Storia della Storiografia*, 14, 1988, p. 12-22.

30. Au sujet des théories cycliques, nous renvoyons à Mircea Eliade, *Le Mythe de l'éternel retour,* et à notre ouvrage *La Fin du monde. Une histoire sans fin.* Pour le débat autour de l'histoire cyclique et du progrès dans l'Antiquité, voir : Roger Caillois, « Temps circulaire, temps rectiligne », dans *Diogène,* 42, 1963, p. 3-14 ; Arnaldo Momigliano, « Time in Ancient Historiography », dans *History and Theory,* Beiheft 6, 1966, p. 1-23 ; Pierre Vidal-Naquet, « Temps des dieux et temps des hommes », dans *Le Chasseur noir,* Maspero, Paris, 1983, p. 69-94.

31. Polybe, *Histoires,* VI, 5. Polybe s'inspire principalement des considérations de Platon sur l'histoire cyclique et la « grande année », exprimées dans *Le Politique* et *Les Lois.*

32. Mircea Eliade, *Aspects du mythe,* p. 83-84 et 204-206 ; Lucian Boia, *La Fin du monde. Une histoire sans fin,* p. 40-44 et 55-58. En particulier, pour la conception médiévale du temps, Bernard Guenée, *Histoire et culture historique dans l'Occident médiéval,* Aubier, Paris, 1980, p. 147-165. Sur l'histoire de l'idée du progrès, le livre classique de John Bagnell Bury, *The Idea of Progress,* Londres, 1920.

33. Une remarquable analyse de ce dédoublement mythique d'une nation est offerte par l'article de Christian Amalvi, « Recherches sur les fondements et les interprétations historiographiques du mythe des deux France », dans *Études d'historiographie* (sous la direction de Lucian Boia), Université de Bucarest, 1985, p. 193-216.

34. Ainsi, dans notre *Mythologie scientifique du communisme,* nous avons constaté une double reformulation du passé, la première correspondant à la phase « internationaliste » et la deuxième au glissement nationaliste de ce phénomène politique.

35. Ces considérations résument les arguments de notre livre déjà cité, publié en roumain : *Jocul cu trecutul* (Le jeu avec le passé).

36. Une enquête sur ce sujet, fatalement incomplète, dans le livre de Marc Ferro, *Comment on raconte l'histoire aux enfants,* Payot, Paris, 1981.

CHAPITRE VII

Mythes politiques

Le recours à l'histoire

Il y a un risque à traiter des mythes politiques après avoir évoqué la mythologie de l'histoire : c'est de se répéter tout simplement ou, au mieux, d'exprimer d'une manière différente les mêmes figures de l'imaginaire. Les mythes historiques supposent une déformation du passé par rapport au présent, les mythes politiques – très souvent – une déformation du présent par rapport au passé. Le passé est inévitablement « politisé » et le présent « historicisé ». Les mêmes structures mythiques agissent dans les deux cas, seule leur fonction les situant plutôt dans le camp de l'histoire ou plutôt dans celui de la politique courante.

La *nostalgie* du passé est une constante, et son *idéalisation* aussi, ce qui explique l'invocation de l'âge d'or et le regret du « monde que nous avons perdu ». Dans des variantes plus ou moins proches de l'archétype, l'âge d'or peut fonctionner et fonctionne effectivement comme mythe politique [1]. Depuis le démarrage de la révolution industrielle, son rôle a été de combattre la destruction des structures traditionnelles et des équilibres naturels et, sinon d'annihiler, du moins de freiner la frénésie technologique. Du « rousseauisme » des Lumières à l'écologisme contemporain, un large courant de sensibilité s'est affirmé, dénonçant le progrès à tout prix, au nom – explicitement ou implicitement – de la pureté des origines. Attitude à la fois révolutionnaire, car s'opposant au système en place et aux tendances dominantes, et conservatrice, voire réactionnaire, dès lors qu'elle cherche à actualiser un modèle dépassé par l'histoire. Cette condition équivoque permet à l'âge d'or de se manifester aussi bien à gauche qu'à droite. Aujourd'hui, l'écologie est de gauche ; il y a eu aussi un certain socialisme tenté par le mirage du monde préindustriel. Mais Charles Maurras dénonçait aussi la pollution, et le régime de Vichy recommandait le retour à la terre (« La terre, elle, ne ment pas », assurait le maréchal Pétain[2]).

L'âge d'or n'est qu'un cas particulier de recours global à l'histoire, à tous les modèles, réels ou fictifs, ou réels et fictifs à la fois, que l'histoire semble susceptible de proposer au présent.

Les repères offerts par l'histoire gréco-romaine bénéficièrent, jusqu'à une époque assez récente, d'un prestige immense. Le Saint-Empire, prolongé jusqu'en 1806, ne fut qu'une actualisation du modèle impérial romain, un mythe politique matérialisé. Lorsque la Révolution française mit en œuvre un projet alternatif, elle le justifia toujours par l'appel à l'Antiquité. Les grandes références historiques des jacobins furent Sparte et la Rome républicaine : modèles indépassables de civisme, de dévouement, de sacrifice pour la patrie. Discours de Saint-Just, toiles de David, bonnet phrygien : tout se rattachait à un passé deux fois millénaire, exemple significatif d'une expérience politique tournée vers l'avenir mais cherchant une caution chez les Anciens. Apparemment, ceux-ci avaient inventé à la fois la monarchie idéale et la république idéale. Le consulat, puis l'Empire napoléonien puisèrent dans le même fonds d'institutions et de symboles. Un siècle plus tard, Mussolini et le fascisme italien furent hantés par une obsession similaire, encore plus incongrue vu les nouvelles circonstances : celle de refaire l'Empire romain.

Grâce aux romantiques, le Moyen Âge devint à son tour un modèle : modèle multifonctionnel comme tous les modèles historiques. En 1802, *Le Génie du christianisme* de Chateaubriand envisageait justement la réactualisation de certaines valeurs médiévales pour faire échec à l'esprit des Lumières et de la Révolution, ce qui préparait déjà le terrain pour la Restauration de 1815. D'autres romantiques amoureux du Moyen Âge exaltèrent le peuple et les principes démocratiques. Le Moyen Âge servait aussi bien la monarchie que la révolution. Ce fut par lui également qu'on exalta l'idée de nation, l'histoire médiévale témoignant de la naissance des peuples européens et de leur jeunesse héroïque et glorieuse. L'idéologie nationaliste trouva ainsi son plus fort appui dans une époque qui n'avait pas même soupçonné l'essor du nationalisme moderne[3]. Même le XXe siècle ne resta pas insensible aux valeurs médiévales. Le dépassement du libéralisme bourgeois, étroitement individualiste, pouvait passer par *Un nouveau Moyen Âge*, selon la thèse défendue par Nicolas Berdiaeff dans un livre publié en 1927. Cela signifiait une société hiérarchisée, non individualiste, non concurrentielle, et fondamentalement religieuse : la société de demain.

Le monde de demain des totalitarismes s'inspira aussi des précédents historiques. Si pour Mussolini la référence était l'Empire romain, Hitler remonta beaucoup plus loin dans le passé, invoquant les mystérieux Aryens comme modèles du projet national-socialiste, mais sans négliger pour autant les fastes « romains », comme le prouvent les grandioses projets architecturaux d'Albert Speer. Lénine, plus réaliste, se réclama de la tradition révolutionnaire et, en particulier, des jacobins, qui lui offrirent l'ébauche du parti bolchevique. Autre repère communiste : la Commune de Paris de 1871 qui prouvait, malgré son échec, la faisabilité du projet, tout en mettant en garde contre certaines erreurs qu'on ne devait plus répéter. Mais, sur un plan plus général, le projet communiste invoquait l'ensemble du processus historique. La lutte des classes et l'évolution de l'humanité d'une formation sociale à l'autre jalonnaient un tracé à sens unique, fermement orienté vers la société communiste de l'avenir[4].

Les mythologies politiques font abstraction des circonstances. Elles obligent les hommes et les faits du passé à entrer dans leur jeu. Chaque projet actuel est susceptible de posséder un double mythique, situé dans un passé plus ou moins lointain, plus ou moins mythifié, et qui lui sert de justification. L'appel à l'histoire répond à la logique des mythes de fondation. En fait, que se propose l'action politique sinon une permanente reprise de la fondation originelle ?

La fuite en avant

Dans la mythologie politique, l'idéalisation du passé est doublée par la dramatisation de l'avenir. Cette dernière tendance met en jeu une logique d'accélération du temps, de rupture, de dépassement. Les deux registres sont complémentaires et susceptibles de fonctionner ensemble, grâce à la capacité de l'imaginaire de concilier les structures divergentes.

Le millénarisme, manifestation classique de contestation, prouve l'existence d'un esprit révolutionnaire bien avant l'ère moderne des révolutions. Les *mythes révolutionnaires* récents ont reformulé le même message essentiel annonçant la refonte du monde, lui prêtant aussi une remarquable diversité. Jacobinisme, communisme, anarchisme, trotskisme, maoïsme, sans oublier le nazisme et le fascisme, pour nous limiter à quelques exemples, ont proposé des versions plus ou moins différentes de mythologie révolutionnaire. Suivant l'archétype millénariste, tout véritable mythe révolutionnaire aspire à la création d'un *monde nouveau* et d'un *homme nouveau*. L'essence religieuse du phénomène ne fait aucun doute. Le christianisme s'était proposé justement de renouveler l'être humain. Encore une fois, les idéologies modernes ne font que séculariser et adapter des thèmes anciens.

À la différence du monde historique, le monde nouveau est un monde libéré des contradictions. À la différence de l'homme historique, l'homme nouveau se caractérise par une personnalité harmonieuse et harmonieusement intégrée dans la communauté. Ce double pari fut suivi par les grandes tentatives totalitaires : communisme, fascisme et nazisme, malgré la spécificité de leurs motivations et de leurs pratiques. Les valeurs destinées à souder le destin individuel à l'organisme collectif furent à leur tour mythifiées : travail, altruisme, sacrifice de soi, race, nation, parti, État...

Le mythe de la Révolution et les mythes connexes de la société nouvelle et de l'homme nouveau se présentent comme des cas particuliers de cette obsession moderne qu'est le *mythe du progrès*, tout comme le mythe millénariste était une figure particulière de la vision « ascendante » de l'histoire propre au christianisme. La plupart des idéologies politiques des deux derniers siècles tournent autour du progrès, conçu soit comme rupture suivie d'un nouveau commencement, soit comme adaptation et perfectionnement. « Bourgeois » et révolutionnaires s'affrontent durement à partir du XIXe siècle tout en croyant les uns et les autres aux vertus du progrès, mais un progrès défini différemment d'une idéologie à l'autre ; l'Ancien Régime, à la veille de la Révolution française, était animé lui aussi par une certaine idée du progrès... Dans un monde de plus en plus fluide, le choix ne se fait plus entre l'immobilisme et le mouvement, mais entre les diverses manières de concevoir le mouvement, c'est-à-dire le progrès. À moins de se proposer pour gérer la décadence, formule retenue par certains historiens mais difficile à assumer comme projet politique ! Le mythe de la décadence est invoqué pour dévaloriser les *autres*, pour marquer d'un signe négatif l'adversaire politique (la gauche par rapport à la droite, la droite par rapport à la gauche...).

Héros et Sauveurs

Le héros est omniprésent, dans la politique comme dans l'histoire. Au sommet de la hiérarchie se trouve la figure charismatique du Sauveur, héritée et adaptée de l'imaginaire religieux. Si les historiens se permettent parfois de malmener les « grands hommes », voire de les sacrifier sur l'autel des structures, des masses et de la longue durée, ce risque est moindre dans la vie courante. Le chef charismatique a toujours régné dans l'imaginaire politique ; en plus, il bénéficie aujourd'hui des possibilités offertes à la propagande par les médias ; grâce à ceux-ci, il pénètre et s'installe dans chaque foyer. Deux faits nouveaux sont pourtant susceptibles de menacer cette position. En premier lieu, le grand nombre de postulants, ce qui limite le séjour de chacun sous les feux de la rampe. Nous assistons à un véritable carrousel de « grands hommes » (et femmes). Et puis, l'investissement massif dans d'autres zones de l'imaginaire. Le « besoin d'adorer » reste constant, mais il est canalisé aujourd'hui, et apparemment de plus en plus, en dehors de la politique. Le personnage charismatique, toujours présent comme invariant archétypal, prend très souvent le visage d'un chanteur ou d'un footballeur... La galerie des héros s'est multipliée et diversifiée.

Le héros agit comme condensateur et amplificateur du message. Il propose un visage à une large variété de projets et d'attentes. Même un enfant peut devenir héros si la situation l'exige. Qui pourrait mieux symboliser la pureté et l'espérance ? Un enfant-héros peut périr, mais il ne sera jamais trahi par la victoire ; le lendemain lui appartient, sa cause *doit* triompher, car il incarne la jeunesse du monde[5]. Ce type particulier de héros apparaît surtout lors des affrontements idéologisés à l'extrême et tournés vers l'avenir, vers un avenir « purifié » : Bara et Viala au temps de la Révolution française ; Gavroche, le plus « réel » de tous, parce que tout à fait imaginaire ; une longue série héroïque pendant la Première Guerre mondiale (surtout dans le camp français, gage précieux de victoire) ; enfin, un véritable jeune panthéon soviétique vantant l'héroïsme des « komsomols » sur le front du travail comme dans la guerre (*La Jeune Garde*, 1945, d'Alexandre Fadeev, devait marquer une ou deux générations d'adolescents).

L'héroïsation de l'enfant représente un cas limite, demandé par des conjonctures exceptionnelles, où le jeune héros ne fait d'ailleurs qu'appuyer, par un argument supplémentaire, la mission des héros adultes. Revenons donc à ces derniers. Situations différentes, missions différentes, typologies différentes : il n'y a pas un seul, mais plusieurs portraits-robots du héros. Raoul Girardet distingue quatre modèles qu'il rattache à *Cincinnatus* (le vieil homme retiré qui revient ; le cas de Pétain, de De Gaulle...), à *Alexandre* (le jeune conquérant, dont Napoléon est la plus convaincante incarnation moderne), à *Solon* (le législateur) et, enfin, à *Moïse* (le prophète)[6]. Ces modèles présentent à leur tour des variantes et peuvent évidemment se combiner. Napoléon apparaît à la fois comme conquérant et législateur, et même prophète à Sainte-Hélène. De Gaulle est le jeune général de 1940 et le vieil homme de 1958 ; il est le législateur d'une nouvelle France (la Cinquième République), et un véritable prophète qui a compris avant les autres la défaite de l'Allemagne, la décolonisation, la réconciliation franco-allemande, etc. Ce caractère complet, de synthèse, du mythe gaullien, justifie sa force et son influence prolongée.

Dans chaque héros, quels que soient sa « spécialisation » ou le degré de son impact sur l'histoire, il y a un « homme providentiel », un *Sauveur* en puissance. Dans la mesure (essentielle) où l'action politique touche aux mythes de fondation, l'homme politique joue toujours, d'une manière tantôt limitée et discrète, tantôt explicite et massive, un rôle de fondateur ou de « re-fondateur ». Sans sa contribution, la fondation risque de s'user, de se fissurer, de s'écrouler. À certains Sauveurs, ce titre s'applique pleinement. Les grandes crises historiques, les situations dramatiques traversées par une nation, demandent l'action des individus capables de sauver la fondation ou de la refaire, de lui donner l'éclat originel. Des solutions divergentes peuvent faire surgir des Sauveurs antagonistes. Sauveur pour les uns, le même héros devient symbole du Mal pour les autres. Pétain et de Gaulle offrent un exemple déjà classique de deux Sauveurs s'affrontant au nom d'un projet similaire : la sauvegarde de la France.

Même les périodes « normales » engendrent des Sauveurs. Des raisons de mécontentement, il y en a toujours ; l'imaginaire social fabrique sans cesse des solutions alternatives. « Stockés » dans l'imaginaire collectif, les Sauveurs sont prêts à faire surface. Le phénomène Pinay, au début des années 1950, doit beaucoup à ce modèle. Les élections présidentielles de 1981 et de 1995 ont mis en évidence la soif de changement de la majorité des Français, et implicitement la multiplication des Sauveurs potentiels.

Les qualités et les possibilités réelles du personnage d'une part, « l'attente mythique » d'autre part, doivent être considérées distinctement. Tant mieux s'il y a un certain accord entre les deux registres (une correspondance parfaite étant illusoire : quel mortel pourrait s'élever à la hauteur d'un mythe ?). Mais des cas existent où ce qui frappe est précisément le divorce entre l'attente et son incarnation. Ces situations parfois caricaturales aident à mieux comprendre la logique du mythe, elles démontrent que le héros réel compte moins que l'archétype, autrement dit qu'on peut au besoin inventer un Sauveur, même s'il n'y a rien à sauver et aucun candidat disponible. Les accès périodiques de « bonapartisme », typiques de la société française post-révolutionnaire, ont débouché parfois sur ce genre d'improvisations. Cela explique la mésaventure du général Boulanger qui parut à tous les mécontents – vers 1886-1889 – comme le grand homme appelé à instaurer un régime autoritaire déterminant un changement du cours politique. Sa belle prestance suggérait déjà une statue équestre ! Malheureusement, le général n'appartenait pas à la race des Sauveurs : propulsé par ses admirateurs, il n'osa pas franchir le Rubicon. Quand, quelques années plus tard, il se suicida sur la tombe de sa maîtresse, sacrifiant à la mythologie sentimentale du romantisme, on put se rendre compte qu'on s'était trompé de mythe !

Non moins significative pour l'imaginaire politique est l'influence posthume des grands hommes. Les héros et les Sauveurs continuent à agir après leur mort, parfois même avec une force accrue. Jeanne d'Arc a profondément marqué un demi-millénaire de l'histoire de France, symbolisant et stimulant son esprit de résistance et de revanche. Trente ans après sa mort, de Gaulle reste une grande présence. Un des plus curieux exemples d'influence posthume est l'expédition de Bonaparte en Égypte. Le motif invoqué – menacer l'Angleterre dans ses possessions de l'Inde – ne résiste pas à un simple regard sur la carte. La vraie raison relève de l'imaginaire. Napoléon voulait se faire un nom de conquérant et, imbu de culture classique comme tous ses contemporains, savait que « les grands noms ne se font qu'en Orient ». Ainsi, il refit tout simplement le trajet d'Alexandre le Grand, de César, d'Auguste... Cette campagne de la Révolution ressemble plutôt à une « dernière campagne d'Alexandre », deux mille ans après la disparition du héros macédonien !

Quel serait, à vrai dire, le rôle « réel » des « grands hommes » ? À cette question, l'imaginaire répond à sa manière, qui diffère à la fois de la vision héroïque et « personnalisée » de l'histoire, et de la perspective structurale et « démocratique » tentée de proclamer l'insignifiance de l'individu par rapport aux masses et aux forces sociales. Pour l'imaginaire, la capacité réelle des « héros » de faire marcher le monde compte moins que leur capacité présumée. Une fois investis par l'imaginaire social d'attributs exceptionnels, les grands hommes deviennent vraiment des grands hommes. Leur force se nourrit de la croyance collective dans leur rôle éminent en tant que médiateurs entre la communauté et le sacré, le destin ou l'histoire. Bénéficiaires d'un imaginaire condensé, ils peuvent marquer effectivement leur temps et la postérité.

Il existe, d'autre part, une incarnation collective du mythe du Sauveur, elle aussi d'origine ancienne, mais particulièrement florissante depuis deux siècles, au fur et à mesure de l'affirmation des « masses » et de la « démocratie ».[7] Dans cette variante, au personnage « élu » correspond le « peuple élu », dont la mission est de sauver l'humanité (Israël, la chrétienté...) ou de la rassembler sous sa domination (le peuple romain : « *Tu regere imperio populos, Romane, memento* » – Virgile, *Énéide*). Pour les romantiques, le héros individuel, même fortement valorisé, restait secondaire par rapport au grand héros collectif : le *peuple*, la *nation*. Ces références identitaires continuent à marquer profondément le discours politique. À l'époque contemporaine, les *Sauveurs collectifs* se sont multipliés et diversifiés : la *nation* (une *certaine* nation), la *race*, le *prolétariat*, le *parti*... valorisés au gré des idéologies, comme agents du progrès ou du renouvellement du monde. Individus ou personnages collectifs semblent ainsi marqués par le destin ; on continue à reconnaître en eux les signes traditionnels du sacré.

La conspiration et le bouc émissaire

En politique, comme en histoire, tout tourne autour de *soi* et de *l'autre*. Nous avons déjà constaté que ce dernier appartient à une catégorie très contrastée. On peut l'admirer, on peut se référer à lui en tant que modèle. Mais l'autre peut servir aussi pour marquer une distinction, afin de mettre en valeur nos propres repères idéologiques et culturels. Une distinction plus accentuée finit par le pousser dans une zone de valeurs adverses. L'autre devient ainsi l'*étranger* au sens fort du terme ; il réveille des sentiments d'inquiétude, d'insécurité, de peur. Étranger ou marginal, il sert parfaitement de *repoussoir* ou de *bouc émissaire*. Le bouc émissaire est une des figures les plus essentielles de l'imaginaire politique : les sorcières au début de l'époque moderne et les juifs dans le Troisième Reich illustrent deux cas limites d'une tendance bien enracinée. Ce sont surtout les *mythes de la conspiration* qui mettent en évidence la fonction nuisible de l'autre.

Cette configuration mythique se nourrit à la fois de la méfiance suscitée par l'autre et de l'interprétation courante de l'histoire : une histoire simplifiée, dramatisée et expliquée suivant le principe des causes uniques. Si les choses ne vont pas bien (et apparemment elles ne vont jamais très bien), il doit y avoir une *cause* et un *agent* bien défini qui provoque le dérèglement. La *conspiration* s'érige ainsi en système d'interprétation historique, mais ses effets les plus puissants et souvent dangereux sont à identifier en premier lieu dans la sphère de la politique courante[8].

Jadis, le grand conspirateur était Satan, aidé par les forces du mal attachées à lui : hérétiques, juifs, infidèles, lépreux, sorcières...[9] Puis, le mythe fut sécularisé mais sa structure resta intacte. Les phases d'insécurité et de crise – par l'atmosphère de méfiance généralisée – favorisent et amplifient ses manifestations. De même, l'affirmation d'une idéologie dominante et d'une identité strictement définie (susceptible de marginaliser les *autres*). Un « complot papiste » purement imaginaire fut « découvert » en Angleterre en 1678. Quarante innocents, condamnés et exécutés, expièrent une faute inexistante (l'Église catholique procéda à leur béatification en 1970)[10]. Pour les historiens, c'est l'exemple type d'une conjuration fabriquée de toutes pièces, suivant une logique perverse mais compréhensible, conséquence d'une longue suite de bouleversements et de conflits religieux qui agitèrent l'Angleterre au XVIIᵉ siècle ; l'inquiétude endémique et la méfiance envers les catholiques formaient un cocktail qui pouvait exploser à tout moment.

Les régimes totalitaires ont un faible pour le thème du complot. Leur complexe de « cité assiégée » ne fait qu'offrir un alibi à leur propre agressivité. La dictature jacobine fut jalonnée de complots, ce qui permit à la guillotine de fonctionner sans arrêt. La tyrannie stalinienne perfectionna cette théorie jusqu'à des limites indépassables. Sans le recours à l'imaginaire de la conspiration, les purges staliniennes resteraient tout à fait incompréhensibles. Pourquoi les meilleurs généraux de l'armée rouge (dont Toukhatchevski) furent-ils exécutés à la veille de la Deuxième Guerre mondiale ? Pour que le paradoxe soit complet, il y avait parmi eux des officiers envoyés en Espagne pendant le conflit civil justement pour faire l'apprentissage de la guerre moderne ! La machine politique soviétique fonctionnait suivant la logique des complots (nécessaires pour justifier le prolongement de la « dictature du prolétariat » et la consolidation de l'État, contrairement à la théorie marxiste)[11]. Il est intéressant de noter que les purges soviétiques trouvèrent un argument supplémentaire dans le modèle jacobin : « Pourquoi n'y aurait-il pas eu, en URSS, un Zinoviev-Danton, un Toukhatchevski-Dumouriez ? », argumentaient à l'époque les communistes français (d'après les mémoires de Jean Bruhat : *Il n'est jamais trop tard : souvenirs*, 1983)[12]. Les noms changent, les structures mythiques restent.

Trois grands « conspirateurs » sont identifiés par Raoul Girardet pour les derniers siècles. Apparemment, leurs forces réunies suffiraient pour expliquer la plupart des évolutions du monde contemporain. Ce sont les *jésuites*, les *francs-maçons* et les *juifs*[13]. Tous ont été crédités de projets visant la domination mondiale. Durant la deuxième moitié du XVIIIe siècle les jésuites furent bannis de la plupart des États qui les avaient acceptés (la Chine procéda à cette expulsion en 1753, la France en 1762, l'Espagne en 1767) ; leur influence était jugée comme inquiétante. En 1843, Jules Michelet et Edgar Quinet dénoncèrent leurs visées dans un livre fameux : *Les Jésuites*, dont les propos furent vulgarisés par *Le Juif errant* (1844-1845) d'Eugène Sue. D'autre part, l'attitude anticléricale et antimonarchique des francs-maçons parut à certains comme étant la clé de nombre d'évolutions politiques modernes ; l'idée fut lancée par l'abbé Barruel (justement un jésuite) qui, dans ses *Mémoires pour servir à l'histoire du jacobinisme* (1797), considéra la Révolution française comme le résultat d'un complot maçonnique (thèse reprise par Alexandre Dumas dans *Joseph Balsamo*). Pour le complot juif, on cite généralement les *Protocoles des Sages de Sion*, faux fabriqué vers la fin du XIXe siècle par la police tsariste, mais considéré comme authentique par les mouvements antisémites[14].

Les relations internationales ont été à leur tour contaminées par les théories conspirationnistes. Un exemple célèbre est le *Testament de Pierre le Grand* (faux émanant de l'émigration polonaise en France vers 1800), qui fit croire aux chancelleries européennes à une expansion russe visant la domination du continent dirigée systématiquement d'après un plan précis[15]. Vers la fin du XIXe siècle, le « péril jaune » faisait référence à une conspiration sino-japonaise dont l'objectif était l'élimination des Européens de l'Asie puis, éventuellement, la conquête de l'Europe et la domination mondiale[16]. Au péril jaune suivit, dans la perspective occidentale, le *péril rouge* dirigé du Kremlin et en particulier au travers des agissements du KGB. De l'autre côté du « rideau de fer », l'URSS et le camp communiste furent tout à fait obsédés par l'idée d'un complot impérialiste (conjugué avec l'action des ennemis de classe à l'intérieur) ; on ne cessa de dénoncer la politique d'encerclement et la guerre préparée par les adversaires du communisme.

Les mythes conspirationnistes sont souvent entièrement fabriqués. Mais comme on ne prête qu'aux riches, ces constructions imaginaires peuvent utiliser aussi des éléments réels, en les transfigurant. La compétence et la discipline quasi militaire des jésuites, les mystères et les rituels de la franc-maçonnerie, la solidarité internationale des juifs et leur place éminente dans certains secteurs, ont favorisé l'émergence des mythes respectifs. Qui pourrait nier – avec ou sans testament de Pierre le Grand – la formidable expansion russe des derniers siècles ? Quant au KGB, il ne fut pas une chimère. Le problème, comme toujours, concerne moins la réalité ou l'irréalité de certains faits que leur insertion dans les structures de l'imaginaire. Des complots existent, certes. Il existe aussi des jeux d'intérêts, parfois occultes. La pieuvre mafieuse est une réalité, et pas la seule dans ce genre. Mais le propre des mythes de conspiration est la réduction de l'histoire et de la politique à un seul principe, issu de la croyance que l'histoire avance et que la politique se fait à *coup de complots*.

Une telle conception peut engendrer deux attitudes contradictoires et complémentaires : le *renoncement* (dès lors que le mécanisme secret nous échappe) et l'*agressivité* (les forces du mal devant être anéanties). La dernière attitude risque de l'emporter. Les conjurés sont censés être intelligents, rusés, solidaires et efficaces, ce qui leur permet d'influencer momentanément le cours de l'histoire. Mais, d'autre part, leur puissance cache une incontestable faiblesse : les conjurés sont minoritaires, ils agissent contre le cours de l'histoire et celle-ci ne peut que les renier. Ils *doivent* perdre la partie, comme Satan, leur patron. Et ils la perdent en effet. Les mythes conspira-

tionnistes finissent souvent dans des bains de sang. Les victimes ne
sont pas celles désignées par les conjurés, mais les conjurés mêmes,
et généralement des « faux conjurés », des boucs émissaires.

Avatars de l'État-nation

Tout projet politique suppose un « rassemblement », l'idéal qui
l'anime est l'*unité*. Mais, paradoxalement, rien n'est moins unitaire
que le concept d'unité. Il peut s'appliquer à des niveaux très différents. Les solidarités sont emboîtées ou combinées : humanité, nation,
parti, tribu, famille... Chaque culture ou idéologie valorise certains
paliers, évoluant entre repli et expansion, entre particularisme et universalisme. La plus petite des tribus et l'empire universel peuvent se
réclamer en égale mesure du même principe.

Nous ne reviendrons plus sur le projet impérial, déjà traité comme
mythe historique. Constatons seulement qu'à l'époque moderne, la
multiplicité des projets impériaux a fini par briser l'unité du concept.
Longtemps crédité d'une mission historique et civilisatrice, l'impérialisme
perdit la bataille de l'imaginaire. En Europe d'abord, au XIXe siècle,
puis, par étapes, dans le monde entier. Le mythe de l'*État-nation*
éclipsa tous les autres. Le découpage *idéal* du monde prit les contours
d'une constellation d'États-nations quitte à les inventer au besoin. À
l'aide de l'histoire, on prolongea aussi loin que possible la préfigura-
tion du modèle (ainsi la France préfigurée par la Gaule). Le triomphe
européen de ce principe fut célébré au lendemain de la Première
Guerre mondiale. Une multitude d'États-nations virent le jour sur les
ruines des Empires ; le processus continue aujourd'hui. La puissance
du mythe fut confirmée par l'invention pure et simple d'États-nations
là où en fait ni l'histoire ni l'amalgame ethnique ne semblaient les
recommander : le cas, notamment, de la Yougoslavie et de la Tché-
coslovaquie, synthèses au moins aussi artificielles que l'ancienne
Autriche-Hongrie ; l'évolution ultérieure devait le prouver, souvent
de manière tragique.

La décolonisation se référa au même projet, avec des écarts plus
ou moins accusés entre les réalités historiques et leur sublimation

mythique. Les Occidentaux avaient découpé l'Afrique d'une manière tout à fait abstraite, sans aucune considération pour sa géographie humaine, pour son passé, pour ses traditions. Les États indépendants ont hérité de cette structure coloniale qu'ils cherchent aujourd'hui à doter d'une certaine consistance historique. Des configurations politiques nouvelles retrouvent leur double mythique dans le passé, suivant un jeu qui ressemble d'ailleurs à celui pratiqué par les Européens. Chaque État, une fois constitué, se découvre une histoire multiséculaire, voire multimillénaire, seule garantie, apparemment, de ses droits et même de son existence. Confronté au « reste du monde », lors de la guerre du Golfe de 1990, l'État irakien en appela à l'histoire au même titre qu'à son arsenal militaire. Bien que constitué au lendemain de la Première Guerre mondiale, il assuma une histoire vieille de cinq millénaires, commencée à Sumer, continuée par l'empire babylonien, puis par le califat arabe et le sultanat de Saladin. Quand il s'agit des droits de l'homme, le régime de Bagdad invoque le code d'Hammourabi, datant du XVIIIe siècle avant J.-C. Le message est clair : on ne peut anéantir ni marginaliser une création originelle et quasi permanente de l'histoire. Bien qu'un peu outré, ce cas s'inscrit dans la typologie générale. À la fin du XXe siècle, on continue à se disputer en invoquant les frontières et les héros du monde antique et médiéval.

Les frontières naturelles

Au chapitre des permanences, l'histoire et la politique trouvent un allié précieux dans la géographie. Chaque nation semble disposer d'un *espace* prédestiné, d'un lieu réservé depuis toujours sur la terre. Cet espace est d'autant mieux mis en évidence qu'il est encadré par des *frontières naturelles*. Longtemps avant l'histoire, celles-ci annonçaient déjà les configurations futures.

« La nature a tracé d'une main rude, mais ferme, le dessin de l'histoire de l'homme et de ses révolutions, dans les lignes des montagnes qu'elle a tirées et dans les fleuves qu'elle fait descendre de leurs sommets... Les mers, les montagnes et les rivières sont les limites les plus naturelles des nations, des coutumes, des langues, des royaumes, aussi bien que des territoires, et même dans les plus grandes révolutions des affaires humaines, elles ont été les lignes de direction ou les confins de l'histoire du monde. Donnez aux fleuves un autre cours, aux chaînes de montagnes une autre direction, aux rivages de la mer d'autres contours : cela seul ne suffit-il pas pour changer entièrement et à jamais les formes du développement de l'humanité sur ce sol vacillant où les nations se succèdent ?[17] »

Ces considérations tirées de l'ouvrage de Johann Gottfried Herder, *Idées sur la philosophie de l'histoire de l'humanité* (1784-1791), expriment un préjugé tenace dont on peut suivre les développements depuis l'Antiquité jusqu'à nos jours. En fait, on le sait bien : les frontières naturelles n'existent que si l'on veut bien qu'elles existent. Sinon, elles s'avèrent insignifiantes ; les rivières et les régions montagneuses sont traversées facilement et font plutôt fonction de liant que d'obstacle entre les territoires situés de part et d'autre.[18] Ce n'est que par l'imaginaire que ces *tracés* ont pris épaisseur et importance. La carte est devenue plus réelle que la réalité. Chaque communauté, grande ou petite, semble tentée de marquer concrètement ses frontières. En construisant la Grande Muraille, les Chinois ont matérialisé la frontière au sens le plus strict du terme. La plupart des autres nations se sont contentées d'élever des murs symboliques.

L'expansion romaine eut comme horizon un système complet de frontières naturelles. Le Rhin, les Alpes et le Danube s'enchaînaient comme un « *limes* » naturel séparant l'Empire de la moitié barbare de l'Europe. Au moment venu, les « Barbares » n'eurent aucune peine à traverser ces obstacles, et pour cause : comme frontières, ceux-ci n'existaient que dans l'imaginaire politique des Romains.

Un autre cas typique est présenté par la France. La mer, les Pyrénées, les Alpes et le Rhin dessinent une frontière idéale et particulièrement nette. La tentation d'atteindre partout ces limites constitue une des « clés » de l'histoire de France. Celui qui regarde le Rhin à Strasbourg doit faire un effort d'imagination pour se le représenter comme une véritable frontière. Cette voie d'eau explique pourtant dans une grande mesure l'antagonisme franco-allemand, la valeur symbolique du fleuve effaçant tout autre argument.

Les Pyrénées assumèrent une fonction similaire. Elles firent finalement obstacle à la survivance d'un État catalan qui, à un certain moment du Moyen Âge, s'étendait sur les deux versants. Le principe des frontières naturelles s'imposant, cette entité politique dut disparaître, au bénéfice de la France et de l'Espagne.

Le territoire idéal de la Roumanie est dessiné par un système de rivières : le Danube au sud, le Dniestr à l'est et la Tisza à l'ouest. La chaîne des Carpathes qui traverse le pays n'est pas censée le diviser mais, bien au contraire, raffermir son unité. Par contre, la « Grande Hongrie » d'avant 1918 misait précisément sur les Carpathes pour englober la Transylvanie et la Slovaquie et marquer ainsi ses frontières vers le sud, l'est et le nord. Projets contradictoires, systèmes de références contradictoires, valorisant deux types différents de frontières naturelles.

Mais que dire de l'Europe ? Tout le monde sait qu'elle s'étend « de l'Atlantique à l'Oural », expression rendue fameuse par le général de Gaulle. Sur ce point aussi, une certaine géographie imaginaire prend le dessus par rapport aux problèmes réels, le grand problème réel étant que la Russie se « prolonge » jusqu'à Vladivostok. Pour elle, l'Oural n'existe pas. Comment faire l'Europe *avec la Russie* jusqu'à l'Oural ? Ou comment la faire jusqu'à Vladivostok en englobant la moitié de l'Asie ?

Au moment où l'on s'apprête à construire l'Europe, on commence à réaliser que ses frontières « naturelles », au moins celles qui sont terrestres, appartiennent à l'imaginaire. En fait, les continents sont des constructions mythiques. Existe-t-il *une* Asie ? Comment rassembler, sinon par l'imaginaire, le Japon et l'Arabie, l'Inde et la Sibérie ? Ce n'est pas la géographie qui commande, mais une certaine idée qu'on se fait de la géographie, c'est-à-dire un « imaginaire géopolitique ».

L'Europe passe aussi par l'imaginaire

Le mythe de l'État-nation se manifeste aujourd'hui avec des intensités différentes. Les « vieilles nations » semblent avoir déjà épuisé une partie de ses ressources. Des frontières s'effacent, y compris la fameuse frontière du Rhin. Mais d'autres frontières surgissent. Les incarnations les plus récentes (certaines *très* récentes) du principe national proclament bruyamment et même agressivement ses vertus.

Ces nationalismes à vitesse variable se confrontent avec les nouveaux projets « universalistes ». Estompée un certain temps par la prééminence du fait national, la tendance « supranationale » revient en force. Le conflit des idéologies avait déjà groupé après la Deuxième Guerre mondiale une bonne partie de l'humanité en deux camps opposés, chaque camp assumant la tâche difficile d'harmoniser les valeurs « universelles » avec la diversité des mythologies nationales.

Le projet européen s'annonce comme encore plus ambitieux, plus « intégrateur ». Pour se réaliser, il doit trouver non seulement des solutions d'ordre « pratique », mais aussi un point d'équilibre entre la constellation nationaliste de l'imaginaire et une mythologie purement européenne. La mythologie étant plus rebelle que l'économie, l'équation européenne semble d'ordre mythologique plutôt qu'économique. Comment concilier des mythes nationaux contradictoires, comment mettre d'accord les conceptions et les paliers différents de l'*unité* ? Les références historiques susceptibles de mythification ne manquent pas : Charlemagne regardé comme père de l'Europe, l'universalisme religieux et culturel du Moyen Âge, etc. Mais la plupart des repères communs sont équivoques. Si Charlemagne est acceptable, comment interpréter le projet européen de Napoléon : le grand Corse fut-il aussi un grand Européen ou uniquement un grand Français ? Pour certains, l'Empire des Habsbourgs (l'Autriche-Hongrie à partir de 1867) portait en soi la promesse d'une large fédération des peuples de l'Europe centrale. Quel merveilleux mythe européen[19] ! Mais, d'autre part, les nations dominées jadis par Vienne et Budapest continuent de juger le défunt Empire comme une véritable « prison des peuples », à juste titre démantelée en 1918. La tâche sera ardue, surtout en Europe centrale, où il y a un inextricable *conflit de légitimités*, pour concilier les références historiques, les mythes fondateurs, les symboles... Une véritable histoire de l'Europe, une histoire cohérente et unifiée, qui n'ignore et ne vexe personne et où tout le monde se reconnaisse, s'avère une tâche plus difficile que la construction européenne même.

Elle est pourtant indispensable. Comment forger une conscience européenne sans une histoire commune et assumée ?

Le grand problème reste l'adaptation du tandem archétypal *identité-altérité*. L'unité de type national est en train de céder du terrain en faveur d'un système unificateur plus ample, conçu à l'échelle continentale, et d'autre part, à l'affirmation des traditions régionales et des droits des minorités, longtemps oubliés sinon étouffés par la prééminence de l'État-nation. Il s'agit de concilier trois niveaux différents : Europe – entités nationales – régions et minorités. On continuera sans doute à penser, comme toujours, en termes de « nous » et les « autres ». L'Europe ne pourra pas se faire contre les identités nationales. Les « autres » resteront bien en place, mais il faudra remplacer l'ancien type de confrontation, fortement marqué par le refus et l'agressivité, par la compréhension et l'enrichissement mutuel des cultures.

Quoi qu'il en soit, une chose semble certaine : l'Europe se fera aussi dans l'imaginaire ou ne se fera pas.

Mythes et contre-mythes

Comme toute manifestation de l'imaginaire, la mythologie politique est fortement polarisée. Mythes et contre-mythes s'affrontent (chaque mythe étant le contre-mythe d'une construction concurrente). La réaction semble proportionnelle à la puissance du mythe contesté. Le cas des « deux France » est exemplaire : ces deux figures de l'imaginaire historique et politique se sont nourries réciproquement, divisant le pays en deux territoires mythologiques d'importance à peu près égale. On retrouve partout ce type de division. Comment caractériser par exemple le XIX⁰ siècle ? Fut-il plutôt scientiste ou religieux, idéaliste ou matérialiste, romantique ou réaliste, progressiste ou conservateur, bourgeois ou prolétaire ? Difficile de le dire, il fut tout ça à la fois.

Aucune mythologie – pas même la mieux implantée – ne peut régner sans partage. Dans ce domaine, la domination absolue n'est qu'une apparence. L'Église du Moyen Âge n'a jamais pu endiguer une culture populaire préchrétienne extrêmement vivace. Méconnaissant le mécanisme, les régimes totalitaires ont essayé en vain d'unifier l'espace mythologique. Les mythes officiellement proclamés et soutenus par un effort de propagande qui se voulait irrésistible ont infusé, tout naturellement, une force accrue aux contre-mythes correspondants. Ainsi, dans les régimes communistes, le mythe officiel de l'Occident « pourri » a eu son pendant dans le contre-mythe « souterrain » d'un Occident fortement idéalisé ; de même, l'athéisme officiel, souvent très virulent, a eu l'effet inattendu de conserver et même de raffermir la croyance religieuse. Finalement, la société de consommation de l'Occident, par sa tolérance et par sa diversité, a érodé beaucoup plus la religion que l'athéisme militant pratiqué à l'Est pendant des dizaines d'années.

Pour nous garder nous-mêmes du piège mythologique, précisons toutefois que cette disposition nettement polarisée des mythes et contre-mythes doit être comprise en tant que « modèle idéal ». Dans la mythologie « réelle », les motifs circulent et se mélangent, et des vérités contradictoires arrivent à vivre ensemble.

Mythes anciens, mythes modernes

Une question qui revient dans tout débat sur l'imaginaire est le rapport entre les structures traditionnelles et celles qui caractérisent les sociétés modernes. En ce qui concerne les mythes politiques, André Reszler propose les distinctions suivantes : en premier lieu, prédominance à notre époque des mythes révolutionnaires sur les mythes de fondation, c'est-à-dire du changement au détriment de la continuité ; deuxièmement, « la proclamation du mythe comme fondement du pouvoir » et « son intégration dans un discours abstrait, théorique, d'allure sociologique ou scientifique » ; puis, la « collectivisation » du mythe, le héros collectif prenant le pas sur l'individu ; et, enfin, le perfectionnement des techniques de manipulation, la fabrication du discours mythique revenant à des personnes spécialisées[20].

Il n'y a aucun doute que, d'un type de société à l'autre, les modèles changent dans l'imaginaire politique comme dans tous les autres compartiments de l'imaginaire. Les modèles changent, mais les archétypes restent. Effacement du héros « individuel » ? Nous avons pu constater le contraire. Le héros traditionnel se porte toujours bien, en dépit de la multiplication des héros collectifs. Les régimes totalitaires qui ont beaucoup sacrifié à ces derniers (parti, nation, État, race), offrent en même temps un exemple éclatant, par l'exacerbation du culte du chef. Le mythe a toujours été un fondement du pouvoir : la sacralisation de la fonction royale jouait précisément ce rôle. La manipulation vient aussi de loin. Que serait, par exemple, la *Vie de Charlemagne* d'Eginhard sinon une remarquable manipulation politique où le souverain franc devient la réplique parfaite d'un empereur romain ? Les mythes de fondation ont une fonction révolutionnaire : ils procèdent à une restructuration du monde. Et, inversement, les mythes révolutionnaires sont également des mythes de fondation : c'est par eux qu'une nouvelle réalité commence. La Révolution américaine est un grand mythe fondateur. La Révolution française marque un nouveau commencement, le début de la France contemporaine et du monde contemporain.

Comme dans les autres cas analysés, la construction mythique est nouvelle, mais les « briques » utilisées restent les mêmes. Le sens profond a moins changé que la facture du discours. Ce qui a changé aussi, dramatiquement, c'est la cadence, ce sont les moyens mis en œuvre et leur impact. L'histoire avance incomparablement plus vite, ce qui explique la profusion des mythes progressistes et révolutionnaires. Grâce principalement aux médias, la diffusion et la manipulation présentent une ampleur qui dépasse de loin l'artisanat traditionnel. Mais comment agir autrement sur les sociétés fluides d'aujourd'hui ? Le texte d'Eginhard a circulé en quelque quatre-vingts manuscrits. Aujourd'hui, ce ne serait rien ; ce fut à l'époque un « *best-seller* », un livre qui réussit à imposer durablement l'un des grands mythes politiques de l'Occident. Qui pourrait se vanter aujourd'hui d'un tel exploit ? Les médias actuels excellent dans les mythes « saisonniers », qui tiennent la vedette le temps d'une campagne. Les mythes massifs d'autrefois ont tendance à s'effriter. Les lignes de force restent les mêmes, mais autour d'elles s'organise une nébuleuse variable. La nouvelle constellation mythique est diversifiée et instable, à l'instar de la société qui la sécrète et à laquelle elle s'adresse.

La politique : une religion ?

Nous avons constaté les nombreux contacts et parallélismes entre la politique et la religion. Mais le rapprochement peut aller encore plus loin : des exégètes, comme Raymond Aron, Jean-Pierre Sironneau ou Claude Rivière, n'hésitent pas à parler de « religions politiques »[21].

En fait, dès le début, la politique (ou ce qui devait devenir la politique) et la religion ont fait corps commun. Les dieux participaient à la vie de la communauté, on leur demandait conseil et aide. Il y avait en même temps sacralisation du Pouvoir. Le christianisme lui-même ne renonça pas à ce type d'imbrication, bien qu'en principe on affirmait plus nettement la séparation des domaines religieux et social. Tout au long du Moyen Âge la souveraineté continua à être marquée par le sacré. Puis, à l'époque moderne et contemporaine, la distinction des deux registres s'accentua au rythme du processus de sécularisation.

Apparemment, le sacré fut évacué de la politique. En fait, des formes nouvelles de religiosité se développèrent. Il y eut métamorphose du religieux, de la sacralité. L'État, le Peuple, la Nation furent investis d'attributs mystiques. L'archétype cosmique de l'*unité* qui se trouve au cœur de toute religion, assura, au niveau du corps social, la perpétuation d'une attitude essentiellement religieuse. L'unité et la cohérence de l'organisme social furent sacralisées ; la marche vers l'avenir devint à son tour une nouvelle forme de Rédemption.

Rien n'illustre mieux cette dimension religieuse que la récupération par la politique d'un cérémonial qui porte visiblement l'empreinte du sacré. Dans un ouvrage consacré à ce sujet, Claude Rivière parle à juste titre de *liturgies politiques*. Les commémorations, les fêtes, les funérailles des grands hommes, ont pour objet l'affermissement de la cohésion sociale, la légitimation du Pouvoir, la récupération des tendances divergentes. Elles sont appelées à susciter une forme d'émotion proche de l'extase religieuse, à forcer l'adhésion et la solidarité. Grâce à ces rituels, la communauté manifeste son identité et assure son emprise sur le temps, sur l'histoire. La vie sociale est investie de sens. La destinée de l'homme devient intelligible. La politique rejoint tout simplement la religion.

Certes, l'Ancien Régime, la Révolution, les systèmes démocratiques ou les totalitarismes n'officient pas de la même manière et au nom des mêmes valeurs proclamées. En dépit d'une laïcité souvent agressive, ce sont précisément les totalitarismes qui se remarquent par des formules idéologiques et des « liturgies » très proches du type religieux originel ; le paradoxe s'explique par la « soif d'absolu » propre aux idéologies totalitaires combinée à l'évacuation des formes traditionnelles du sacré : une fois celles-ci effacées, le terrain doit être occupé par des religions nouvelles, comme ce fut le cas pendant la Terreur jacobine avec le culte de la Raison et de l'Être suprême ; les fêtes mussoliniennes, nazies, staliniennes et maoïstes ont atteint une sorte de perfection dans ce genre de communion politique. Mais les régimes démocratiques sacrifient sur le même autel ; ce ne sont que le ton et l'intensité qui diffèrent. Dans tous les cas, il s'agit d'assurer la cohésion sociale et de donner un sens à l'histoire.

Les religions politiques et leurs rituels évoluent, suivant les lignes archétypales de l'imaginaire, entre l'*unité* et la *confrontation*. Leur rôle intégrateur concerne soit l'ensemble de la communauté, soit un certain segment de celle-ci (un parti ou un courant politique) plus ou moins opposé aux autres.

La religiosité et le sacré, c'est-à-dire l'investissement dans une réalité transcendante commandant la réalité immédiate, affirment ainsi leur substance archétypale, agissant, suivant des formes spécifiques et cependant proches, aussi bien dans le domaine des religions (au sens strict du mot) que dans celui des idéologies et des comportements politiques.

Encore une fois, on peut constater l'indestructibilité des structures archétypales ; leur configuration changeante ne peut cacher une remarquable continuité.

Notes

1. Raoul Girardet, *Mythes et mythologies politiques*, Seuil, Paris, 1986, chapitre « L'Âge d'or », p. 97-138.

2. *Ibidem*, p. 113.

3. Sur les différentes reconstructions de l'histoire médiévale, voir Christian Amalvi, *Le Goût du Moyen Âge*, Plon, Paris, 1996.

4. Lucian Boia, *La Mythologie scientifique du communisme*, chapitre « La réinvention de l'histoire », p. 77-100.

5. Une intéressante analyse de l'image mythique de l'enfant héros est offerte par Stéphane Audoin-Rouzeau, *La Guerre des enfants. 1914-1918. Essai d'histoire culturelle*, Armand Colin, Paris, 1993.

6. Raoul Girardet, *op. cit.*, chapitre « Le Sauveur », p. 63-95.

7. André Reszler insiste justement sur la typologie et la fonction historique du « héros collectif », dans *Mythes politiques modernes*, PUF, Paris, 1981, p. 201-204.

8. Sur ce sujet, voir le remarquable article de Dieter Groh, « La tentation des théories de conspiration », dans *Storia della Storiografia*, 14, 1988, p. 96-118.

9. Jean Delumeau, *La Peur en Occident*, p. 232-388 ; Robert I. Moore, *La Persécution...*

10. John Kenyon, *The Papish Plot*, Harmondsworth, 1974 ; René Pillorget, « Le complot papiste dans l'imaginaire anglais au XVIIe siècle », dans *Storia della Storiografia*, 14, 1988, p. 119-135.

11. Lucian Boia, *La Mythologie scientifique du communisme*, p. 68-69.

12. Passage reproduit par Christian Amalvi, dans *De l'art et la manière d'accommoder les héros de l'histoire de France*, p. 396.

13. Raoul Girardet, *op. cit.*, chapitre « La Conspiration », p. 25-62.

14. Norman Cohn, *Histoire d'un mythe : la « conspiration » juive et les « Protocoles des sages de Sion »*, Gallimard, Paris, 1992.

15. Dieter Groh, *op. cit.*, les paragraphes concernant « Le testament politique de Pierre le Grand : la première fabrication d'une thèse conspiratrice » et « Karl Marx et le plan russe visant à soumettre l'Europe », p. 114-117.

16. Jacques Decornoy, *op. cit.*

17. Johann Gottfried Herder, *Idées sur la philosophie de l'histoire de l'humanité* (traduction Edgar Quinet), vol. I, Paris, 1834, p. 42-44.

18. Un intéressant dossier sur les frontières naturelles, dans les *Rapports du XVIe Congrès International des Sciences Historiques*, vol. I, Stuttgart, 1985, p. 315-350 (« Montagnes, fleuves, déserts, forêts : barrières, lignes de convergence ? »).

19. Une évocation nostalgique et plutôt idéalisée de l'Autriche-Hongrie, dans le volume *Vienne-Budapest, 1867-1918. Deux âges d'or, deux visions, un Empire*, dirigé par Dieter Hornig et Endre Kiss, Éditions Autrement, Paris, 1996.

20. André Reszler, *op. cit.*, p. 209-213.

21. Jean-Pierre Sironneau, *Sécularisation et religions politiques*, Mouton, Paris-La-Haye, 1982 ; Claude Rivière, *Les Liturgies politiques*, PUF, Paris, 1988.

CONCLUSION

L'imaginaire comme moteur de l'histoire

Le territoire de l'imaginaire aspire à l'infini. Il se présente partout comme le double immatériel du monde concret. On le retrouve dans tous les domaines de l'histoire, dans tout fait historique, dans toute pensée et dans toute action. Il pèse de son poids immatériel sur la grande aventure de la connaissance ainsi que sur les rapports entre nations, entre groupes sociaux et entre individus. Il marque profondément nos liens avec l'Univers, l'inconnu, le temps et l'espace. L'avance technologique ne peut en rien modifier cette donnée fondamentale. La « mythologie scientifique » et une inépuisable collection de croyances et de rumeurs font bon ménage avec la science et la technologie les plus performantes. Les convictions et les rites politiques se constituent en religions. Ce fait est d'ailleurs plus général : tandis que les religions traditionnelles reculent, tout tend, d'une manière ou d'une autre, à devenir religion. Le phénomène nouveau est l'éclatement des modèles. Les croyances (religieuses ou autres) se sont diversifiées d'une manière spectaculaire. La morale n'est plus *une*, y compris sur le plan si délicat des comportements sexuels. Le monde d'aujourd'hui présente le tableau paradoxal d'une homogénéisation croissante accompagnée d'une diversification croissante. Le morcellement qui en résulte n'implique aucune perte de substance pour l'imaginaire. Son territoire se recompose sans cesse, mais ses frontières ne reculent jamais.

Il reste à mieux préciser la place qui devrait revenir à ce principe invisible dans l'ensemble de l'interprétation historique. Est-ce que l'imaginaire serait susceptible de fournir un système explicatif complet ? Est-ce qu'en « dernière instance » tout pourrait reposer sur l'imaginaire, comme tout reposait « en dernière instance » sur les structures économiques dans le système de Marx ?

Il est curieux que ce renversement ait été soutenu avec ardeur par un marxiste. Dans un livre intitulé *L'Institution imaginaire de la société* (1975), Cornelius Castoriadis laissa de côté les lois économiques et historiques chères à Marx, pour faire appel à l'imaginaire comme principe fondateur de toute société. C'est l'homme qui crée l'histoire : les structures réelles ne sont que les matérialisations de ses projets abstraits. L'imaginaire social se concrétise dans les institutions. Pour faire le communisme, on n'a pas besoin de « lois ». Si on veut le faire, on le fera ! Voici nettement affirmée la force créatrice de l'imaginaire[1].

L'analyse de Castoriadis est séduisante et *partiellement* vraie. Elle pèche, malheureusement, par excès d'optimisme. Certaines fictions refusent de se matérialiser. Comment matérialiser un dinosaure ? D'autres projets, en se matérialisant, créent des effets pervers. Ce fut précisément le cas du « communisme réel » par rapport à l'imaginaire communiste. Il y a toujours une interférence entre les « imaginaires » concurrents, et entre ceux-ci et le tissu social et les pesanteurs de la matière. L'imaginaire présente, certes, une vocation à se matérialiser, à réinventer le monde, mais les résultats de son offensive ne sont pas donnés d'avance.

La construction de l'avenir en offre un excellent exemple. Le « monde futur » est déjà préfiguré dans l'imaginaire. Millénarismes, utopies, théories du progrès ou de la décadence, prophéties, futurologie, idéologies de toutes sortes, ne font que proposer à chaque instant une vision kaléidoscopique du monde qui sera. Tant pis si, à l'instar de Colomb, nous tombons sur un continent inattendu. Ces multiples scénarios, plus ou moins contradictoires, agissent sans relâche sur la configuration du présent. Ils exercent une forte pression sur la société concrète qui, à son tour, les absorbe et les métamorphose. Le résultat de cette interaction est ce qu'on appelle l'*histoire*.

La conquête de l'espace participe de la même logique que la conquête du temps. Les explorateurs empruntent des routes imaginaires pour découvrir finalement le monde réel. C'est ainsi que les figures de la Terre, dessinées par l'imaginaire grec, ont canalisé l'exploration deux millénaires plus tard, au début de l'époque moderne. L'espace réel, une fois intégré, continue à subir une forte pression de la part de l'imaginaire. Chaque paysage porte l'empreinte d'un projet, se situant ainsi à mi-chemin entre la nature et l'idéologie. Chaque ville est un livre qui parle de l'imaginaire des générations successives qui l'ont élevée. Nous vivons entourés des formes extrêmement diverses d'un imaginaire concrétisé, cristallisé.

Oui, l'imaginaire peut servir à interpréter l'histoire, et rien de plus légitime – au moins pour l'historien de l'imaginaire ! – que la mise en évidence de son impact considérable sur l'évolution des sociétés humaines. On peut regarder l'histoire du point de vue de l'imaginaire, comme on peut la regarder de n'importe quel autre point d'observation. Mais dès que l'on passe à la véritable synthèse, ce qu'il faut éviter à tout prix c'est le piège déterministe, c'est la tentation d'une réponse rapide, sûre et définitive par le moyen des « causes uniques ». Il ne servirait à rien de remplacer le matérialisme vulgaire par un appel exclusif et non moins abusif à l'imaginaire. Le temps des déterminismes est passé (au moins, on peut l'espérer). L'histoire se présente comme un réseau extrêmement complexe dont l'imaginaire ne constitue qu'une partie. Ses archétypes programment d'une certaine manière la destinée de l'homme, mais celle-ci est non moins soumise à l'impact des obstacles matériels. Pour essayer de comprendre l'aventure humaine, on doit chercher la rencontre, le point d'équilibre entre l'esprit et la matière, entre la « fiction » et la « réalité ». C'est la grande difficulté, pour laquelle aucune recette n'existe. C'est l'art même de l'historien.

L'homme marche sur la terre et rêve des étoiles. Don Quichotte et Sancho Pança s'affrontent et se complètent dans un dialogue sans fin.

Note

1. Cornelius Castoriadis, *L'Institution imaginaire de la société*, Seuil, Paris, 1975 : « Nous ne pouvons plus maintenir la philosophie marxiste de l'histoire » (p. 51) ; « l'être vivant dépasse le simple mécanisme parce qu'il peut donner des réponses nouvelles à des situations nouvelles », voire « des réponses nouvelles

aux mêmes situations ou créer de nouvelles situations » (p. 61) ; « l'histoire ne peut pas être pensée selon le schéma déterministe (ni d'ailleurs selon un schéma " dialectique " simple), parce qu'elle est le domaine de la *création* » (p. 61) ; « la vie du monde moderne relève autant de l'imaginaire que n'importe laquelle des cultures archaïques ou historiques » (p. 218).

BIBLIOGRAPHIE

Le domaine de l'imaginaire est presque illimité. Dans le cadre d'une bibliographie sommaire nous n'avons pu retenir qu'un nombre restreint de contributions, privilégiant les plus récentes et, en tout cas, les plus proches de notre démarche. Ce sont en premier lieu les travaux qui nous ont aidé à construire notre propre synthèse. Plusieurs ouvrages, appartenant aux pionniers de l'imaginaire, comme Gaston Bachelard, Jean-Paul Sartre, Roger Caillois..., cités dans le texte, n'ont plus été repris dans la bibliographie. Il en va de même avec certains titres qui ne touchent que partiellement à l'imaginaire.

Mentionnons, pour commencer, la plus substantielle contribution théorique, qui est celle de Gilbert Durand : *Les Structures anthropologiques de l'imaginaire*, PUF, Paris, 1960 (11e édition, Dunod, Paris, 1992). Voir aussi, du même auteur, *L'Imaginaire. Essai sur les sciences et la philosophie de l'image*, Hatier, Paris, 1994, brève synthèse qui permet de faire le point sur l'évolution de ses idées au cours d'une longue carrière. Une vue d'ensemble est offerte par Jean-Jacques Wunenburger : *L'Imagination*, PUF, « Que sais-je ? », Paris, 1991. Un ouvrage collectif récent : *Introduction aux méthodologies de l'imaginaire*, sous la direction de Joël Thomas, Ellipses, Paris, 1998. Pour une revue de l'approche sociologique, voir Jean-Bruno Renard et Patrick Tacussel, « La Sociologie de l'Imaginaire », dans *Analele Universitatii Bucuresti*, istorie, 1991, p. 23-42, et aussi le mémoire d'habilitation de Jean-Bruno Renard, *Pour une sociologie du merveilleux*, Université Paul-Valéry, Montpellier, 1996.

En ce qui concerne l'histoire, un premier essai théorique appartient à Évelyne Patlagean : « L'Histoire de l'imaginaire », dans *La Nouvelle*

Histoire (sous la direction de Jacques Le Goff, Roger Chartier et Jacques Revel), Retz, Paris, 1978, p. 249-269. Pour l'imaginaire du Moyen Âge, et pour l'imaginaire historique en général, un livre essentiel est celui de Jacques Le Goff : *L'Imaginaire médiéval*, Gallimard, Paris, 1985. Dans *Histoire et imaginaire* (Entretiens sur l'antenne de France-culture), Paris, 1986, Michel Cazenave a rassemblé plusieurs interventions sur ce sujet (dont celles de Jacques Le Goff, « Histoire et imaginaire », et de Gilbert Durand, « Structures et récurrences de l'imaginaire », révélatrices des positions respectives de ces deux grands spécialistes du domaine. L'ouvrage d'Alain Corbin, *Le Territoire du vide. L'Occident et le désir du rivage (1750-1840)*, Aubier, Paris, 1988 et 1990, propose un modèle historique de l'imaginaire, soutenu par un bref exposé théorique. Enfin, notre article « Vers une histoire de l'imaginaire », publié dans *Analele Universitatii Bucuresti*, istorie, 1991, p. 3-22, constitue le point de départ du présent ouvrage.

Le domaine des mentalités, proche de l'imaginaire, fait l'objet du livre de Geoffrey E. R. Lloyd (très critique envers ce concept) : *Pour en finir avec les mentalités*, La Découverte, Paris, 1993. L'auteur insiste sur l'amalgame science-religion-magie, caractérisant aussi bien la société actuelle que celle de la Grèce ancienne (d'où la difficulté de définir une mentalité spécifique, circonscrite à une époque ou une culture). Ouvrage essentiel aussi pour l'étude des rapports entre la démarche scientifique et le contexte socio-politique.

Sur les mythes en général, il est utile de s'adresser au volume de Mircea Eliade, *Aspects du mythe*, Gallimard, Paris, 1963. Marcel Détienne offre à la fois une interprétation des mythes et de l'évolution des recherches concernant ce domaine, dans *L'Invention de la mythologie*, Gallimard, Paris, 1981. Une très utile synthèse est proposée par Bernard Deforge : *Le Commencement est un dieu. Un itinéraire mythologique*, Les Belles Lettres, Paris, 1990 (ouvrage incluant un *manifeste* où est affirmée l'actualité de la pensée mythique qui ne serait pas un stade révolu de la pensée humaine ; aucune différence fondamentale entre les cosmogonies antiques et le big-bang des astrophysiciens d'aujourd'hui).

Pour la mythologie cyclique de l'histoire, l'ouvrage fondamental appartient toujours à Mircea Eliade : *Le Mythe de l'éternel retour*,

Gallimard, Paris, 1949. Les apocalypses de toutes sortes et les images mythiques de l'avenir sont traitées par Lucian Boia : *La Fin du monde. Une histoire sans fin*, La Découverte, Paris, 1989.

Georges Dumézil a mis en évidence les structures de la mythologie indo-européenne : *L'Idéologie tripartie des Indo-Européens*, Latomus, Bruxelles, 1958 ; *Mythe et Épopée*, 3 volumes, Gallimard, Paris, 1981-1986. L'indépendance du mythe par rapport à l'histoire réelle est démontrée, dans le cas de la Grèce archaïque, par Moses I. Finley : *The World of Odysseus*, New York, 1965 ; version française : *Le Monde d'Ulysse*, Maspero, Paris, 1969. Appliquée à l'histoire romaine, la tradition mythologique s'avère non moins différente de l'évolution réelle de la cité : on peut utiliser à ce propos, à part les contributions de G. Dumézil, l'ouvrage de Jacques Poucet, *Les Origines de Rome. Tradition et histoire*, Publications des Facultés universitaires Saint-Louis, Bruxelles, 1985. L'opinion contraire, valorisant l'historicité de la tradition, chez Alexandre Grandazzi, *La Fondation de Rome. Réflexion sur l'histoire*, Les Belles Lettres, Paris, 1991. Quant aux rapports entretenus par les Anciens avec leur propre mythologie, voir les considérations de Paul Veyne : *Les Grecs ont-il cru à leurs mythes ?* Seuil, Paris, 1983. D'autre part, Georges Duby a suivi la mythologie des trois fonctions définies par G. Dumézil, à travers le Moyen Âge : *Les Trois Ordres ou l'imaginaire du féodalisme*, Gallimard, Paris, 1978.

Au sujet des symboles, on peut consulter Mircea Eliade, *Images et symboles*, Gallimard, Paris, 1952 ; Gilbert Durand, *L'Imagination symbolique*, PUF, Paris, 1964 ; Jean Chevalier et Alain Gheerbrant, *Dictionnaire des symboles*, Robert Laffont, Paris, 1969 ; Luc Benoist, *Signes, symboles et mythes*, PUF, « Que sais-je ? », Paris, 1975 (6e édition, 1991).

Sur le concept de « représentation », voir l'article de Roger Chartier, « Le Monde comme représentation », dans *Annales. Économies. Sociétés. Civilisations*, 6/1989, p. 1505-1520.

Pour l'immense domaine du sacré, nous renvoyons à la synthèse très complète de Jean-Jacques Wunenburger : *Le Sacré*, PUF, « Que sais-je ? », Paris, 1981 (2e édition, 1990). L'histoire des religions est envisagée dans une perspective universaliste par Mircea Eliade : *Traité d'histoire des religions*, Payot, Paris, 1949 ; *Histoire des croyances et des idées religieuses*, 3 volumes, Payot, Paris, 1976-1983. Pour les connexions entre l'imaginaire religieux et les structures sociales, voir le modèle offert par Jacques Le Goff dans *La Naissance du Purgatoire*, Gallimard, Paris, 1981. La sacralité de la monarchie, manifestée par l'un de ses pouvoirs les plus caractéristiques, fait l'objet du très remarquable ouvrage de Marc Bloch, *Les Rois thaumaturges*, A. Colin, Paris, 1924 (nouvelle édition, Gallimard, 1983).

En ce qui concerne la fin du parcours terrestre et le passage dans l'au-delà, l'ouvrage de Philippe Ariès, *L'Homme devant la mort*, Seuil, Paris, 1977, reste une excellente introduction. Sur le « double », une séduisante démonstration est proposée par Claude Lecouteux : *Fées, sorcières et loups-garous au Moyen Âge. Histoire du double*, Imago, Paris, 1992.

Michel Hulin propose une interprétation globale de l'au-delà dans *La Face cachée du temps. L'imaginaire de l'au-delà*, Fayard, Paris, 1985. L'Enfer est traité par Georges Minois : *Histoire des enfers*, Fayard, Paris, 1991, et *Histoire de l'Enfer*, PUF, « Que sais-je ? », Paris, 1994. Pour le Paradis on dispose de deux volumes publiés par Jean Delumeau : *Une histoire du Paradis. Le jardin des délices*, Fayard, Paris, 1992, et *Une histoire du Paradis. Mille ans de bonheur*, Fayard, Paris, 1995, ce dernier consacré aux millénarismes. Enfin, sur le Purgatoire, on doit consulter le livre déjà cité de Jacques Le Goff.

Au chapitre des sources de l'imaginaire, étant donné l'étendue du domaine, nous ne donnerons que quelques exemples typiques. Ainsi, l'utilité d'une exégèse de la littérature populaire a été prouvée par Robert Mandrou : *De la culture populaire aux XVIIe et XVIIIe siècles. La Bibliothèque bleue de Troyes*, Stock, Paris, 1964 et 1975, et Geneviève Bollème : *La Bibliothèque bleue. La littérature populaire en France du XVIe au XIXe siècle*, Julliard, Paris, 1971.

Des interprétations exemplaires du fonds iconographique sont proposées par Émile Mâle, en particulier dans *L'Art religieux de la fin du Moyen Âge en France*, Paris, 1908, et *L'Art religieux du XIIe siècle en France*, Paris, 1922 (6e édition, 1953), et, plus récemment, par Erwin Panofsky, auteur d'une multitude d'ouvrages, dont le plus théorique est *Meaning in the Visual Arts*, New York, 1955 (traduction française : *L'Œuvre d'art et ses significations. Essai sur les « arts visuels »*, Gallimard, Paris, 1969). Pour le rapport entre image et contexte historique, on doit faire référence au livre fondamental de Georges Duby, *Le Temps des cathédrales. L'art et la société. 980-1420*, Gallimard, Paris, 1976. Pour une époque plus récente, l'image de Marianne, interprétée par Maurice Agulhon, offre un bon exemple : *Marianne au combat. L'imagerie et la symbolique républicaines de 1789 à 1880*, Flammarion, Paris, 1979.

Retenons aussi, toujours à propos des images, deux recueils méthodologiques : *Iconographie et histoire des mentalités*, CNRS, Paris, 1979, et *Les Historiens et les sources iconographiques*, CNRS, Paris, 1981.

Pour le cinéma, voir Marc Ferro, *Cinéma et Histoire*, Denoël, Paris, 1977, et la section *Film et Histoire* des *Rapports* du XVe Congrès International des Sciences historiques, vol. I, Stuttgart, 1985, p. 180-239 (en particulier l'article de Karsten Fledelius, « Film and History – an Introduction to the Theme »).

La Nouvelle Histoire (1978) et le *Dictionnaire des sciences historiques* (sous la direction d'André Burguière), PUF, Paris, 1986, incluent des articles consacrés aux images, à l'histoire orale, à la culture populaire... Mentionnons aussi le volume *New Perspectives on Historical Writing* (éd. Peter Bruke), The Pennsylvania State University Press, 1992 et 1993, qui fait le bilan sur l'histoire orale et l'histoire des images : Gwyn Prins, « Oral History », p. 114-139 ; Ivan Gaskell, « History of Images », p. 168-192.

Les rapports entre la science et l'imaginaire sont traités par Gerald Holton : *L'Imagination scientifique*, Gallimard, Paris, 1981, et par Pierre Thuillier, *Le Petit Savant illustré*, Seuil, Paris, 1980. Pour le cas particulier de l'astronomie imaginaire, voir Lucian Boia : *L'Exploration imaginaire de l'espace*, La Découverte, Paris, 1987. Le communisme « scientifique » et ses précédents rationalistes sont traités par Lucian Boia dans *La Mythologie scientifique du communisme*, Paradigme, Caen, 1993. La déformation nazie de la science fait l'objet du volume *La Science sous le Troisième Reich* (sous la direction de Josiane Olff-Nathan), Seuil, Paris, 1993.

Les thèmes et les moyens de la vulgarisation scientifique sont présentés dans le volume *La Science pour tous. Sur la vulgarisation scientifique en France de 1850 à 1914* (sous la direction de Bruno Béguet), Bibliothèque du Conservatoire National des Arts et Métiers, Paris, 1990.

Pour les parasciences, nous avons utilisé notamment un article de Pierre Lagrange : « Les Parasciences selon l'épistémologie : des savoirs sans méthode », dans *Analele Universitatii Bucuresti,* istorie, 1991, p. 101-110.

Certains mythes modernes, d'origine plus ou moins scientifique, sont rassemblés et analysés dans le volume 52 de *Communications : Rumeurs et légendes contemporaines* (dirigé par Véronique Campion-Vincent et Jean-Bruno Renard), Seuil, Paris, 1990, et dans le livre de Véronique Campion-Vincent et Jean-Bruno Renard : *Légendes urbaines. Rumeurs d'aujourd'hui*, Payot, Paris, 1992.

Le parallèle que nous avons esquissé entre rationalisme et irrationalisme en Grèce ancienne et à l'époque contemporaine est inspiré du livre de E. R. Dodds : *The Greeks and the Irrational*, Berkeley, 1951 (traduction française : *Les Grecs et l'Irrationnel*, Montaigne, Paris, 1965 ; nouvelle édition, 1977).

L'altérité a été un des grands thèmes du XVIe Congrès international des Sciences historiques ; voir *L'Image de l'autre : étrangers, minoritaires, marginaux* dans les *Rapports*, vol. I, Stuttgart, 1985, p. 60-106 (et en particulier, Hélène Ahrweiler, « L'image de l'autre et les mécanismes de l'altérité » ; Bronislaw Geremek, « L'image de l'autre : le marginal » ; Joseph Ki-Zerbo, « L'image de l'autre. Regard sur l'Afrique et regard africain »).

Le système spatial des altérités de l'Antiquité classique est analysé par François Hartog dans *Le Miroir d'Hérodote. Essai sur la représentation de l'autre*, Gallimard, Paris, 1980.

Sur les exclus, voir Robert I. Moore, *La Persécution. Sa formation en Europe (Xe-XIIIe siècle)*, Les Belles Lettres, Paris, 1991 ; Françoise Bériac, *Histoire des lépreux au Moyen Âge. Une société d'exclus*, Imago, Paris, 1988 ; les ouvrages de Michel Foucault, *Folie et déraison. Histoire de la folie à l'âge classique*, Gallimard, Paris, 1961, et *Surveiller et punir. Naissance de la prison*, Gallimard, Paris, 1975 ; le livre de Louis Chevalier, *Classes laborieuses et classes dangereuses à Paris pendant la première moitié du XIXe siècle*, Plon, Paris, 1958.

Pour la « femme imaginaire », nous renvoyons à Pierre Darmon : *Mythologie de la femme dans l'ancienne France*, Seuil, Paris, 1983, et à Jean Delumeau qui, dans *La Peur en Occident (XIVe-XVIIIe siècles)*, Fayard, Paris, 1978, traite longuement de la femme vue comme « agent de Satan ».

Le mécanisme de l'« altérité radicale » fait l'objet du livre de Lucian Boia, *Entre l'Ange et la Bête. Le mythe de l'Homme différent de l'Antiquité à nos jours*, Plon, Paris, 1995.

Un regard anthropologique sur l'altérité est offert par Bernard Mc Grane, *Beyond Anthropology. Society and the Other*, Columbia University Press, New York, 1989, et Mondher Kilani, *L'Invention de l'autre. Essais sur le discours anthropologique*, Payot, Lausanne, 1994. Sur les tendances actuelles, voir l'analyse sociologique de Michel Maffesoli, *Le Temps des tribus*. Librairie des Méridiens, Paris, 1988 (nouvelle édition, 1991).

L'article de Jacques Le Goff : « L'Occident médiéval et l'océan Indien : un horizon onirique », dans *Pour un autre Moyen Âge*, Gallimard, Paris, 1977, p. 280-298, est essentiel, à la fois pour l'image de l'autre et pour la version médiévale de l'âge d'or et du Paradis.

Pour une analyse du discours utopique (et de son rapport avec l'âge d'or et le millénarisme), voir Jean Servier, *Histoire de l'utopie*, Gallimard, Paris, 1967 (nouvelle édition, 1991) ; Gilles Lapouge, *Utopie et civilisation*, Flammarion, Paris, 1978 ; et Jean-Jacques Wunenburger, *L'Utopie ou la crise de l'imaginaire*, Jean-Pierre Delarge, Paris, 1979. Un exposé détaillé de la littérature utopique est offert par Raymond Trousson, *Voyages aux pays de nulle part. Histoire littéraire de la pensée utopique*, Editions de l'Université de Bruxelles, 1975.

Pour le millénarisme, un ouvrage déjà classique est celui de Norman Cohn, *The Pursuit of the Millennium*, Londres, 1957 ; version française : *Les Fanatiques de l'Apocalypse*, Julliard, Paris, 1962. Voir aussi, sur le même sujet, les ouvrages cités de Jean Delumeau : *La Peur en Occident*, et *Mille ans de bonheur*, et de Lucian Boia : *La Fin du monde*.

La facture littéraire et le sens idéologique du discours historique sont mis en évidence par Hayden White dans *Metahistory. The Historical Imagination in Nineteenth-Century Europe*, The Johns

Hopkins University Press, Baltimore and London, 1973. Peter Burke propose un bilan sur le retour à la narration et le rapprochement entre histoire et roman historique : « History of Events and the Revival of Narrative », dans *New Perspectives on Historical Writing*, p. 233-248.

Les coordonnées idéologiques de l'historiographie française contemporaine sont définies par Hervé Coutau-Bégarie dans *Le Phénomène « Nouvelle Histoire »*, Economica, Paris, 1983.

Sur la présence du merveilleux dans la conception classique de l'histoire, voir l'article éclairant de Laurent Mattiussi : « La fonction du merveilleux dans l'historiographie romaine de l'empire », dans *Storia della Storiografia* (Jaca Book, Milan), 13, 1988, p. 3-28. Le numéro 14, 1988, de la *Storia della Storiografia* est entièrement consacré à l'imaginaire historique ; nous avons surtout utilisé les articles de Léon Vandermeersch, « L'imaginaire divinatoire dans l'histoire en Chine » ; Michael Edwards, « La légende arthurienne et la lecture mythique de l'Histoire » ; René Pillorget, « Le complot papiste dans l'imaginaire anglais au XVIIe siècle ».

Au chapitre des mythes fondateurs, on doit retenir en premier lieu le volume paru sous la direction de Marcel Détienne : *Tracés de fondation*, Peeters, Louvain-Paris, 1990. Une typologie intéressante a été identifiée par Mircea Eliade dans l'essai « Le prince Dragos et la chasse rituelle », inclus dans le recueil *De Zalmoxis à Gengis-Khan*, Payot, Paris, 1970, p. 131-171 ; il s'agit de la poursuite d'un animal considérée comme principe fondateur. Pour les mythes de fondation à la Renaissance, voir l'ouvrage de Claude-Gilbert Dubois, *Celtes et Gaulois au XVIe siècle. Le développement littéraire d'un mythe nationaliste*, J. Vrin, Paris, 1972. En ce qui concerne les origines imaginaires des États-Unis, l'ouvrage essentiel appartient à Elise Marienstras : *Les Mythes fondateurs de la nation américaine*, Maspero, Paris, 1976.

Boyd C. Shafer met en évidence le rapport entre nationalisme et histoire : *Le Nationalisme. Mythe et réalité*, Payot, Paris, 1964 (édition originelle américaine : *Nationalism*, 1955). En ce qui concerne la définition même de la nation et les controverses autour de ce concept, une référence nécessaire est le livre de Dominique Schnapper, *La Communauté des citoyens. Sur l'idée moderne de nation*, Gallimard, Paris, 1994. Voir aussi le numéro spécial *Mythe et Nation* de la revue

Iris (Centre de recherche sur l'imaginaire, Université de Grenoble III), 15, 1995.

Les connexions entre l'histoire et l'idéologie sont analysées dans toutes leurs nuances par Christian Amalvi, avec un regard particulier sur le destin des héros : *Les Héros de l'Histoire de France. Recherche iconographique sur le panthéon scolaire de la Troisième République*, Phot'oeil, Paris, 1979 ; *De l'art et la manière d'accommoder les héros de l'Histoire de France, Essais de mythologie nationale*, Albin Michel, Paris, 1988. Voir aussi, du même auteur : « Recherches sur les fondements et les interprétations historiographiques du mythe des deux France », dans *Études d'historiographie* (sous la direction de Lucian Boia), Université de Bucarest, 1985, p. 193-216. Dans *Le Mythe de Napoléon*, Armand Colin, Paris, 1971, Jean Tulard traite d'un des mythes individuels les plus puissants de notre époque. Les manuels scolaires font l'objet de l'enquête de Marc Ferro : *Comment on raconte l'Histoire aux enfants*, Payot, Paris, 1981.

L'imaginaire politique est analysé par André Reszler, *Mythes politiques modernes*, PUF, Paris, 1981, et par Raoul Girardet, *Mythes et Mythologies politiques*, Seuil, Paris, 1986 (nouvelle édition, 1990). Voir aussi Lucien Sfez, *La Symbolique politique*, PUF, « Que sais-je ? », Paris, 1988. La dimension religieuse du phénomène politique est mise en évidence par Jean-Pierre Sironneau : *Sécularisation et religions politiques*, Mouton, Paris-La Haye, 1982. Sur l'ensemble des rites politiques et leur rapport avec le rituel religieux, voir Claude Rivière, *Les Liturgies politiques*, PUF, Paris, 1988. Les *Cahiers de l'imaginaire*, Privat, Toulouse, ont consacré leur deuxième numéro, 1988, à l'imaginaire du politique ; nous avons utilisé en particulier les articles de Michel Miranda, « Le politique comme métamorphose du religieux » (p. 89-98), et de Claude Rivière, « Liturgies politiques » (p. 111-125). Pour l'« héroïsation » de l'enfant, voir Stéphane Audoin Rouzeau, *La Guerre des enfants, 1914-1918*, Armand Colin, Paris, 1993. Sur le mythe du complot dans l'histoire et la politique, on peut consulter aussi l'essai de Dieter Groh, « La tentation des théories de conspiration », dans *Storia della Storiografia*, 14, 1988, p. 96-118. Enfin, Alain Duhamel propose un inventaire des mythes, au sens de

« préjugés politiques », dans un ouvrage traitant de *La Politique imaginaire. Les mythes politiques français*, Flammarion, Paris, 1995.

Le rôle de l'imaginaire comme facteur décisif de la vie sociale est argumenté par Cornelius Castoriadis, dans *L'Institution imaginaire de la société*, Seuil, Paris, 1975.

TABLE DES MATIÈRES

Ce volume
le dix septième
de la collection « Vérité des Mythes »
publié aux Éditions Les Belles Lettres
a été achevé d'imprimer
en septembre 1998
dans les ateliers
de Normandie Roto Impression s.a.
61250 Lonrai

N° d'imprimeur : 982296
Dépôt légal : octobre 1998

www.ingramcontent.com/pod-product-compliance
Lightning Source LLC
Chambersburg PA
CBHW030432290526
45786CB00001B/248